"十三五"国家重点出版物出版规划项目

法律科学文库
LAW SCIENCE LIBRARY

总主编　曾宪义

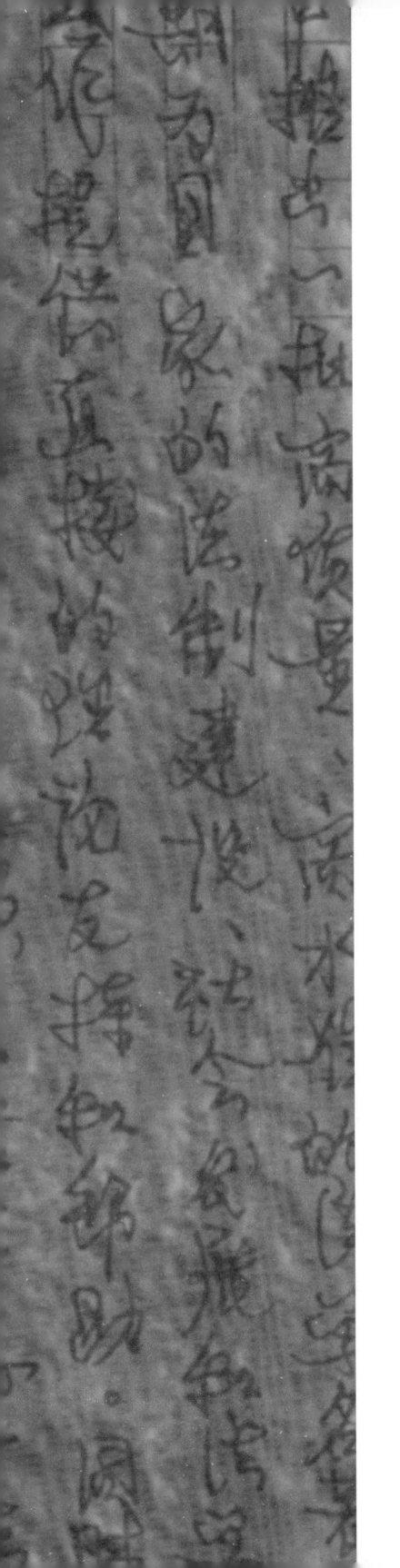

国家社会科学基金项目"物权法中登记对抗制度实施问题研究"（项目号12CFX063）资助

登记对抗制度研究

龙俊 著

Study on Registration Confrontation Doctrine

中国人民大学出版社
·北京·

法律科学文库
编委会

总主编
曾宪义

副总主编
王利明　史际春　刘　志

编　委
（以姓氏笔画为序）

王利明	史际春	吕世伦	刘　志	刘文华
刘春田	江　伟	许崇德	孙国华	杨大文
杨春洗	何家弘	陈光中	陈松涛	郑成思
赵中孚	高铭暄	程荣斌	曾宪义	

总　　序

曾宪义

"健全的法律制度是现代社会文明的基石",这一论断不仅已为人类社会的历史发展所证明,而且也越来越成为人们的共识。在人类历史上,建立一套完善的法律体制,依靠法治而促进社会发展、推动文明进步的例证,可以说俯拾即是。而翻开古今中外东西各民族的历史,完全摒弃法律制度而能够保持国家昌隆、社会繁荣进步的例子,却是绝难寻觅。盖因在摆脱了原始和蒙昧以后,人类社会开始以一种"重力加速度"飞速发展,人的心智日渐开放,人们的利益和追求也日益多元化。面对日益纷纭复杂的社会,"秩序"的建立和维持就成为一种必然的结果。而在建立和维持一定秩序的各种可选择方案(暴力的、伦理的、宗教的和制度的)中,制定一套法律制度,并以国家的名义予以实施、推行,无疑是一种最为简洁明快,也是最为有效的方式。随着历史的演进、社会的发展和文明的进步，作为人类重要精神成果的法律制度，也在不断嬗变演进，不断提升自身的境界，逐渐成为维持一定社会秩序、支撑社会架构的重要支柱。17世纪以后，数次发生的工业革命和技术革命，特别是20世纪中叶发生的电子信息革命，给人类社会带来了天翻地覆的变化，不仅直接改变了信息交换的规模和速度，而且彻底改变了人们的生活方式和思维方式，使人类生活进入了更为复杂和多元的全新境界。在这种背景下，宗教、道德等维系社会人心的传统方式，在新的形势面前越来越显得力不从心。而理想和实际的选择，似乎是透过建立一套理性和完善的法律体制，给多元化社会中的人们提供一套合理而可行的共同的行为规则，在保障社会共同利益的前提下，给社会成员提供一定的发挥个性的自由空间。这样，既能维持社会整体的大原则、维持社会秩序的基本和谐和稳定，又能在此基础上充分保障个人的自由和个性，发挥每一个社会成员的创造力，促进社会文明的进步。唯有如此，方能达到稳定与发展、整体与个人、精神文明与物质进步皆能并行不悖的目的。正因为如此，近代以来的数百年间，在东西方各主要国家里，伴随着社会变革的大潮，法律改革的运动也一直呈方兴未艾之势。

  中国是一个具有悠久历史和灿烂文化的国度。在数千年传承不辍的中国传统文化中，尚法、重法的精神也一直占有重要的位置。但由于古代社会法律文化的精神旨趣与现代社会有很大的不同，内容博大、义理精微的中国传统法律体系无法与近现代社会观念相融，故而在19世纪中叶，随着西方列强对中国的侵略，绵延了数千年的中国古代法律制度最终解体，中国的法制也由此开始了极其艰难的近现代化的过程。如果以20世纪初叶清代的变法修律为起点的话，中国近代以来的法制变革活动已经进行了近一个世纪。在这将近百年的时间里，中国社会一直充斥着各种矛盾和斗争，道路选择、主义争执、民族救亡以及路线斗争等等，使整个中国一直处于一种骚动和不安之中。从某种意义上说，社会变革在理论上会给法制的变革提供一定的机遇，但长期的社会骚动和过于频繁的政治剧变，在客观上确实曾给法制变革工作带来过很大的影响。所以，尽管曾经有过许多的机遇，无数的仁人志士也为此付出了无穷的心力，中国近百年的法制重建的历程仍是步履维艰。直至20世纪

70年代末期"文化大革命"宣告结束，中国人开始用理性的目光重新审视自身和周围的世界，用更加冷静和理智的头脑去思考和选择自己的发展道路，中国由此进入了具有非凡历史意义的改革开放时期。这种由经济改革带动的全方位民族复兴运动，也给蹉跎了近一个世纪的中国法制变革带来了前所未有的机遇和无限的发展空间。

应该说，自1978年中国共产党第十一届三中全会以后的20年，是中国历史上社会变化最大、也最为深刻的20年。在过去20年中，中国人民高举邓小平理论伟大旗帜，摆脱了"左"的思想的束缚，在政治、经济、文化各个领域进行全方位的改革，并取得了令世人瞩目的成就，使中国成为世界上最有希望、最为生机勃勃的地区。中国新时期的民主法制建设，也在这一时期内取得了令人惊喜的成就。在改革开放的初期，长期以来给法制建设带来巨大危害的法律虚无主义即得到根除，"加强社会主义民主，健全社会主义法制"成为一个时期内国家政治生活的重要内容。经过近二十年的努力，到90年代中期，中国法制建设的总体面貌发生了根本性的变化。从立法上看，我们的立法意识、立法技术、立法水平和立法的规模都有了大幅度的提高。从司法上看，一套以保障公民基本权利、实现司法公正为中心的现代司法诉讼体制已经初步建立，并在不断完善之中。更为可喜的是，经过近二十年的潜移默化，中国民众的法律意识、法制观念已有了普遍的增强，党的十五大确定的"依法治国""建设社会主义法治国家"的治国方略，已经成为全民的普遍共识和共同要求。这种观念的转变，为中国当前法制建设进一步完善和依法治国目标的实现提供了最为有力的思想保证。

众所周知，法律的进步和法制的完善，一方面取决于社会的客观条件和客观需要，另一方面则取决于法学研究和法学教育的发展状况。法律是一门专业性、技术性很强，同时也极具复杂性的社会科学。法律整体水平的提升，有赖于法学研究水平的提高，有赖于一批法律专家，包括法学家、法律工作者的不断努力。而国家法制总体水平的提升，也有赖于法学教育和法学人才培养的规模和质量。总而言之，社会发展的客观需要、法学研究、法学教育等几个环节是相互关联、相互促进和相互影响的。在改革开放的20年中，随着国家和社会的进步，中国的法学研究和法学教育也有了巨大的发展。经过20年的努力，中国法学界基本上清除了"左"的思想的影响，迅速完成了法学学科的总体布局和各分支学科的学科基本建设，并适应国家建设和社会发展的需要，针对法制建设的具体问题进行深入的学术研究，为国家的立法和司法工作提供了许多理论支持和制度上的建议。同时，新时期的法学教育工作也成就斐然。通过不断深入的法学教育体制改革，当前我国法学人才培养的规模和质量都有了快速的提升。一大批用新思想、新体制培养出来的新型法学人才已经成为中国法制建设的中坚，这也为中国法制建设的进一步发展提供了充足和雄厚的人才准备。从某种意义上说，在过去20年中，法学界的努力，对于中国新时期法制建设的进步，贡献甚巨。其中，法学研究工作在全民法律观念的转变、立法水平和立法效率的提升、司法制度的进一步完善等方面所发挥的积极作用，也是非常明显的。

法律是建立在经济基础之上的上层建筑，以法律制度为研究对象的法学也就成为一个实践性和针对性极强的学科。社会的发展变化，势必要对法律提出新的要求，同时也将这种新的要求反映到法学研究中来。就中国而言，经过近二十年的奋斗，改革开放的第一阶段目标已顺利实现。但随着改革的逐步深入，国家和社会的一些深层次的问题也开始显现出来，如全民道德价值的更新和重建，市场经济秩序的真正建立，国有企业制度的改革，政治体制的完善等等。同以往改革中所遇到的问题相比，这些问题往往更为复杂，牵涉面更广，解决问题的难度也更大。而且，除了观念的更新和政策的确定外，这些复杂问题的解决，最终都归结到法律制度上来。因此，一些有识之士提出，当前中国面临的难题或是急务在于两个方面：其一，凝聚民族精神，建立符合新时代要求的民族道德价值，以为全社会提供一个基本价值标准和生活方向；其二，设计出一套符合中国国情和现代社会精神的"良法美制"，以为全社会提供一系列全面、具体、明确而且合理的行为规则，将各种社会行为纳入一个有序而且高效率的轨道。实际上，如果考虑到特殊的历史文化和现实情况，我们会认识到，在当前的中国，制度的建立，亦即一套"良法美制"的建立，更应该是当务之急。建立一套完善、合理的法律体制，当然是一项极为庞大的社会工程。而其中的基础性工作，即理论的论证、框架的设计和实施中的纠偏等，都有赖于法学研究的进一步深入。这就对我国法学研究、法学教育机构和广大法律理论工作者提出了更高的要求。

中国人民大学法学院建立于1950年，是新中国诞生以后创办的第一所正规高等法学教育机构。在其成立的近半个世纪的岁月里，中国人民大学法学院以其雄厚的学术力量、严谨求实的学风、高水平的教学质量以及极为丰硕的学术研究成果，在全国法学研究和法学教育领域中处于领先行列，并已跻身于世界著名法学院之林。长期以来，中国人民大学法学院的法学家们一直以国家法学的昌隆为己任，在自己的研究领域中辛勤耕耘，撰写出版了大量的法学论著，为各个时期的法学研究和法制建设作出了突出的贡献。

鉴于当前我国法学研究所面临的新的形势，为适应国家和社会发展对法学工作提出的新要求，中国人民大学法学院和中国人民大学出版社经过研究协商，决定由中国人民大学出版社出版这套"法律科学文库"，陆续出版一大批能全面反映和代表中国人民大学法学院乃至全国法学领域高品位、高水平的学术著作。此套"法律科学文库"是一个开放型的、长期的学术出版计划，以中国人民大学法学院一批声望卓著的资深教授和著名中青年法学家为主体，并聘请其他法学研究、教学机构的著名法学家参加，组成一个严格的评审机构，每年挑选若干部具有国内高水平和有较高出版价值的法学专著，由中国人民大学出版社精心组织出版，以达到集中地出版法学精品著作、产生规模效益和名著效果的目的。

"法律科学文库"的编辑出版，是一件长期的工作。我们设想，借出版"文库"这一机会，集中推出一批高质量、高水准的法学名著，以期为国家的法制建设、社会发展和法学研究工作提供直接的理论支持和帮助。同时，我们也希望通过这种形式，给有志于法学研究的专家学者特别是中青年学者提供一个发表优秀作品的园地，从而培养出中国新时期一流的法学家。我们期望并相信，通过各方面的共同努力，力争经过若干年，"法律科学文库"能不间断地推出一流法学著作，成为中国法学研究领域中的权威性论坛和法学著作精品库。

1999年9月

前言

在物权变动的立法模式上，我国物权法采取了极具特色的二元化结构模式：以公示要件主义为原则，以公示对抗主义（我国仅表现为"登记对抗主义"）为例外。我国之前对物权变动理论构造的研究主要集中在公示要件主义上，而对登记对抗主义的研究则甚为薄弱。因此，如何解释作为例外存在的登记对抗主义，成为理论与实务中的难题。

首先，就理论层面而言，面临的几个难题是——究竟何谓"对抗"，不能对抗第三人的物权是什么物权，在登记要件主义与登记对抗主义并存的前提下，如何协调这二者的体系冲突，等等——这些问题在我国法域中均未见明确解答。我国对登记对抗主义的基础研究的薄弱，导致登记对抗制度在物权法中与其他制度显得格格不入，其正当性也受到了一些学者的质疑。因此，如果不能解决上述基本问题，那么我国的物权法理论体系难以自洽。

其次，就实践层面而言，"不登记不得对抗善意第三人"的范围问题成为困扰实务的难题。从文义解释的角度看，似乎对于第三人的范围未加限制，一切第三人都要区分为善意和恶意，善意的加以保护，恶意的则不保护。但是这种文义解释行得通吗？是否存在着这样一种第三人，即当事人即使不登记也可以对抗这种第三人，而且不用区分这种第三人的"善意恶意"？（本书称之为"绝对可对抗的第三人"）是否存在这样一种第三人，即使是恶意的，当事人不登记就不能对抗这种第三人？（本书称之为"绝对不可对抗的第三人"）另外，"善意""恶意"的判断标准也是一个难题。

再次，在实践层面的问题中，值得特别注意的是动产担保领域的对抗规则问题。在这一领域，不仅存在着"不登记不得对抗善意第三人"这一规则本身的问题，而且涉及《民法典》第414条与《民法典》第403条、第404条间的适用关系，《民法典》第404条所规定的"正常经营活动中的买受人"规则的理论渊源、适用范围、构成要件问题。而且我国动产担保交易制度很大程度上借鉴了美国《统一商法典》第9章的制度，本来登记对抗主义就和我国的物权变动模式存在体系差异，现在在登记对抗主义内部又出现了跨越法系的多元继受，导致在动产担保领域对抗规则显得格外错综复杂。

最后，相较于其他几种物权变动没有争议地采"意思主义＋登记对抗主义"模式，特殊动产的所有权变动还存在一种可能性——"交付主义＋登记对抗主义"模式，而且这种可能性从我国法律体系解释的角度是成立的。那么我国的特殊动产物权变动的解释论构造是否应当采取这种"交付主义＋登记对抗主义"模式呢？

本书构建了一个理论与实践相印证的解释论体系，试图解决上述难题。

就理论模型的选择而言，公信力说中的权利外观说最符合我国的立法目的，也最适应我国的民法体系。依据该理论模型，当事人间仅因意思表示就发生了完全的物权变动，但是在进行移转登记之前，第三人由于信赖物权尚未变动的权利外观而从事了交易行为，为了保护第三人的这种信赖，法律承认第三人在登记后可以取得该物权。如果采取权利外观说，那么登记对抗主义就能和公示要件主义并存。权利外观说不保护恶意第三人对交易安全产生了一定的影响，但是由于我国的登记对抗主义的适用范围有限，在有限的适用范围中，不保护恶意第三人反而是一种有效率的选择。在权利外观说下，善意取得制度与对抗制度在理论基础层面形成了统一，但是即便如此，与善意取得规则相比，对抗规则仍然能容纳更多的价值判断。

就"不登记不得对抗善意第三人"的范围问题而言，应该分为如下几个层次考虑：（1）不用考虑第三人的"善意"或者"恶意"，不登记也可以对抗的第三人包括以不正当手段妨碍登记的人、实质的无权利人、侵权人、继承人、交易的前手以及后手、"狭义的一般债权人"、特定物债权人、尚未取得租赁物占有的租赁权人等。（2）需要区分第三人的"善意"或者"恶意"，不登记不得对抗的善意第三人包括：1）物权取得人包括所有权取得人和各种他物权取得人；2）"取得了某种物的支配关系"的债权人，如取得了租赁物占有的租赁权人等。（3）破产债权人不应区分破产债权人在当初订立合同时的"善意"或者"恶意"，均为不登记就不得对抗的第三人。同理，扣押债权人、参与分配债权人也归于此类。（4）就转得人的问题而言，从恶意第三人处获得标的物的转得人不适用对抗规则，而适用善意取得规则；从善意第三人处获得标的物的转得人适用对抗规则，但是不应该区分善意恶意，均为"不登记就不得对抗的第三人"。（5）关于"善意"的判断标准，涉及让不同的交易主体承担不同程度的调查义务的成本分配问题，应该进行弹性化的解释。

上述规则大部分都适用于动产担保领域，但是由于动产担保领域优先适用或者类推适用《民法典》第404条、第414条、第456条，从而形成了特殊的优先顺位规则。具体而言：（1）我国物权法中的动产抵押权和浮动抵押权是效力相当的两种担保物权，我国的浮动抵押权并不适用"结晶"等制度，也不适用"普通抵押权优先于浮动抵押权"的规则。当发生动产抵押权或者浮动抵押权的竞存时，不应适用《民法典》第403条的"不登记不得对抗善意第三人"的规则，而应该直接适用《民法典》第414条的规则，即完全不区分"善意恶意"，已登记的抵押权依照登记的先后确定优先顺位；已登记的抵押权优先于未登记的抵押权；均未登记的抵押权具有相同的优先顺位。（2）当动产担保权与留置权发生竞存时，不适用对抗规则，而直接适用《民法典》第456条，留置权不论设立先后，也不论"善意恶意"，均优先于其他动产担保权。当质权与抵押权竞存时，不适用对抗规则，而应该适用《民法典》第415条，不考虑"善意恶意"，按照公示的先后顺序（登记或者占有的先后顺序）决定优先顺位。在所有权保留和融资租赁的问题上，《民法典》均引入了登记对抗规则，只有"登记"后才取得优先于第三人的效力，并依据《民法典》第416条和最高人民法院《关于适用〈中华人民共和国民法典〉有关担保制度的解释》第57条享有"超级优先效力"。（3）就动产抵押权人、浮动抵押权人与担保物买受人的关系而言，要区分买受人是否属于"正常交易中的买受人"：1) 当买受人属于"正常交易中的买受人"时，适用《民法典》第404条，无论抵押权是否登记，也无论买受人是否知道抵押权的存在，买受人都可以无负担地取得标的物所有权。2) 当买受人并非"正常交易中的买受人"时，适用《民法典》第403条，只有在抵押权未登记，且买受人没有重大过失地不知道动产抵押权的存在时（善意），买受人才能无负担地取得标的物。如果抵押权人在买受人取得标的物占有之前进行了登记，则依据《民法典》第403条的反对解释，无论买受人是否为善意，动产抵押权人的权利都优先，买受人虽然可以依据《民法典》第406条取得抵押财产，但是抵押财产之上仍然存在抵押权。

　　就特殊动产而言，其所有权变动，原则上应采"交付生效＋登记对抗"说。但是同时也要注意的是，"交付生效＋登记对抗"的解释模式不能从特殊动产的所有权变动当然扩及其他物权变动，尤其是抵押权的设定。对于特殊动产抵押权，应该采取"合意生效＋登记对抗"说。并且特殊动产的登记有别于一般动产担保中的登记，因为采取"物的编成主义"，所以具有更高的公信力，故不适用"正常经营活动中的买受人"规则。

目 录

第1章 引 言 …………………… (1)
  1.1 问题的提出 …………… (1)
  1.2 研究综述 ……………… (4)
  1.3 研究方法与本书结构 … (30)

第2章 登记对抗理论模型的建构 …… (33)
  2.1 本章拟解决的问题 …… (33)
  2.2 比较法上的考察 ……… (35)
    2.2.1 大陆法系公示对抗主义的生成与发展 … (35)
    2.2.2 大陆法系的对抗理论模型 …………… (41)
    2.2.3 法律效果对理论模型的反作用 ……… (52)
  2.3 我国制度的建构 ……… (56)
    2.3.1 基于立法目的对理论模型的再评价 … (56)
    2.3.2 基于逻辑构成对理论模型的再评价 … (69)
    2.3.3 权利外观模型的经济分析 ………… (72)

2.4 本章小结 ··· (80)

第3章 不登记不得对抗第三人的客观范围 ·························· (81)
  3.1 本章拟解决的问题 ··· (81)
  3.2 比较法上的考察 ·· (82)
    3.2.1 "第三人"限制的抽象标准 ······························· (82)
    3.2.2 不登记不得对抗的第三人的具体类型 ··················· (91)
    3.2.3 不登记亦可对抗的第三人的具体类型 ··················· (98)
    3.2.4 无意义的争论——"一般债权人" ··················· (104)
    3.2.5 现今仍存争议——"特定物债权人" ··············· (106)
  3.3 我国制度的建构 ·· (108)
    3.3.1 是否承认"广义的对抗" ································ (108)
    3.3.2 是否限制不登记不能对抗第三人的
         客观范围 ·· (110)
    3.3.3 难点问题：未登记物权与"一般债权"
         的效力优劣 ·· (112)
    3.3.4 难点问题：未登记物权与"特定物债权"
         的效力优劣 ·· (119)
    3.3.5 难点问题：未登记物权与租赁权的效力
         优劣 ··· (121)
  3.4 本章小结 ·· (138)

第4章 不登记不得对抗第三人的主观要件 ·························· (141)
  4.1 本章拟解决的问题 ·· (141)
  4.2 比较法上的考察 ·· (142)
    4.2.1 "背信恶意第三人"排除规则的确立过程 ········· (142)
    4.2.2 "背信恶意第三人"的判断标准 ······················ (148)
    4.2.3 "背信恶意第三人"排除规则的适用范围 ········· (153)
    4.2.4 与"背信恶意第三人"排除规则相背离的
         学说与判例 ·· (158)
  4.3 我国制度的建构 ·· (166)

         4.3.1 是否应该区分"善意""恶意" ……………………（166）
         4.3.2 "善意"的判断标准 ………………………………（166）
         4.3.3 "善意"的适用范围 ………………………………（170）
         4.3.4 与善意取得制度的关系 …………………………（175）
    4.4 本章小结 …………………………………………………（177）
第5章 动产担保中的特殊对抗规则 ……………………………（179）
    5.1 本章拟解决的问题 ………………………………………（179）
    5.2 比较法上的考察 …………………………………………（181）
         5.2.1 预备知识：设立与公示 …………………………（181）
         5.2.2 "对抗"规则序说 ………………………………（182）
         5.2.3 非"购买价金担保物权"的对抗规则 …………（186）
         5.2.4 "购买价金担保物权"的对抗规则 ……………（191）
         5.2.5 难点问题：未公示的担保物权与
               "一般债权" …………………………………（195）
         5.2.6 难点问题：购买价金担保物权优先效力的
               相对性 ………………………………………（200）
    5.3 我国制度的建构 …………………………………………（206）
         5.3.1 《民法典》前审判实践中的乱象 ………………（206）
         5.3.2 民法典中的动产和权利担保改革 ………………（209）
         5.3.3 动产担保对一般对抗规则的适用 ………………（236）
         5.3.4 动产担保权之间的优先顺位 ……………………（237）
         5.3.5 动产担保权人与担保物买受人的优先顺位 ……（245）
    5.4 本章小结 …………………………………………………（251）
第6章 特殊动产对抗规则的特殊问题 …………………………（254）
    6.1 本章拟解决的问题 ………………………………………（254）
    6.2 比较法上的考察 …………………………………………（254）
         6.2.1 登记对抗立法例中特殊动产物权变动规则 ……（254）
         6.2.2 《开普敦公约》及其议定书所确立的效力顺位
               规则 …………………………………………（255）

6.3 我国制度的建构 ……………………………………(257)
6.3.1 理论上的争鸣 ………………………………(257)
6.3.2 实务部门的态度 ……………………………(271)
6.3.3 私见 …………………………………………(275)
6.4 本章小结 ………………………………………………(277)
第7章 结 论 ………………………………………………(278)
7.1 本研究的主要观点 ……………………………………(278)
7.2 本研究的主要贡献 ……………………………………(282)

参考文献 …………………………………………………………(284)

第1章 引 言

1.1 问题的提出

在物权变动的立法模式上，我国民法典采取了极具特色的二元化结构模式。而且民法典虽然以公示要件主义为基本模式，又在土地承包经营权、土地经营权、地役权、特殊动产物权、动产抵押权等诸多领域明文采取了公示对抗主义模式，可以说从量上看，二者实际上呈现分庭抗礼之势。[①] 如船舶、航空器和机动车等特殊动产物权（《民法典》第 225 条）、土地承包经营权（《民法典》第 335 条）、土地经营权（《民法典》第 341 条）、地役权（《民法典》

---

① 龙俊.论单一法律行为在物权变动中的多重效力设计.中国法律评论，2024（1）：93；龙俊.物权变动模式的理想方案与现实选择.法学杂志，2019（7）：21.

第 374 条)、动产抵押权(《民法典》第 403 条)、所有权保留(《民法典》第 641 条)、融资租赁(《民法典》第 745 条),法律明确规定其物权变动以登记为对抗要件,不登记不得对抗善意第三人。① 由于在我国采公示对抗主义的物权变动,公示的方式都是登记,所以也可以称之为登记对抗主义模式。我国之前对于物权变动理论模型的研究主要集中在对于物权变动基本模式——公示要件主义上②,而对于登记对抗主义的研究则甚为薄弱。如何解释作为例外存在的登记对抗主义,成为理论与实务中的一大难题。

首先,就理论层面而言:几个关键性的基本问题——究竟何谓"对抗"?何谓"不能对抗"?不能对抗第三人的物权究竟是什么物权?等等——在我国法域中未见明确解答。而这些问题的本质是对抗究竟应该采取哪种理论模型。大陆法系的对抗主义立法例中存在着对抗的理论模型之争,研究上述争论有助于构建我国的理论。但是值得注意的是,我国法中登记对抗主义是作为例外存在的,这就决定了登记对抗主义在我国的特殊性:一方面,从立法目的上看,我国的登记对抗主义并非为了解决一切物权变动而生,其应用局限于几个有限的领域,这就与完全采登记对抗主义的立法例有所不同,因此在构建我国的理论模型时,有必要考察这几个领域的特殊性;另一方面,我国物权变动的原则模式是公示要件主义,为了几个例外的物权变动条款而打乱整个物权法的逻辑体系显然得不偿失,因此我国的登记对抗理论模型有必要在逻辑构成上与作为原则模式的公示要件主义相协调。由此,上述两点决定了,在构建我国的理论模型时,不能简单地、不加分辨地奉行"拿来主义",有必要结合我国的特殊性进行分析取舍。

其次,就实践层面而言,"不登记不得对抗善意第三人"的范围问题成为困扰实务的难题。具体而言:(1)是否所有的第三人都可以主张"不登记不得对抗善意第三人"的抗辩呢?是否存在这样一种第三人,即当事人即使不登记也可以对抗这种第三人,而且不用区分这种第三人的"善意恶意"呢?(2)是否存在这样一种第三人,即使是恶意的,当

---

① 此外,一般认为宅基地使用权的物权变动模式也是登记对抗主义。
② 公示要件主义的法律构造在我国有一个重大争论,也就是对于公示的法律性质的认识,即是否承认物权行为的问题。

事人不登记就不能对抗这种第三人呢？（3）"善意""恶意"的判断标准是什么呢？就前述问题（1），本书称之为"不登记不得对抗第三人的客观范围问题"，凡是不在"客观范围"内的第三人（如果这种第三人是存在的），无论"善意恶意"，未登记的当事人都可以对抗之。就前述问题（2）和（3），本书合称为"不登记不得对抗第三人的主观要件问题"，只有在"客观范围"之内的第三人，才有必要讨论其主观上的"善意恶意"。其中问题（3）在本书中称为"善意的判断标准"问题，问题（2）在本书中称为"善意的适用范围"问题。

在实践层面的问题中，值得特别注意的是动产担保领域的对抗规则问题。在这一领域不仅存在《民法典》第403条所设计的"不登记不得对抗善意第三人"这一规则本身的问题，而且涉及《民法典》第414条与《民法典》第403条、第404条的适用关系，《民法典》第404条所规定的"正常经营活动中的买受人"规则的理论渊源、适用范围、构成要件问题。我国在编纂民法典时对动产和权利担保体系作了根本性变革，其中第一步就是在隐形担保中引入登记对抗制度，从而使其显形。具体包括：（1）在《民法典》第641条规定的所有权保留买卖制度中增设第2款："出卖人对标的物保留的所有权，未经登记，不得对抗善意第三人。"（2）在《民法典》合同编融资租赁部分增设第745条："出租人对租赁物享有的所有权，未经登记，不得对抗善意第三人。"并删除《合同法》第242条"出租人享有租赁物的所有权。承租人破产的，租赁物不属于破产财产"。上述两处改动明确了所有权保留中出卖人的所有权和融资租赁中出租人的所有权本质上都是担保物权，只有登记了才有对抗效力。（3）在《民法典》合同编保理合同部分增设第768条，明确多重保理发生时也遵循"登记在先则权利优先"规则，从而与后述的担保物权的统一优先顺位规则相一致。① 由此，不仅动产抵押权

---

① 当然，考虑到应收账款的特殊性，除登记外还引入了让与通知作为辅助性的公示方式，当均未登记时，由最先到达应收账款债务人的转让通知中载明的保理人优先受偿。并且，正如李宇教授所批评的，该条写在保理合同章，导致该条的适用范围限于保理合同是一大缺陷。笔者也更加赞同"一审稿"第336条的写法，该条应该广泛适用于债权让与中。参见李宇. 民法典中债权让与和债权质押规范的统合. 法学研究，2019（1）：67-68。

这一典型的动产担保权,所有权保留交易和融资租赁交易中的所有权这些非典型动产担保权也应适用登记对抗规则,而且我国动产担保交易制度很大程度上借鉴了美国《统一商法典》第 9 章的制度①,本来登记对抗主义就和我国的物权变动模式存在体系差异,现在在登记对抗主义内部又出现了跨越法系的多元继受,导致在动产担保领域对抗规则显得格外错综复杂。因此,动产担保领域的对抗规则有必要特别研究。

本书拟对上述问题展开系统研究,从而构建一个理论与实践相印证的解释论体系。

1.2 研究综述

学界对于我国物权法上的公示对抗主义②的研究大体上可以分为三个层次:第一个层次是讨论我国物权变动的基本模式是采取公示对抗主义还是公示要件主义;第二个层次是讨论作为"例外模式"的公示对抗主义(在我国体现为登记对抗主义)是否有存在的必要,或者说在哪些情况下有存在的必要;第三个层次是讨论法律已经明文采取公示对抗主义的物权变动在我国背景下应该如何解释。本书的课题属于上述第三个层次的研究范畴,但是由于第三个层次的研究是以前两个层次的研究为

---

① 全国人民代表大会常务委员会法制工作委员会民法室.物权法立法背景与观点全集.北京:法律出版社,2007:613 以下.

② 由于本书的课题是"中国物权法上的登记对抗主义",所以本部分对我国研究现状的梳理也限于针对我国法的探讨。但是实际上关于公示对抗主义理论与制度本身的研究,除了后文综述部分所提到的文献外,还包括两篇重要的博士论文。一篇是王茵博士的《不动产物权变动和交易安全——日德法三国物权变动模式的比较研究》(商务印书馆 2004 年版)一文,该文侧重于对公示对抗主义的历史发展源流进行梳理;另一篇是肖厚国博士的《物权变动研究》(中国社会科学院 2000 年博士学位论文)一文,该文侧重于对公示对抗主义的全貌进行刻画。正是由于这两篇论文对于公示对抗主义的基本内容已经进行了全面的阐释,所以本书不再对比较法上的公示对抗主义进行全面梳理,而是直接从问题入手进行分析,只对与问题相关的比较法上的理论或者规则进行展开论述。

基础的,因此有必要对前两个层次的研究进行一并梳理。

一、物权变动的基本模式之争

在我国《物权法》制定之前,围绕我国物权法应该采取的物权变动模式,曾经展开了激烈的争论:

(一)以公示要件主义作为物权变动的基本模式

尽管对于是否承认物权行为的独立性和无因性的问题,学界尚存在争论,但是以公示要件主义作为物权变动的基本模式,是我国学界一直以来的通说(最终《物权法》也明文采用了公示要件主义作为原则,《民法典》也延续了这一做法),总结起来主要包括如下正反两个方面的理由。

正面理由包括:

1. 公示要件主义有利于维护交易安全

有的观点认为:我国的现状是,经济上正处于转轨时期,市场体制尚难谓健全,信用体系也有待建立,故如果在我国现阶段就采取登记对抗主义模式,则容易诱发欺诈现象。但是相反,如果采取登记要件主义模式,那么通过强化公示方法的采用,可以使产权明晰,从而使物权关系变得明晰,有助于交易的安全稳定。[1]

2. 公示要件主义有利于明确产权关系

有的观点认为:登记不仅是重要的公示方式,更是确定不动产权属的最优方法。我国目前的形势是,土地交易以及商品房交易日渐活跃,物权变动极为频繁,在这种背景下,如果不强制性地要求当事人办理登记,那么在发生不动产连环交易时,就难以确认不动产的归属,造成各种纠纷。登记要件主义强制性地要求办理登记,可以明晰不动产的物权状态,有助于建立财产秩序。尽管实践中仍旧大量存在没有办理登记的情况,但物权法应当及时引导人们尽可能通过办理登记维护自己的不动产权属,以减少不必要的纷争。[2]

---

[1] 王利明. 关于物权法草案中确立的不动产物权变动模式. 法学,2005(8):3-9.

[2] 王利明. 关于物权法草案中确立的不动产物权变动模式. 法学,2005(8):3-9.

3. 公示要件主义有利于法官正确地审理有关不动产的案件，减少调查取证的困难

有的观点认为：在登记要件主义之下，法官确认权属的主要依据是登记，登记具有很强的公信力，除非当事人有确切的证据表明登记具有瑕疵并进行变更登记，否则法官可以直接依据登记进行裁判。与之相对，在登记对抗主义模式之下，不办理登记仍然享有物权，基于我国目前没有详细的优先顺位规则的现状，采取登记对抗主义模式将导致在处理物权纠纷时缺乏统一的标准。甚至在对抗主义模式下，不能对抗第三人的范围也是不明确的。例如，在日本法中，有关不得对抗第三人的范围就一直存在着不同的看法。判例和学说上有无限制说和限制说的争议，而限制说中又有所谓善意和恶意的争议。因此如果盲目引入登记对抗主义，将会引发裁判的不确定性。①

4. 公示要件主义有利于对不动产的管理和了解整个市场中不动产交易的情况

有的观点认为："登记也有利于对不动产交易征收相应的税收，如果不登记，将不利于国家在现阶段对不动产交易进行宏观调控。"②

5. 公示要件主义具有后发优势

考察比较法上物权变动模式的流变史：在进入近代法制以前，与现实的物的支配相分离的抽象的、观念的物权制度尚未形成，不伴随现实支配的权利即不能作为权利而受保护。无论是在罗马法上还是在日耳曼法上，只有当满足交付等特定形式才意味着物的支配的移转。这是古代法上严格的形式主义。然而随着社会生产力的发展，古代法上严格的形式要求不断观念化、抽象化、象征化，最终形成了观念的所有权。在法国大革命时期，自然法所宣扬的个人主义与自由主义达到极致，为了使人类的尊严获得淋漓尽致的表达，民法上确立了意思自治原则，物权也实现了彻底的观念化。结果，物权变动的一切烦琐形式均被废除，纯粹

---

① 王利明. 关于物权法草案中确立的不动产物权变动模式. 法学，2005（8）：3-9.

② 王利明. 关于物权法草案中确立的不动产物权变动模式. 法学，2005（8）：3-9.

的"意思主义+公示对抗主义"的模式得以确立。客观地说，该模式的确立有着深远的历史意义，这表现在：该模式废除了物权交易的烦琐形式，保障了交易的迅捷；同时也使物权交易当事人的自主意思获得最充分地表达，排除了国家对物权交易的干涉。但是，公示对抗主义的缺陷也非常明显，这表现在：一方面，该模式极易产生当事人之间的内部关系和对第三人的外部关系不一致的问题，从而妨碍交易的秩序与安全；另一方面，在该模式下，与物权变动相关的同时履行抗辩、消灭时效等制度的运用大受影响，并因此使交易双方当事人在利益上失去平衡。基于上述理由，公示对抗主义日趋衰微。而随着物权交易的日益发达，公示要件主义应运而生。从表面上看，这似乎是古代严苛形式主义的复活。但是实际上，古代法上的形式主义"仅有从属意义上的物权公示效果，并无完整的交易安全保护机能"。而与之相比较，近代法重新确立的公示要件主义，却是以维护交易的安全为最重要的目的。在公示要件主义下，当事人之间的物权变动变得明确，同时当事人之间的法律关系和对第三人的法律关系也形成了统一，这就克服了公示对抗主义下法律关系分裂为对内关系和对外关系所带来的复杂问题。就此而言，公示要件主义的后发优势是至为明显的。①

反面理由包括：

6. 公示对抗主义违反物权本质

物权为对世权，本可对抗一切人。但依公示对抗主义，物权变动因双方当事人的"合意"而完成，且变动后的物权在完备公示前不能对抗第三人，而不能对抗第三人之"物权"是否为真正意义上的物权，颇值疑问。②

7. 公示对抗主义不能合理规制二重转让

二重买卖发生后，根据公示对抗主义自然可以得出如下结论：前买受人取得的所有权因公示欠缺而无法对抗后买受人。然而问题在于，当出卖人已陷入无权处分后，后买受人如何能够取得所有权，从而对抗前买受人？为此，日本学者创造了不完全物权变动说、第三人主张说、诉

---

① 孙鹏. 物权公示论，西南政法大学2003年博士学位论文. 31-32.
② 孙鹏. 物权公示论，西南政法大学2003年博士学位论文. 27.

讼法的构成说、公信力说等解释理论。然而这些解释论，均与公示对抗主义的逻辑不相符，实际上是从一个矛盾走向另外一个矛盾。①

8. 公示对抗主义与公示原则不能并存

公示对抗主义与物权公示原则之间是存在矛盾的。原本意义上的物权公示原则只可能与公示要件主义对应；如果采取公示对抗主义的模式，物权公示原则则无从谈起。即使根据公示对抗主义的意旨而改变物权公示原则的原本意义，也实际上与本来意义上的物权公示原则相游离。②

9. 公示对抗主义与公信原则不能并存，不利于交易安全

公示对抗主义下的交付与登记本不具备公信力，对交易安全的保护效果不甚理想。而在公示要件主义，公示的效力中包含了公信力的内容，故对交易安全保护的效果明显优于公示对抗主义。③

（二）以公示对抗主义作为物权变动的基本模式

从结果上看，我国对于物权变动的基本模式采取了公示要件主义模式，但是在《物权法》制定之际，主张以公示对抗主义作为物权变动的基本模式的学者，从不同角度提出了各种理由论证其观点。总结起来包括如下正反两方面的理由：

正面理由包括：

1. 意思自治原则的体现

主张公示对抗主义作为物权变动的基本模式的学者，一般都将民法中的意思自治原则作为首要理由：变动物权的法律行为是当事人意思自治的表现，如果不涉及其他人的利益或者说对于他人的利益已给予了足够的保护，则法律也就不应当加以干涉。④ 而且受让人获得物权并不都是为了再行交易，如果受让人获得物权的最终目的仅仅是消费，那么就

---

① 孙鹏. 物权公示论, 西南政法大学2003年博士学位论文. 28 - 29.

② 刘保玉. 试论物权公示原则在物权性质界定与类别划分中的意义：兼评公示要件主义与对抗主义的立法模式选择. 政法论丛, 2007 (3): 5 - 12.

③ 孙鹏. 物权公示论, 西南政法大学2003年博士学位论文. 29 - 34; 于海涌. 法国不动产登记对抗主义中的利益平衡：兼论我国物权立法中不动产物权变动模式之选择. 法学, 2006 (2): 69.

④ 郭明瑞. 物权登记应采对抗效力的几点理由. 法学杂志, 2005 (4): 13 - 16.

更加没有理由强迫当事人公示。①

2. 符合公示制度尚不完善的我国国情

有的学者从中国现实出发论证公示对抗主义的合理性：登记要件主义的基础是登记的公信力，如果登记制度本身不能满足公信力之要求，则登记要件主义为空中楼阁。因此，在登记制度尚不完善，且难以完善的我国，采用登记要件之立法是不当的，应该以登记对抗主义作为物权变动的基本模式。②

3. 有利于降低交易成本、加速财产流转

有的学者从成本效益的角度加以论证：物权登记制度需要支出成本，这包括两个方面：一方面是当事人申请办理登记需要的开支，另一方面是维持登记制度正常运作的开支。如果采取登记要件主义，则意味着变动物权必须登记，否则不能发生物权变动的效果，这就会增加交易成本。③

4. 有利于保护商品房买受人

有的观点从保护商品房买受人的角度考虑，认为：根据（当时）我国现行法律规定，房屋因买卖而变更登记时，可以在3个月内申请变更。如果把登记作为房屋所有权移转的要件，那么，在房屋买卖合同成立到所有权移转的3个月期间内，买受人对房屋的权利无法确定。这导致的结果就是，出卖人还可以随便处置房屋，造成一房多卖，不利于交易的稳定。④

5. 区分善恶意更符合伦理要求

有的观点认为"未经公示物权不能对抗已经公示物权，实际上是一个善意取得的问题"，"是对交易安全的追求使然"，"第三人的范围应以与出卖人同样有着物权买卖法律关系之地位的'善意交易第三人'为限"⑤。

---

① 董学立，王立争. 物权变动公示生效主义：当事人不能承受之重. 山东大学学报，2007（3）：112-117.

② 渠涛. 不动产物权变动制度研究与中国的选择. 法学研究，1999.（5）：37-54.

③ 郭明瑞. 物权登记应采对抗效力的几点理由. 法学杂志，2005（4）：13-16.

④ 武钦殿. 论交付和登记在我国房屋所有权移转中的地位. 法律适用，2004（2）：17.

⑤ 董学立，王立争. 物权变动公示生效主义：当事人不能承受之重. 山东大学学报，2007（3）：112-117.

反面理由包括：

6. 制度无优劣

有的观点认为现有的制度之间不存在孰优孰劣，以及孰为先进孰为落后的问题，而只存在制度是否与本国情况相和谐的问题；因此并不一定登记要件主义就比登记对抗主义更加先进。①

7. 不违反公示公信原则

有的观点认为公示对抗主义并不违反公示公信原则②：无论是公示对抗主义还是公示要件主义，实际上都承认物权登记的公示、公信力。不过在登记要件主义下，登记为物权变动的生效要件，可以对抗任何第三人，甚至也包括恶意第三人。而在登记对抗主义下，登记为物权变动的对抗要件，未经登记的物权不能对抗善意第三人。③

8. 不违背现行司法实践

有的观点认为：（当时）最新的司法实践实际上认可了登记对抗主义模式，这体现在购买需要办理过户手续的财产的，只要买受人实际占有财产又是没有过错的，就可以取得该财产所有权。依据是2004年11月最高人民法院《关于人民法院民事执行中查封、扣押、冻结财产的规定》，其第17条规定："被执行人将其所有的需要办理过户登记的财产出卖给第三人，第三人已经支付部分或者全部价款并实际占有该财产，但尚未办理产权过户登记手续的，人民法院可以查封、扣押、冻结，第三人已经支付全部价款并实际占有，但未办理过户登记手续的，如果第三人对此没有过错，人民法院不得查封、扣押、冻结。"第19条规定："被执行人购买需要办理过户登记的第三人的财产，已经支付部分或者全部价款并实际占有该财产，虽未办理产权过户登记手续，但申请执行人已向第三人支付剩余价款或者第三人同意剩余价款从该财产变价中优先支付的，人民法院可以查封、扣押、冻结。"④

---

① 渠涛. 不动产物权变动制度研究与中国的选择. 法学研究, 1999 (5): 37-54.

② 主张公示对抗主义的学者之所以强调这一点，是因为一般认为公信力和公示对抗主义不兼容。

③ 郭明瑞. 物权登记应采对抗效力的几点理由. 法学杂志, 2005 (4): 13-16.

④ 郭明瑞. 物权登记应采对抗效力的几点理由. 法学杂志, 2005 (4): 13-16.

二、物权变动的例外模式之争

就物权变动的例外模式而言，相对于前述基本模式之争，争论较少。大多数学者赞同在原则上采取公示要件主义的基础之上，例外采取公示对抗主义，但是对于何种物权采取登记对抗主义则存在着争议。具体而言，比较有代表性的观点包括：

王利明教授认为，就不动产他物权设定而言，一般应当采用登记方式，但是考虑到我国城乡二元结构的背景，物权法可以不必强行要求在所有的交易中都登记，如在交易承包经营权时，可以自愿采取登记等公示方法，此时可以考虑登记对抗说，在今后条件成熟的情况下，可以逐步从登记对抗主义过渡到登记要件主义，使我国不动产物权变动模式在登记要件主义的原则下达成统一。[①] 具体而言，王利明教授赞成对于船舶、航空器和机动车等特殊动产物权、承包经营权、宅基地使用权采取登记对抗主义，而反对地役权采取登记对抗主义，主要理由包括：（1）船舶、航空器和机动车等特殊动产，权利人通常可以实施有效的占有，不予登记通常也不会发生很大的权属混乱，但如果办理登记，也有助于明确产权。此外，由于这些不动产如船舶、航空器在世界范围内运行，法律鼓励上述动产所有权人办理登记，但不将登记作为所有权变动的要件。（2）承包经营权应采取登记对抗主义，这主要是考虑到我国农村流动人口较少，承包经营权的转让通常发生在本村或者熟人之间，不予办理登记的情况下，权属也比较清楚，尤其是考虑到强制登记将增加农民的负担，且强行推行也未必行得通。但是考虑到承包经营权一旦进行流转，将来完全不实行登记将会发生纠纷，所以允许当事人自愿办理登记，但对此种登记应该采取登记对抗主义。（3）地役权采取登记要件主义更符合法理。主要理由如下：一方面，有利于区分物权和债权。在当事人之间就相互的不动产的利用达成协议而没有办理登记的情况下，实际上是创设了以一方的不作为或者容忍义务为标的的债权债务关系。它本质上是一种债的关系，只在当事人之间发生效力；其内容也是给付而非对他人之物的支配。这显然不同于作为用益物权的地役权。如果采登

---

① 王利明.关于物权法草案中确立的不动产物权变动模式.法学，2005（8）：3-9.

记对抗，就混淆了不作为之债与地役权的关系。另一方面，物权请求权是物权对世效力的体现，在物权不能对抗第三人的情况下，从法理上讲，权利人是不能向第三人主张物权请求权的。因此，所谓在没有登记的情况下地役权人可以主张物权请求权是说不通的。地役权的设定与农村不动产的市场化以及城乡差别等问题不存在本质的联系，且城市和农村都有设定地役权的需要，因此，不能简单地以在农村设定他物权具有特殊性而否定地役权登记的必要性。(4)关于宅基地使用权，宅基地使用权的设定采合同成立即创设物权的做法，而转让采用了登记生效。在目前的规定采用了严格限制的情况下，采用登记生效并无太大意义，因此应该采取登记对抗主义。①

刘保玉教授认为在占有改定、票据公司债券质押、未登记的不动产租赁这三种场合例外地认为采取公示对抗主义是合理的，理由如下：(1)关于占有改定的效力问题，认为：长期以来，在动产善意取得的要件规定上，关于"转让的动产已经交付给受让人"一项中的"交付"，是否包括以占有改定的方式所为的"观念交付"，一直未有定论。采用"在实际交付之前，其物权变动不得对抗第三人"（也不能对抗所有权人的追索）处理方案，最为得当。(2)关于票据、公司债券质押但未予背书的效力问题：我国《物权法》第224条规定：以票据、债券等出质的，当事人应当订立质押合同，质权自权利凭证交付质权人时设立。而依据票据、公司债券的特殊性和票据、债券质押的特点及相关法律规定，最高人民法院《适用〈中华人民共和国担保法〉的解释》第98条规定："以汇票、支票、本票出质，出质人与质权人没有背书记载'质押'字样，以票据出质对抗善意第三人的，人民法院不予支持。"第99条规定："以公司债券出质的，出质人与质权人没有背书记载'质押'字样，以债券出质对抗公司和第三人的，人民法院不予支持。"两相比较，认为此司法解释中的规定更为可取。(3)关于未登记备案的不动产租赁权有无对抗力的问题：关于不动产租赁权与抵押权竞存时的效力关系，《担保法》和《适用〈中华人民共和国担保法〉的解释》中均有规定，《物权法》第190条进一步明确："订立抵押合同前抵押财产已出租

---

① 王利明. 论他物权的设定. 法学研究，2005 (6)：78-88.

的，原租赁关系不受该抵押权的影响。抵押权设立后抵押财产出租的，该租赁关系不得对抗已登记的抵押权。"另依《城市房地产管理法》的规定，不动产租赁关系应当到房地产登记机关"登记备案"，那么，如果先设立的不动产租赁关系未依法办理登记备案手续，是否能够对抗后设立的抵押权呢？不动产租赁的登记备案，既有行政管理的需要，也有公示的意义。因此，此处可以比照物权公示的要求设立这样的规则：先设立的不动产租赁关系未办理登记备案手续的，不得对抗善意抵押权人。①

最终我国《物权法》也采取了以公示要件主义为原则，以登记对抗主义为例外的立法模式。具体而言，其明文确定了船舶、航空器和机动车等特殊动产物权（《物权法》第 24 条）、土地承包经营权（《物权法》第 129 条）、地役权（《物权法》第 158 条）、动产抵押权（《物权法》第 188 条）、浮动抵押权（《物权法》第 189 条）这五种物权的变动采取登记对抗主义。其立法理由包括：船舶、航空器、机动车等特殊动产的物权变动，采用登记对抗主义的理由包括：现行法律对船舶、航空器的物权登记效力已有规定，均采取的是登记对抗主义。② 而且从这些法律的运行现状来看，得到了学界的普遍认可，实践中亦没有产生什么问题。因此，为了维持法律的稳定性，应继续沿用这一模式。不采取登记生效主义的原因在于，这些财产虽然价值较大，有通过登记方式加以公示的必要，但是从性质上来说仍属动产，因此仍应适用物权法关于动产物权变动的相关规定，所有权在交付时发生转移，抵押权在抵押合同生效时设立。③ 土地承包经营权的互换和转让，采用登记对抗主义的理由包括：农民承包的是本集体的土地，聚集而居的农民对承包地的情况相互了解；互换限于集体内部，农户向本集体以外的人转让的情况也比较少；

---

① 刘保玉. 试论物权公示原则在物权性质界定与类别划分中的意义：兼评公示要件主义与对抗主义的立法模式选择. 政法论丛，2007（3）：5-12.

② 《海商法》第 9 条规定船舶所有权的变动采登记对抗主义；《海商法》第 13 条规定船舶抵押权的变动采登记对抗主义；《民用航空法》第 14 条规定航空器所有权的变动采登记对抗主义；《民用航空法》第 16 条规定航空器抵押权的设定采登记对抗主义。

③ 胡康生. 中华人民共和国物权法释义. 北京：法律出版社，2007：28-29.

如果规定变更土地承包经营权要登记，会给农户造成负担。① 地役权的设立，采用登记对抗主义的理由包括：地役权的应用主要在农村，而我国农村的不动产登记制度尚不完善②；在我国农村，地役权的80%～90%都是不登记的，为了方便群众，减少成本。③ 动产抵押权的设立，采用登记对抗主义的理由包括：船舶、航空器等动产的抵押权已经采取了登记对抗主义，为了维持规定的统一性，动产抵押权的设立均采登记对抗主义；动产抵押权不转移占有，其设立有赖于当事人的信任，如果必须要求登记可能会对当事人造成不便，会增加抵押人的费用；我国幅员辽阔，偏远地区登记不方便。④ 浮动抵押权的设立，采用登记对抗主义的理由包括：浮动抵押权的标的本来就具有很强的不确定性，其设立完全有赖于当事人的信任，如果强制要求登记反而会给当事人造成不便，增加抵押人的费用；浮动抵押主要为了解决中小企业的贷款难问题，而中小企业多处偏远地区，登记不方便。⑤

在《物权法》颁布之后，也有学者仍然反对在例外模式中采取登记对抗主义。例如李永军教授认为登记对抗模式与物债二分民法体系存在不可调和的内在矛盾，应该在未来的民法典中统一规定公示要件主义，而取消登记对抗主义的规定。并且，李永军教授对于地役权、土地承包经营权采取登记对抗主义的理由进行了反驳：（1）就地役权而言：一个

---

① 全国人民代表大会常务委员会法制工作委员会民法室．中华人民共和国物权法条文说明、立法理由及相关规定．北京：北京大学出版社，2007：243；胡康生．中华人民共和国物权法释义．北京：法律出版社，2007：293．

② 江平．中华人民共和国物权法精解．北京：中国政法大学出版社，2007：205．

③ 全国人民代表大会常务委员会法制工作委员会民法室．中华人民共和国物权法条文说明、立法理由及相关规定．北京：北京大学出版社，2007：287；胡康生．中华人民共和国物权法释义．北京：法律出版社，2007：348．

④ 全国人民代表大会常务委员会法制工作委员会民法室．中华人民共和国物权法条文说明、立法理由及相关规定．北京：北京大学出版社，2007：344；胡康生．中华人民共和国物权法释义．北京：法律出版社，2007：411-412．

⑤ 全国人民代表大会常务委员会法制工作委员会民法室．中华人民共和国物权法条文说明、立法理由及相关规定．北京：北京大学出版社，2007：346；胡康生．中华人民共和国物权法释义．北京：法律出版社，2007：414．

不具有对抗效力的地役权，和因地役权合同所生的债权并无实质差别，只在当事人之间发生效力，并未因物权的设立而获得更强的保护，这显然不符合立法者创设地役权为用益物权的目的。因此，"在地役权设立问题上采取登记对抗主义是毫无道理的，甚至可谓之为《物权法》所有登记对抗规则中最不具有存在合理性的一项"。(2) 就土地承包经营权而言：李永军教授首先批驳了"熟人社会降低了登记必要性的说法"，认为：联系民法中另一个以登记为必要的婚姻制度，如果按照"熟人社会降低了登记必要性"的逻辑，那么农村中婚姻法律关系的确定也并不需要登记了。在此基础上他认为：登记的意义并不仅限于让周遭的人知晓某个法律关系或权利的存在，还在于通过一个与公权力相联系的行为，赋予这段关系或权利更强的强制力保障以保证其对世性。其次，李永军教授又批驳了"登记不完善论"，认为尽管存在农村登记制度不完善的现状，但是登记制度的完善并非遥不可及，不应被视为贯彻登记生效制度不可逾越的障碍，因此主张在农村土地问题上不应轻易舍弃登记要件主义模式。①

《民法典》颁行后，仍然有学者提倡应借助解释论废止登记对抗主义。张淞纶教授认为，公示生效主义和公示对抗主义都有各自完整的制度逻辑与具体规则设计，因此单独截取两者对交易的作用来褒贬任何一种模式，都是不得要领的批判。两种模式各有优劣，并无高下之分，问题也不在于这两种模式本身，而在于将两种模式并置在同一个法律体系之下，并且缺乏有效的标准以确定对某种权利配套何种物权变动模式。在这种情况下，对"并置"最强有力的辩护，或许是教义学式的：既然《民法典》已经作了这样的安排，也就没有再讨论的空间。然而，将公示生效主义和公示对抗主义放在同一个法律体系里，存在着三项无法克服的弱点：(1) 概念上的弱点：公示对抗主义下，物权变动中的非登记物权是不完整的物权，它背离传统绝对性物权概念，与效力量级上同样抽象的公示方法并不配套。诚然，法律制度不是为了概念的逻辑自足，即便是不完整物权，仍然具有对抗不特定人的性质，在本质上也仍然有

---

① 李永军，肖思婷. 我国《物权法》登记对抗与登记生效模式并存思考. 北方法学，2010 (3)：38-42.

别于普通债权。不过,并置模式使同一概念中在不同物权变动模式下就需要作不同的解释与适用,进而导致难以澄清的混淆甚至混乱,这集中体现在"善意"的概念。公示生效主义下,公信力制度为善意提供了一个事前性的判断基础,公示对抗主义却很难通过立法来鉴别善意与恶意,只能通过司法自由裁量权来判定。(2)机制上的弱点:公示对抗主义所预设的情形下,当事人本就可以借助登记而优先取得物权,即便是知悉他人拥有未登记的物权,但知悉他人依法享有不动产物权被《物权编解释(一)》第15条第5项明确列为恶意的判断情形之一,我国法中适用登记对抗主义的不动产物权(土地承包经营权、土地经营权以及地役权)由此将得以适用无权处分规则。这样一来,本条文将不仅因无法适用于适用登记对抗主义的动产(如特殊动产)而导致动产与不动产发生体系冲突,还形同架空了登记对抗主义中登记的制度机制。换言之,作为弱点(1)的恶性连锁反应,以下问题很难得到回答:第一,在模糊的善意概念下,公示生效主义中的无权处分规则也可适用于登记对抗主义,但在公示对抗主义的不完整物权概念下,出卖人将物品再次让与,是否是无权处分?第二,买受人知情的,是否应该被认为是恶意串通而引发债法上的失权机制?(3)体系上的弱点:容易使法律因叠床架屋而左右为难。典型的例子就是土地经营权。《民法典》和《农村土地承包法》对土地经营权均采取登记对抗的逻辑。按一般理解,既然通过市场化方式取得的土地经营权采用了登记对抗主义,那么举重以明轻,家庭方式的经营权流转市场风险更低,自然更应该采用登记对抗主义,由此看来,"流转期限为5年以下"的土地经营权似乎应采登记对抗主义。但既然法律未对"流转期限为5年以下"的土地经营权另作特别规定,那么"流转期限为5年以下"的土地经营权之变动似乎又应采登记生效主义。这就是并置导致的制度衔接中的互相龃龉与人为复杂化。①

而这三项弱点又在动产抵押制度上得到了最为明显的展现。我国将动产抵押纳入了公示对抗主义逻辑。这导致不动产登记簿和动产(权利担保)的物权变动呈现了两种方式和两种效力,前者是物的编成主义配

---

① 张淞纶.登记对抗主义废止论:以物权变动模式二元并置的内在矛盾为中心.中外法学,2023(6):185-188.

全面公示（生效主义），后者则是人的编成主义配有限公示（对抗主义）。这无疑撕裂了统一的物权变动逻辑，不仅诱发了不同方式之担保权利效力比较的问题，还凸显出"并置"下前三项弱点。

首先，就概念上的弱点而言，公示对抗主义与物权的对世性在概念上的冲突是不可避免的：除非承认并非所有物权都具有对世效力（这是公示对抗主义的核心），否则矛盾无法解决。公示对抗主义无法回答这一问题：既然未登记也能取得物权，而物权又具有对世性，那么为何未登记的动产抵押权的对世效力自始是欠缺的，需要通过登记才能补足？诚然，概念并不是唯一的重点，也并不是不可以援引利益衡量将其解释为特例，但公示对抗主义还诱发了其他问题。

其次，就机制上的弱点而言，由于《民法典》第414条忽略善意，或者说采用的是仅根据登记与否来判断"善意"的客观善意标准，奉行"先登记者优先规则"，善意的机制在物权法的整体逻辑中再一次被人为地区隔了，也就是说，动产抵押中的善意和物权法中的一般善意有不同的内涵。

最后，就体系上的弱点而言，动产抵押问题诱发了占有与登记这两种公示手段的效力比较问题。为此，有学者试图将《民法典》第414条作为统一的优先顺位规则，但这无法妥善解决第414条与第403条之间的关系。一方面，第414条作为涵盖所有担保的统一规则，更像是一般法，仅涉及动产抵押的第403条反倒像特别法，理应是第403条优先于414条，而不是倒过来。另一方面，第414条和第403条将导向完全不同的结论。如果遵循第414条，那么未登记的抵押权彼此之间可以相互对抗（按债权比例）；但如果遵循第403条，未登记抵押权人不得对抗善意抵押权人，这似乎形成了"制定法漏洞"。根本原因在于，第414条希望坚持无视善意与否的硬性标准（登记），这本质上是奉行公示生效主义的逻辑，而第403条则是对传统公示对抗主义逻辑的坚持。动产抵押的物权变动模式是登记对抗，不动产抵押的物权变动模式是登记生效，将物权变动模式不同的抵押制度的优先顺位规则规定在一个条文里，显然是不周延的，这种"可能的"不周延虽然或许可以依据物权的优先性与债权的平等性得到部分解决。但问题在于：奉行登记对抗主义的（家庭方式承包的）土地经营权和土地承包经营权是可能成为抵押客体的，这样一来，第414条将有架空《民法典》第341条等"不得对抗善意第三人"规则之嫌,造成条文内部冲突。在土地经营权本就难以发挥抵押功能的情况下,如此对抗土地承包权抵押,有失公平。而如果土地经营权流转进一步市场化,那么市场中边际上的后者会受迫于法律而强化公示方式,从而再一次将公示对抗主义推向了实质上的公示生效主义。

综上,就对交易的作用而言,两种模式均各有利弊,不分优劣,但两种模式并置的实体法困境难以回避。因此,张凇纶教授主张将登记制度纳入考量,根据公权力的管理成本,确定应当采取怎样的物权变动模式。①

张凇纶教授先指出,学界罕有人关注在不同物权变动模式下(特别是不动产领域),登记机构所扮演的法律地位、作用和相应的归责是否应当等量齐观,但这一问题其实至关重要。在公示生效主义模式下,登记是合同履行的必要环节和物权变动生效的必要行为。公示对抗主义模式下,当事人可以自主选择是否登记。简而言之,公示生效主义希望在合同阶段一并解决物权对抗问题,但登记对抗主义则是"合同归合同",登记是额外的辅助当事人增强权利对抗性的法律机制。

因此,理论上,在不同物权变动模式下,登记机构所承担的负担和相应职责应有所不同,而"并置"模式会导致登记机构面临的规则更为复杂化,相当于人为提升了规则的供给需求。登记生效主义实际上是给物权变动附加了强制的行政负担(必须登记),因此应当采取形式审查,避免过分限制市场自由,登记错误赔偿应当纳入公共预算;但登记对抗主义下,登记具有"服务性",登记错误赔偿应当更类似民事损害赔偿。然而,实践中并不存在这种登记错误赔偿性质和审查程度的区分,登记错误赔偿性质上均是行政责任,均适用国家赔偿程序,可见,登记规则本身就在排斥这种"并置"的做法,势必得在公示对抗主义和公示生效主义之间进行抉择。

而基于如下两大点理由,张凇纶教授提倡应放弃公示对抗主义:第一,我国一贯采取以公示生效主义为原则,对抗主义为例外的模式。大量制度和规范均坚持公示生效主义逻辑,甚至常常自觉或不自觉将这一逻辑沿用到公示对抗主义上。第二,从法技术角度,也应放弃登记对抗主义。具体而言,又可分为三小点理由:(1)公示对抗主义下,登记机构需提供

---

① 张凇纶.登记对抗主义废止论:以物权变动模式二元并置的内在矛盾为中心.中外法学,2023(6):188-191.

额外"服务",但不动产登记机构缺乏与实质审查适配的权限和能力。我国也未有效接纳其他采登记对抗主义国家所采用的配套措施。(2)公示对抗主义下,恶意后手买受人被容许抢先进行登记,此时登记簿的记载事项不构成登记错误,这样一来,"登记错误"制度不仅与一般认知存在龃龉,在很多情形下还会成为具文。(3)在现有规则下,继续承认公示对抗主义,会影响登记中的制度衔接。本来,存在尚未解决的权属争议的,应当不予登记。但公示对抗主义相当于通过承认在先登记来体现制度上的倾斜保护,此时如果坚持既有规则,则公示对抗主义将形同被废止。①

接着,张淞纶教授提出,应当考虑借助解释论来实现对登记对抗主义的废除。具体来说,应当进行分类处理。就动产而言,《民法典》第224条但书应被理解为是动产抵押的例外,而不是指公示对抗主义。第225条对特殊动产的规定,只是一种行政管理措施,特殊动产回归适用一般动产规则。就动产抵押而言,动产抵押无须登记生效,这不是公示对抗主义,也不是不动产抵押登记的例外,而是动产交付规则的例外。当然,动产抵押仍然可以登记,并且因登记而在担保顺位中取得优先,但这并不是物权意义上的优先。就不动产而言,不动产一旦完成首次登记,则此后权利的流转均应类推适用《民法典》第385条采用公示生效主义;未登记的不动产,则通过排除第577条和第154条的失权后果作为反面激励,从而敦促更多实质性的公示生效主义。②

三、登记对抗主义的解释论之争

虽然主流学说倾向于根据《民法典》第225条对特殊动产物权变动的规定构建统一的登记对抗主义,但所有权与担保物权的效力明显不同,所有权变动与抵押权等担保权设立所面对的利益冲突也判然有别,由此决定其对抗范围与冲突类型存在明显区别。③

---

① 张淞纶. 登记对抗主义废止论:以物权变动模式二元并置的内在矛盾为中心. 中外法学, 2023 (6): 191-194.
② 张淞纶. 登记对抗主义废止论:以物权变动模式二元并置的内在矛盾为中心. 中外法学, 2023 (6): 194-197.
③ 庄加园. 动产抵押的登记对抗原理. 法学研究, 2018 (5): 76.

具体来说，所有权具有排除妨害权能，同一物上不可能同时存在两个所有权，因此《民法典》第 225 条面对的是不相容的冲突，要解决的是所有人多重处分特殊动产时，哪个受让人能最终取得所有权的问题，对抗效力聚焦于权利归属。因此，这里涉及的"对抗"关系是"吃掉与被吃掉"的关系，这里的"对抗"是指一项物权消灭另外一项物权。而《民法典》第 403 条涉及的是同一动产上负担多个担保物权时哪个能优先受偿，这些权利并非不能相容，对抗效力聚焦于清偿顺位的确定、抵押动产价值的分配。可见，这里的"对抗"关系是"压倒与被压倒"的关系，这里的"对抗"是指一项物权优先于他项物权。[①]

动产担保领域的争议焦点集中在如下几个问题上：第一，何谓"不得对抗"？即未登记动产担保权的性质与效力的问题。具体而言，不得对抗善意第三人的未登记动产抵押权性质上是否仍属于物权？还是说其实质上已经沦为普通债权？第二，如何理解"善意第三人"，具体而言，又可分为两个小问题：其一，第三人的客观范围；其二，第三人的主观范围。

就未登记动产担保权的性质与效力而言，有观点认为，既然未登记的动产抵押权欠缺足够对抗力，不能优先于债权及后设定的物权，那么欠缺优先受偿性的未登记动产抵押权作为物权实际上"名不副实"[②]。主流观点则持不同意见，认为，未登记动产担保权不同于仅具有相对效力的债权。物权的本质属性是人对物的绝对支配力，其他效力都是由此派生出来的。因此，只要一种权利对物具有直接支配性，它就属于物权。既然未登记动产担保权人仍然有权对标的物行使变价权，可见其就标的物价值仍然享有直接支配性，那么未登记动产担保权性质上就属于物权，只是效力不完备。未登记动产担保权能够对抗当事人和"部分"第三人，这体现在：第一，抵押动产受第三人侵害致使抵押权不能实现，抵押权人享有损害赔偿请求权；第二，抵押权人享有保全请求权；第

---

① 庄加园. 动产抵押的登记对抗原理. 法学研究, 2018 (5)：86。关于"吃掉"与"压倒"的分析思路，参见崔拴林. 准不动产物权变动登记对抗规则的法理与适用：兼评《民法典》第 225 条. 法学家, 2021 (2)：106 - 116。

② 徐海燕, 柴伟伟, 冯建生. 动产担保权公示及优先顺位规则研究. 北京：法律出版社, 2016：108 页以下.

三,未登记抵押权仍然具有物上代位性;第四,附有未登记抵押权的财产转让,第三人恶意的,该第三人不能援用善意取得规则主张取得无负担的物权。由此,在债权、未登记的动产担保权、已登记的动产担保权之间形成逐渐递进的效力层次,在物债二分的体系下,也就有了传统物权和债权之外的效力中间状态。①

就第三人客观范围而言,学界普遍认同限制第三人客观范围的必要性,并且基本已就"未经登记也可对抗"的第三人范围达成共识。具体而言,包括:第一,侵权行为人等实质上的无权利人;第二,当事人的概括继承人;第三,连环交易中的前后手。② 就"未经登记则绝对不得对抗"的第三人范围,学界也基本已形成共识:查封或者扣押债权人、参与分配债权人、破产债权人或破产管理人。③

但就具体类型的第三人,学界仍存在争议。

首先,关于一般债权人④是否属于未经登记则不得对抗的善意"第三人",学说异见纷呈。虽然多数学者均认为应将一般债权人排除在第

---

① 高圣平.民法典动产担保权登记对抗规则的解释论.中外法学,2020(4):956-957;龙俊.民法典中的动产和权利担保体系.法学研究,2020(6):41;庄加园.动产抵押的登记对抗原理.法学研究,2018(5):79.

② 李文涛,龙翼飞."不登记不得对抗第三人"规则中"第三人"范围的界定:以对传统民法形式逻辑的检讨为思路.法学杂志,2012(8):56-57;屈茂辉.动产物权登记制度研究.河北法学,2006(5):14;赵忠丽.论登记对抗规则下第三人范围的确定.研究生法学,2015(2):5-31;龙俊.中国物权法上的登记对抗主义.法学研究,2012(5):148;曹士兵.中国担保制度与担保方法(第四版).北京:中国法制出版社,2017:276.

③ 龙俊.中国物权法上的登记对抗主义.法学研究,2012(5):150-151;高圣平.民法典动产担保权登记对抗规则的解释论.中外法学,2020(4):962-963;庄加园.动产抵押的登记对抗原理.法学研究,2018(5):91;朱虎.民法典动产和权利担保的变革.人民法院报,2020-07-30(005).

④ 这里的"一般债权人"是"狭义的一般债权人",即在债权人的大范畴中排除有担保权的债权人、特定物债权人、破产债权人、扣押债权人等之后,剩下的最普通的、最具有一般性的债权人。"广义的一般债权人"是相对于附有担保物权的债权而言的,即无担保债权人。广义和狭义一般债权人的区分,参见龙俊.中国物权法上的登记对抗主义.法学研究,2012(5):148.

三人范畴外①，但正如笔者曾撰文指出的那样，"一般债权人"这一概念术语实际上有广义和狭义之别，而不少学者的论述中其实隐含着对"一般债权人"概念的误读。②

第一种观点认为，第三人指对同一标的物依权利性质存在竞存抗争关系的物权人，不包括债务人的一般债权人，即采除一般债权人外的善意第三人说。③ 该观点为我国台湾地区民法学者王泽鉴教授所主张，并在各大法学论著中被反复转引，成为我国学界目前的主流观点。④ 王泽鉴教授认为，从法律目的、文义及体系来看，第三人应指对同一标的物享有物权之人，债务人之一般债权人并不包括在内。理由如下："（1）就法律性质言，物权具有排他性，其效力恒优于债务人之一般债权，此为一项基本原则，动产抵押权既属物权，应优先于一般债权，实为当然之理，登记与否，并不影响其优先受偿效力，否则动产抵押权是否具有物权性，将因有无登记而不同，势将混淆法律体系。（2）就文义言，对抗云者，系以权利依其性质有竞存抗争关系为前提，例如在同一标的物上

---

① 王利明.物权法研究：第四版.北京：中国人民大学出版社，2016：1187-1188；谢在全.民法物权论（中）.北京：中国政法大学出版社，2011：935-936；曹士兵.中国担保制度与担保方法：第四版.北京：中国法制出版社，2017：275-276；席志国.中国物权法论.北京：中国政法大学出版社，2016：360-361；庄加园.动产抵押的登记对抗原理.法学研究，2018（5）：87；刘玉杰.未登记动产抵押权效力探析.法律适用，2009（10）：38；龙俊.中国物权法上的登记对抗主义.法学研究，2012（5）：136-153；高圣平.民法典动产担保权登记对抗规则的解释论.中外法学，2020（4）：961；韩立新，侯玉晟.论船舶抵押权的对抗效力及受偿顺序.中国海商法年刊，2004：28；关正义，刘安宁.船舶抵押权登记若干法律问题研究.中国海商法年刊，2011：70.

② 龙俊.中国物权法上的登记对抗主义.法学研究，2012（5）：148-149.

③ 王泽鉴.民法学说与判例研究：重排合订本.北京：北京大学出版社，2015：1505；胡康生.中华人民共和国物权法释义.北京：法律出版社，2007：412.

④ 值得注意的是，王利明教授也转变了观点，从支持前述"善意第三人说"转而支持"除一般债权人外的善意第三人说"。参见毛亚敏.担保法论.北京：法律出版社.1997：164；王利明.物权法研究：下卷.北京：中国人民大学出版社，2007：89，517，527；朱岩，高圣平，陈鑫.中国物权法评注.北京：北京大学出版社，2007：657.

有动产抵押权或质权时,始生对抗的问题。动产抵押权等依其本质即优先于债权,自不发生所谓对抗问题。(3)就立法史而言,依动产担保交易法立法理由书之说明,第五条规定系仿美国立法例而设。依美国动产抵押法及附条件买卖法,动产担保无论是否登记,其效力恒优于一般债权,故吾人之解释,与立法本意,并无违背。(4)就交易安全而言,论者有谓:动产抵押若未为登记,不具公示力,若承认其优先效力,则债务人之一般债权人,必遭不测之损害,殊非妥善。此为主张广义说者之主要理论根据,但详析而明辨之,亦难苟同。一般债权人之借与金钱,系信赖债务人之清偿能力,故应承担其不获清偿之风险。其既与动产抵押之标的物无法律上之直接关系,实不能承认其具有对抗动产物权之效力。一般债权人为避免遭受不测损害,应设定担保物权。(5)再就附条件买卖言,所谓第三人不应包括买受人之一般债权人,尤为明显。出卖人既仍为所有人,则当其基此资格行使权利,一般债权人何得主张而为对抗?债权人误信债务人所有的租赁权人不能仅因信赖买受人所占有之物为其所有物,即应受到保护,交易上的信赖危险,仍应由自己负担。"[①] 王泽鉴教授的立论同样存在着对美国动产担保交易制度中"一般债权人"概念的误读。王泽鉴教授采取的是"广义一般债权人"概念,但实际上,美国法上,未公示担保物权仅能对抗排除破产债权人、扣押债权人等债权人之外的狭义一般债权人。

第二种观点与第一种观点稍有区别,不区分善恶意,但同样采广义一般债权人除外说。这种观点认为第三人应指对同一标的物享有物权的人,债务人的一般债权人不包括在内。理由在于就物权的法律性质而言,物权具有排他性,其效力恒优于债务人的一般债权。动产抵押权属物权,其性质并不因是否登记而改变,效力当然自始优于债权。就对抗的含义而言,对抗是指性质相同的两项或数项权利并存时,某一项权利是否可以优于其他权利,如同一标的物上有动产抵押权或质权时才发生对抗问题。债权与物权性质截然不同,动产抵押权依其本质即优于一般债权,自始不发生对抗问题。所以,这里的第三人不包括一般债权人。

---

① 王泽鉴.动产担保交易法上登记之对抗力、公信力和善意取得//王泽鉴.民法学说与判例研究:第一册.北京:中国政法大学出版社,2005:222-256.

至于动产抵押物所有权受让人、留置权人、质权人、在后成立的动产抵押权人，均包括在"对同一标的物享有物权的人"中。对于抵押人的破产债权人，破产宣告前已作为担保物的动产不属于破产财产，债权人享有不依破产程序先于一般破产债权人就该担保物优先受偿的权利，这也是物权优先于债权的效力所在。无论登记与否，动产抵押权人恒优于一般债权人受偿，故破产之债权人不属于第三人范围。①

第三种观点认为，第三人指的是对抵押动产有权利要求或者存在利害关系的一切第三人，甚至并不限于"善意"第三人，即采"一切第三人说"②。理由在于，未经登记的抵押权与普通债权的法律地位是平等的。在抵押权存继期间，如果第三人对抵押物主张权利，使抵押物为第三人所占有时，抵押权人只能向抵押人请求损害赔偿。因为，抵押物未进行登记，抵押权人不能以享有抵押权为由，向第三人进行追索。抵押人转让抵押物取得对价时，抵押人可以就转让抵押物的价款行使物上代位权，而不能直接向第三人主张实现抵押权。抵押人就抵押物再次抵押时，登记顺序在后的抵押权人将优先于未登记的顺序在前的抵押权人就抵押物的交换价值受偿。抵押物一经登记，即可取得对抗第三人的效力，抵押物为第三人占有时，抵押权人有权直接向占有该物的第三人主张抵押权，任何第三人都负有不得侵害抵押权的义务。因此，以抵押合同设定担保物权的，当事人自登记之日起取得担保物权。未经登记，只有债权的效力，不得对抗所有的第三人。③

第四种观点是包括广义一般债权人在内的"善意第三人说"。王利明教授曾经主张该观点，认为未登记抵押权不能对抗的第三人指的是善意第三人。具体而言：首先，对抗的含义是就优先受偿权而言的，是指两项或数项权利并存时，某一项权利是否可以优先于其他权利。就未登记的抵押合同而言，对抗是指抵押权人从合同中享有的权利与抵押人的

---

① 车辉，李敏. 担保法律制度新问题研究. 北京：法律出版社，2005：68.

② 持该观点的代表人物是最高人民法院负责起草《关于适用〈中华人民共和国担保法〉若干问题的解释》的李国光、金剑峰、曹士兵等法官，应该说代表了实务界的主流观点。

③ 李国光. 最高人民法院《关于适用〈中华人民共和国担保法〉若干问题的解释》理解与适用. 长春：吉林人民出版社，2000：228-229.

其他债权人享有的权利、其他对抵押物享有权利的人的权利之间将形成冲突现象，如果未登记的抵押权不具有优先于其他权利优先受偿的权利，便不具有对抗他人的效力。其次，这里的第三人应该包括一般债权人。严格来说，如果未登记的抵押权只是不能对抗对抵押物享有物权的人，而能对抗债务人的一般债权人，则抵押权实际上仍具有对抗的效力。因为一方面，在他人也对抵押物享有物权的情况下，即使抵押权已经登记，也不能对抗其他物权，因为各个物权之间不存在哪一个物权优先于其他物权的问题。如果抵押权未登记，而其他物权已登记，则已登记的物权应当优先于未登记的抵押权，未登记的抵押权根本不可能对抗已登记的物权。另一方面，如果抵押物未登记，则该财产应当作为抵押人的责任财产用来清偿抵押人对其各个债权人的债务，抵押权人也应作为债权人参与对抵押物变价后的价值的平均受偿。因而未登记的抵押权不能对抗抵押人的一般债权人。如果仍能对抗，则抵押的登记与否实际上不影响抵押权的效力，而虚设抵押、损害债权人利益的现象将难以避免，债权人的权利根本得不到保障。最后，此处所说的第三人是指善意的第三人。善意是指不知情，即根本不知道某项财产已设定抵押。如果某人明知某项财产已设定抵押而仍与抵押人订立买卖合同，则属恶意。抵押权人享有的抵押权仍应优先于该买受人享有的债权。登记制度的主要目的是保护善意的第三人，但并不保护恶意的第三人。①

第五种观点认为，动产抵押权作为物权，对抵押动产具有支配力，而一般债权人无法支配作为抵押动产的责任财产。因此，在法院扣押抵押动产之前，一般债权人并不会与动产抵押权人产生私法意义上的争夺与冲突，也就无所谓对抗问题，此时讨论一般债权人是否属于"第三人"无意义。而法院扣押抵押动产或者抵押人启动破产程序时，一般债权人已经摇身一变，成为扣押债权人或者破产债权人，此时问题已经变成未登记动产抵押权人能否对抗扣押债权人或者破产债权人了，应根据破产法和强制执行法的一般程序确定他们之间的清偿顺位。② 论者曾批判笔者的具体论证有混淆对物的支配力与对第三人的对抗力之嫌，然

---

① 王利明. 物权法教程. 北京：中国政法大学出版社，2003：358-359.
② 庄加园. 动产抵押的登记对抗原理. 法学研究，2018（5）：87.

而，我们并无实质上的分歧。笔者同样认为，指向债务人一般责任财产的债权人（即狭义一般债权人）在进入破产程序之前，和物权人的权利并不发生冲突，因此不在"第三人"范围内；然而，当这种债权人进入破产程序或者其他执行程序后与物权人权利发生冲突时，基于效率考虑，就应该对破产债权人和扣押债权人进行一体保护。[①]

还有部分学者持反对意见[②]，并提出了如下几点反驳理由：其一，未登记的动产抵押权缺乏对抗力和优先受偿性。其二，未登记动产抵押权构成隐形担保，一般债权人防不胜防，也无从控制交易风险。其三，未登记动产抵押权击破了债权人对债务人财产状况的信赖利益，对债权人施加了事先无法预料的负担和约束，构成对债权人行动自由的不当限制，而且将直接影响到整个社会的交易安全。其四，将一般债权人排除在"第三人"范畴之外，将降低交易效率、减缓交易速度、增加交易成本。[③] 但正如多数观点所指出的，广义一般债权人是否享有主张欠缺登记的正当利益是存疑的。一方面，以债务人的全部责任财产作为求偿基础，而债务人的责任财产始终处于变化状态，广义一般债权人在债权债务关系形成之初即可预见求偿不能的风险。另一方面，债务人自行提供财产作为债务的物上担保的，其责任财产的总量和偿债能力并未因此受到影响。不过，考虑到未登记动产担保的隐蔽性可能对交易安全造成的影响，应该考量各主体之间是否具有物的相争关系，尽可能限缩未经登记则不得对抗的善意"第三人"范围。[④]

其次，就竞存的其他担保物权人是否属于未经登记则不得对抗的善意"第三人"，存在争议。

[①] 龙俊. 中国物权法上的登记对抗主义. 法学研究, 2012 (5): 151.

[②] 李文涛, 龙翼飞. "不登记不得对抗第三人"规则中"第三人"范围的界定：以对传统民法形式逻辑的检讨为思路. 法学杂志, 2012 (8): 58-59; 申惠文. 从"第三人"到"善意第三人"：解读我国《物权法》动产抵押未登记的效力. 广西社会科学, 2008 (8): 126-127; 王应富, 李登杰. 动产抵押权登记对抗效力论. 江西师范大学学报（哲学社会科学版）, 2008 (2): 130.

[③] 李文涛, 龙翼飞. "不登记不得对抗第三人"规则中"第三人"范围的界定：以对传统民法形式逻辑的检讨为思路. 法学杂志, 2012 (8): 58-59.

[④] 高圣平. 民法典动产担保权登记对抗规则的解释论. 中外法学, 2020 (4): 961-962.

有学者持肯定说，提出竞存的其他担保物权人同样属于未经登记则不得对抗的善意"第三人"[①]。理由在于：第一，美国法的逻辑有其特殊背景，我国法不应盲目借鉴。美国法的善意是依据第三人"是否确实知道在先权利"的主观心态，而非以在先权利的公示状况和第三人是否尽到注意义务为认定标准，在先登记不会阻却第三人的善意，恶意证明难度极大。同时，在美国登记规则下，登记查询成本又极高。立法者为保障交易的确定性和效率，最终选择不考察第三人主观状态。我国法则不然，我国法上，在先权利的公示状况和第三人是否尽到注意义务构成善意认定标准，在先登记能直接阻却第三人善意，而且我国登记、查询效率高、成本低，因此在在先权利人未登记时，根据第三人是否善意来确定竞存权利优先顺位并没有什么不妥。第二，《民法典》第 403 条才应该是第 414 条第 1 款第 2 项规定的一般情形的例外。具体来说，第 403 条还包括了恶意但登记了的在后者不得对抗未登记的在先者这种情形。第三，以第 403 条为多重担保权竞存时与在先担保权与在后所有权或债权竞存时的统一优先顺位规则，更逻辑一贯，更能兼顾不同交易形态中的效率和公平。而且在两种情形下，适用第 403 条的制度成本是一样的，适用第 403 条在实务中一般也不会增加中小企业的融资成本。[②] 第四，权威机构解释认为，"第三人"包括在后的已登记其权利的抵押权人。第五，动产担保登记具有对抗力的原因并不在于其具有设权效力和公信力，而在于其具有警示功能，可以提醒在后抵押权人（即后手）注意在先抵押权的存在。而后手恶意所具有的知情/提醒作用与登记的警示作用实质上是一致的，由此，应当承认后手的恶意也能赋予（未登记的）在先抵押权人（即前手）以对抗力。而且，仅具有警示后者作用的在后抵押权人的登记不足以否定（未登记的）在先抵押权人权利的优先性。第六，《民法典》第 414 条第 1 款第 3 项应理解为：几项竞存动产抵押权均未登记的，由于在后抵押权并不比在先抵押权具有更强公示手段

[①] 董学立. 如何理解物权法第 199 条. 法学论坛，2009（2）：101-105；刘玉杰. 未登记动产抵押权效力探析. 法律适用，2009（10）：35-38.

[②] 崔拴林. 民法典动产担保登记对抗规则释论：针对"未经登记不得对抗善意第三人"的分析. 江海学刊，2022（5）：170-175.

（登记），因此，虽然在后抵押权人为善意，但几项抵押权彼此之间应不产生对抗关系，而应按照债权比例清偿。第414条第1款第2项应解释为包含如下意思：其一，先登记的抵押权优先于所有在后产生的未登记抵押权；其二，在先抵押权未登记而在后抵押权已登记的，在后抵押权人为善意时，后者（已登记的）优先于前者（未登记的）。第七，《担保制度解释》第54条第1项规定，动产抵押权未登记其权利，如果后手所有权人是恶意，则其所有权不得对抗前手的抵押权。举重以明轻，如果后手抵押权人为恶意的，则其抵押权（尽管已登记）也不应对抗前手的抵押权。①

然而，主流观点对此持否定说，认为其他担保物权人并不属于《民法典》第403条所谓的"第三人"范畴。② 同一动产上存在多个抵押权的，这里的对抗问题实质上是抵押权之间的顺位争夺，此时应适用《民法典》第414条的抵押权清偿顺位规则确定抵押人彼此的清偿顺位。理由在于：其一，贯彻由登记制度形成的透明度，与动产担保登记制度之间相协调。其二，增加法律规则的确定性和可预见性。不考虑权利人主观状态，以客观标准（登记时间）确定竞存权利之间优先顺位，更清晰简明。在多重担保问题上通过善意与否来决定优先顺位的模式是非常难以操作的。一方面证明负担太重，另一方面如有三个以上的担保物权人，甚至会引发逻辑上的悖论。其三，降低债权人在动产担保交易中的征信成本，提高动产担保交易的效率。其四，有利于预防和减少融资交易的风险。③ 同一动

---

① 崔拴林．准不动产物权变动登记对抗规则的法理与适用：兼评《民法典》第225条．法学家，2021（2）：113-115．

② 王应富，李登杰．动产抵押权登记对抗效力论．江西师范大学学报（哲学社会科学版），2008（2）：127-131；汪志刚．准不动产物权变动与对抗．中外法学，2011（5）：1021-1037；郭志京．也论中国物权法上的登记对抗主义．比较法研究，2014（3）：95-113；尚连杰．论我国动产抵押权的对抗力：以"第三人"的范围为中心．清华法律评论，2015（1）：74-101．

③ 庄加园．动产抵押的登记对抗原理．法学研究，2018（5）：87-88；龙俊．民法典中的动产和权利担保体系．法学研究，2020（6）：29-32；高圣平．民法典动产担保权登记对抗规则的解释论．中外法学，2020（4）：966-968；孙宪忠，朱广新．民法典评注：物权编（4）．北京：中国法制出版社，2020：147；最高人民法院民法典贯彻实施工作领导小组．中华人民共和国民法典物权编理解与适用（下）．北京：人民法院出版社，2020：1078-1079．

产上发生抵押权和质权之间的清偿顺位竞争的，应适用《民法典》第415条所确立的顺位规则，根据公示完成先后决定担保物权的优先顺位。而留置权人更不应在"第三人"范畴内。根据《民法典》第456条规定，无论抵押权是否已经登记，也无须考察留置权人主观状态，只要留置权依法设立，即可优先于该动产上的任何抵押权受偿。①

就第三人的主观范围而言，关于对"善意"的解释，一般认为，应采我国实践中对善意认定的一般标准。"善意"是指不知道标的物上存在动产担保权，且无重大过失，但不包括受让人不知情且存在轻过失的情形。② 不过，也有观点认为，"善意"应该解释为客观善意，明知也未必等于恶意，只要不是背信第三人，就都属于"善意"第三人。③ 还有观点甚至批评道：既然登记对抗主义中，登记簿不存在公信力，那么也就不存在"善意"的事前性判断标准，毕竟与物权相关的行为均有可能成为法院认定善意与否时的考量因素之一。④

关于善意取得与登记对抗的关系，在《物权法》时代，由于《物权法》第191条限制抵押财产的自由转让，动产抵押人不具备对抵押物的处分权，转让抵押动产需经抵押权人同意，否则构成无权处分，由此，受让人能否取得清洁、无负担的标的物所有权也就受制于善意取得规则。受让人构成善意取得的，未登记动产抵押权消灭。而受让人明知在先抵押权的存在或因重大过失不知抵押权存在的，排除善意取得规则的适用，受让人需承受未登记动产抵押权的负担。因此，有观点认为，未

---

① 孙宪忠，朱广新.民法典评注：物权编（4）.北京：中国法制出版社，2020：147-148；最高人民法院民法典贯彻实施工作领导小组.中华人民共和国民法典物权编理解与适用（下）.北京：人民法院出版社，2020：1080.

② 高圣平.民法典动产担保权登记对抗规则的解释论.中外法学，2020（4）：964；王荣珍.论物权变动未登记不得对抗之善意第三人范围.太平洋学报，2009（5）：53.

③ 申惠文.从"第三人"到"善意第三人"：解读我国《物权法》动产抵押未登记的效力.广西社会科学，2008（8）：126；郭志京.也论中国物权法上的登记对抗主义.比较法研究，2014（3）：97；庄加园.动产抵押的登记对抗原理.法学研究，2018（5）：92-93.

④ 张凇纶.登记对抗主义废止论：以物权变动模式二元并置的内在矛盾为中心.中外法学，2023（6）：186-187.

登记动产抵押权的命运取决于善意取得规则,善意取得规则构成登记对抗规则的理论基础与逻辑起点。[1] 甚至有学说将不得对抗等同于善意取得制度。[2] 有学者提出,在《民法典》已经对抵押财产转让规则作出修改的情况下,登记对抗规则和善意取得制度应该各司其职,各自承担不同的制度功能和体系分工。具体来说,未经登记不得对抗善意第三人,并不要求第三人善意取得标的物所有权,登记对抗不涉及也不解决第三人是否取得物权的问题。[3] 但也有学者对此不以为然,提出登记对抗主义中模糊的善意概念,使无权处分规则在土地承包经营权、土地经营权、地役权等不动产物权中也存在适用空间,但登记对抗主义所奉行的不完整物权概念,又使出卖人在在先买受人未登记的情况下再次处分标的物是否构成无权处分存疑。[4]

1.3 研究方法与本书结构

一、研究方法

本书立足于解释论。但是传统的概念继受或者理论继受式的解释论方法在本书的写作中遇到了挑战。这源于我国的登记对抗主义的独特性:一方面,我国的登记对抗主义并非为了解决一切物权变动而生,其应用局限于几个有限的领域,这就与完全采登记对抗主义的立法例有所不同;另一方面,我国的登记对抗主义并非完全继受自一个立法例,总

---

[1] 庄加园. 动产抵押的登记对抗原理. 法学研究,2018(5):91-93;刘竟元. 登记对抗下的物权变动及其对抗性问题研究. 华东政法大学2012年博士学位论文. 246.

[2] 有学者撰文指出,梁慧星教授和王利明教授曾表明这种观点。参见尹田. 论物权对抗效力规则的立法完善与法律适用. 清华法学,2017(2):44.

[3] 高圣平. 民法典动产担保权登记对抗规则的解释论. 中外法学,2020(4):965;尹田. 论物权对抗效力规则的立法完善与法律适用. 清华法学,2017(2):44-45;郭志京. 也论中国物权法上的登记对抗主义. 比较法研究,2014(3):103.

[4] 张崧纶. 登记对抗主义废止论:以物权变动模式二元并置的内在矛盾为中心. 中外法学,2023(6):187.

体而言我国当初决定在某些领域采取登记对抗主义时参考的应该是大陆法系的登记对抗主义，但是我国动产担保交易制度又很大程度上借鉴了美国《统一商法典》第9章的制度。于是造成的结果就是：本来登记对抗主义就和我国的物权变动模式存在体系差异，现在在登记对抗主义内部又出现了跨越法系的多元继受。

因此传统的理论继受方法就产生了困难，单纯采用单一的法学研究方法似乎很难解决该问题。鉴于此，笔者拟综合采用多种方法解决该问题。本书采取的最主要方法仍然是比较法的方法。但是正如上文所述，一方面，由于我国法律体系的特殊性，比较法上的经验不一定适用于我国；另一方面，比较法上的经验也存在着多样性，当多个比较法上的经验产生冲突时，单纯采取比较法的方法也难以抉择。因此本书拟辅助运用法经济学的方法，只有在比较法上的经验与经济分析的结论相一致，且与我国的既有理论体系不冲突时，才能将这种比较法上的经验作为建构我国理论与制度的基础。

二、本书结构

本书共分7章：

第1章引言部分主要提出本书研究的问题，并对现有的相关研究进行综述。

第2章讨论文初提到的我国的登记对抗主义的理论层面的问题，即应该采取哪种理论模型解释"什么是对抗"的问题。这一部分将主要采取比较法和法经济学的方法，为我国的登记对抗主义选择一个理论模型，从而为后文探讨实践中的问题提供一个理论框架。

第3章、第4章、第5章讨论本书开头提到的我国的登记对抗主义的实践层面的问题，即"不登记不得对抗第三人"的范围问题，其中第3章和第4章讨论对抗的一般性规则，第5章讨论动产担保中的特殊对抗规则，具体而言：

第3章讨论"不登记不得对抗第三人"的客观范围问题，主要包括："不登记不得对抗的第三人"是否存在一个客观范围，对于这个客观范围之外的第三人，当事人即使不登记是否可以对抗之（绝对可对抗的第三人）？如果存在这样一个客观范围，那么哪些第三人属于这个客

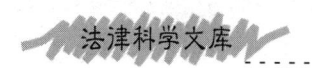

观范围。

第4章讨论"不登记不得对抗第三人"的主观要件问题，主要包括：对于前述第3章的客观范围之内的第三人，依照"不登记不得对抗善意第三人"的文义，原则上是要区分这种第三人的"善意"或者"恶意"，那么区分的标准是什么，是否存在着某些例外，即使是这个客观范围之内的第三人，也不用区分这种第三人的"善意"或者"恶意"，不登记就不能对抗之（绝对不可对抗的第三人），"不登记不得对抗善意第三人"制度和善意取得制度是什么关系。

第5章讨论动产担保领域的特殊对抗规则，主要包括：动产担保领域在多大程度上适用前述一般规则，动产担保领域的特殊规则又在哪些方面存在特殊性。

第6章讨论我国特殊动产物权变动的解释论构造，主要包括：特殊动产的所有权变动还存在一种可能性——"交付主义＋登记对抗主义"模式，而且这种可能性从我国法律体系解释的角度是成立的。那么是否我国应当采取这种"交付主义＋登记对抗主义"模式呢？

第7章结论部分对本书的核心观点进行总结，归纳本书的主要贡献，并对笔者未来的研究工作进行展望。

第 2 章 登记对抗理论模型的建构

2.1 本章拟解决的问题

我国民法在物权变动领域采取了极具特色的二元化结构模式。基本模式为公示要件主义，而针对某些特殊物权，又明文采取了公示对抗主义模式。[①] 由于在我国采公示对抗主义的物权变动，公示的方式都是登记，所以也可以称之为登记对抗主义模式。我国之前对于物权变动理论模型的研究主要集中在对于物权变

---

① 明文采取公示对抗主义的物权变动包括：船舶、航空器、机动车的物权变动（《民法典》第 225 条）；土地承包经营权的互换和转让（《民法典》第 335 条）；地役权的设立（《民法典》第 374 条）；动产抵押权的设立（《民法典》第 403 条）；所有权保留（《民法典》第 641 条）；融资租赁（《民法典》第 745 条）。此外，《民法典》虽然未就宅基地使用权的物权变动模式作出明文规定，但是理论上一般认为也适用公示对抗主义。参见王利明. 物权法研究：下卷. 北京：中国人民大学出版社，2007：208.

动基本模式——公示要件主义上[①]，而对于登记对抗主义的研究则甚为薄弱。几个关键性的问题——究竟何谓"对抗"，何谓"不能对抗"，不能对抗第三人的物权究竟是什么物权，等等——在我国法域中未见明确解答。

从比较法上看，对前述问题的解决主要是通过分析二重让与的法律构造而实现的。典型的情形是，A 就其不动产与 B 订立买卖合同，在没有办理移转登记的时候，又和 C 订立买卖合同，并与 C 办理了移转登记，当事人之间的法律关系如何？该问题在公示要件主义下不是一个问题。A 分别与 B、C 订立买卖合同，B、C 仅仅只是取得了债权，之后 C 办理了移转登记，C 当然取得了标的物所有权。但是在公示对抗主义下，问题变得复杂起来。由于 A 与 B 订立买卖合同时，所有权已经移转给了 B，那么 A 再与 C 订立买卖合同是否属于出卖他人之物呢？B 尽管在合同订立时就已经取得了标的物所有权，但是其权利不能对抗第三人，那么 B 取得的权利性质为何？C 与 A 订立买卖合同时，标的物所有权已经移转给了 B，那么 C 能否取得标的物所有权呢？如果可以的话，需要具备什么要件呢？围绕着这些问题，形成了二重让与的理论模型之争，也就是对抗的理论模型之争。在我国没有成熟理论模型的前提下，研究比较法上的理论模型，对于构建我国的理论模型甚为必要。

再将目光转回我国法，我国法中公示对抗主义是作为例外存在的，这就决定了公示对抗主义在我国的特殊性：一方面，从立法目的上看，我国的公示对抗主义并非为了解决一切物权变动而生，其应用局限于几个有限的领域，这就与完全采公示对抗主义的立法例有所不同，因此在构建我国的理论模型时，有必要考察这几个领域的特殊性。另一方面，我国物权变动的原则模式是公示要件主义，为了几个例外的物权变动条款而打乱了整个物权法的逻辑体系显然得不偿失，因此我国的公示对抗理论模型有必要在逻辑构成上与作为原则模式的公示要件主义相协调。上述两点决定了，在构建我国的理论模型时，不能简单地、不加分辨地奉行"拿来主义"，有必要结合我国的特殊性进行分析取舍。

---

① 对于公示要件主义的法律构造在我国有一个重大争论，也就是对于公示的法律性质的认识，即是否承认物权行为的问题。

本章拟先介绍大陆法系公示对抗主义的发展脉络，在此基础之上分析其中的理论模型，并研究法律效果对理论模型的反作用，然后在我国法背景下对各理论模型进行重新评价，从而构建一个适合我国法律体系的理论模型，最后运用经济分析的方法对该理论模型的合理性进一步加以验证。

2.2 比较法上的考察

2.2.1 大陆法系公示对抗主义的生成与发展

（一）法国法中公示对抗主义的生成

众所周知，现代大陆法系中的公示对抗主义源自法国法，以下对法国法中公示对抗主义的生成过程进行一个简单的梳理。[①]

在古法兰西法中，不动产交易的公示制度，除了在北部习惯法地区的几个省（provinces）实施，没有在其他地方得到广泛运用。加之，负有债务的贵族阶级始终反对抵押权的公示制度，所以，在王权下实现的只有从罗马法继承而来的"赠与的登记簿"（insinuation）制度。1539年，弗朗索瓦一世发布王令规定，赠与契约必须经所管辖的法院登记，未经登记的赠与无效。但是除此之外，同时期的其他立法尝试，如抵押权公示制度的立法以及为保护不动产取得者的"确认状制度"（lettres de ratification）的立法等都未获成功。[②]

法国大革命时期，为克服上述混乱状况，确立公示制度，尝试了两项重要立法：一是，"共和历3年获月9日法"对抵押证券和所有权人抵押制度进行了大胆的改革。该法的目标是将抵押权公示作为效力要件，同时也对一般的不动产所有权移转设立了公示制度。二是，"共和

[①] 王茵博士的《不动产物权变动和交易安全——日德法三国物权变动模式的比较研究》（商务印书馆2004年版）一文已经对法国的物权变动模式的确立过程进行过详细梳理，故本书就此问题只做一个简单的介绍。

[②] 滝沢聿代．フランス法//舟橋諄一，德本鎮．新版注釈民法6．東京：有斐閣，1997：32-43．

历 7 年雾月 11 日法"将古法兰西北部习惯法中的公示程序制度化为"抵押权登记"（inscription）和"所有权移转登记"（transcription）这两种登记程序。该法规定，以不动产和抵押权为目的的权利，未经公示程序，不能对抗第三人。前项立法未见实施就被废弃，后项立法一直存续至 1804 年法国民法典生效时，被后来 1855 年的登记法所继承。①

　　法国民法典确立了"意思主义"原则，即仅根据当事人的合意就能进行所有权移转。这实际上废止了"共和历 7 年雾月 11 日法"所确立的公示程序。之后约 50 年间，仅有民法典所规定的赠与和补充指定（substitution）的公示，以及不动产先取得权和抵押权的公示制度在实施。但是，后来资本主义经济的发展对不动产金融制度提出了更高的要求，"1855 年 3 月 23 日法"确立了一般的不动产公示主义，该法再现了"共和历 7 年雾月 11 日法"所确立的"登记对抗主义"。在现行法制定之前，1935 年和 1938 年法律分别作了修订，扩大了登记对象的范围。前者将死因行为、宣告行为和判决扩大为登记的对象，后者将不动产扣押命令扩大为登记的对象。②

　　1955 年 1 月 4 日法令 22 号对 1855 年的登记法进行了全面的改革。现在的法国法，即登记法（共 55 条）和其实施细则（共 90 条），以及前述民法典修订后的相关规定三者，以"意思主义"为原则，加之传统的"登记对抗主义"共同构筑了法国的公示制度。民法典第 711 条规定所有权作为债权的效果移转，民法典第 1138 条规定即使没有物的移转，债权人也直接可成为所有权人并负担风险。另外，在赠与、买卖、互易的相关条文中也分别规定了仅凭当事人双方合意所有权就能移转。就此，"意思主义＋公示对抗主义"的原则得以确立。③

（二）日本法对法国法中的公示对抗主义的继受

　　日本法采取的也是"意思主义＋公示对抗主义"的模式，并且这一

---

① 滝沢聿代.フランス法//舟橋諄一，徳本鎮.新版注釈民法 6.東京：有斐閣，1997：32-43.

② 滝沢聿代.フランス法//舟橋諄一，徳本鎮.新版注釈民法 6.東京：有斐閣，1997：32-43.

③ 滝沢聿代.フランス法//舟橋諄一，徳本鎮.新版注釈民法 6.東京：有斐閣，1997：32-43.

模式继受自法国法。这可以从如下两个方面找到例证：一方面，从立法结果上看，日本民法典第176条和法国民法典第711条的意旨几乎完全相同。法国民法典第711条规定："所有权……作为债权债务关系的效果被取得和移转。"日本民法典第176条规定："物权的设定和移转仅因当事人的意思表示而生效。"而考察日本民法典第176条和第177条的立法理由书，其中也阐明了日本民法采取了"意思主义＋公示对抗主义"的意旨。① 另一方面，从立法历程上看，考察日本的立法源流史，现行的日本民法源自旧日本民法，而旧日本民法的前三编则又是由法国学者博阿索纳德制定的。博阿索纳德将法国法上的"意思主义"和"公示对抗主义"作为一整套带入日本，并将之规定在旧日本民法财产编第331条和第350条。因此可以说从历史源流上看，日本法继承了法国法的"意思主义＋公示对抗主义"②。

（三）日本法对公示对抗主义的发展

日本法中的"公示对抗主义"虽然源自法国法，但是日本法又在此基础上进行了发展，从而体现出其独特性，以下从日本民法典和日本旧登记法这两个脉络出发进行梳理。

1. 日本民法典

前文已述，日本法学史上有一个不得不提的人物——法国学者博阿索纳德。他在日本教授法国法并协助日本立法，对日本现代民法的形成影响深远。明治13年（公元1880年）他被委托起草日本民法典，并以法国民法典为范本完成了大部分财产法领域的立法草案。该草案被加以审议修正，于明治23年（1890年）以法律28号公布。一般认为，现行日本民法典的规定是对旧民法的继承，特别是关于意思主义的规定，新旧民法的条文几乎没有什么变化。因此，现行日本民法典第176条、第177条，可以说是继承了博阿索纳德所起草的旧民法的规定。

但是上述结论只是日本现行民法的一个大致轮廓，仍然有如下两个方面的问题值得深入探讨：一是博阿索纳德草案在多大程度上能被视为事实上的法国民法；二是如何评价当时也被作为立法参考的德国民法典

---

① 広中俊雄．民法修正案（前三編）の理由書．東京：有斐閣，1987．
② 川島武宜．所有権法の理論．東京：有斐閣，1967：240以下．

第一草案的规定。

就第一个问题而言,作为比较法学者的博阿索纳德在制定日本民法典的立法草案时,不仅参考了法国民法,还参考了意大利和比利时民法,而且他对法国民法典的解释,也是根据他自己的理解进行的。①

首先,对于草案第370条规定的登记对抗主义,博阿索纳德引用债权让与的通知以及动产交付的例子说明,在二重让与时如果任何受让人都未取得对抗要件,则第一受让人应优先取得所有权。即使结论本身是妥当的,但该解释在当时的法国法中并非通说。而且博阿索纳德将不动产的二重让与与动产的二重让与当然地等同视之,于是将不动产二重让与中受保护的第三人范围也仅限于第三人是善意的场合。这种解释与当时法国法的通说和判例的观点,即恶意者包含说相去甚远。其次,他还区分了所有权对所有权或限制物权的争议,以及优先权和抵押权的争议。在前者,第三人的善意是本质要件;在后者,第三人即使知晓第一契约的存在,也没有取消契约的必要。因为后者承认物权的二重以及三重并存。最后,他着力明确在法国法中几乎不讨论的有关意思主义原则和对抗要件的关系。批判所有权相对的归属的思考方式,因为所有权相对的归属的思考方式区分所有权当事人的移转和对第三人的移转,但是既然所有权的本质是处分权,那么上述思考方式是不可能成立的,所有权的移转终究仅由双方意思表示就可以发生,而登记仅为补充。他认为,第一契约人即使未登记也能成为所有权人,但是若是因为自己的懈怠而未登记则必须承受由第二契约人所带来的损害,因为第一契约人不能剥夺第二契约人的权利,所以第二契约人优先成为所有权人。上述理解与侵权行为说接近。但是,他的理论在解释二重让与悖论时仍然不是很明快,该理论认为二重让与中,第一契约未登记,则让与人仍然残留有处分权限,可以将标的物再次转让。这一解释方式难谓圆满。由此可知,博阿索纳德草案是对法国法判例和学说的总结,只是还另外加入了博阿索纳德本人的理解。因此,尽管该法典与当时的法国法在一些方面存

---

① 野田良之. 日本における外国法の摂取//伊藤正己. 岩波講座現代法14. 東京:岩波書店,1966:191.

在差异（主要是加入了善意的要件），但其基本构成和法国法是一致的。①

后因展开了民法典论争，旧民法被废弃。在编纂现行民法时，参照了现行德国民法典第一草案。那么就第二个问题而言，日本现行民法起草者又是如何理解德国法的登记主义的呢？

在审议现行民法第176条的过程中，立法者实际上是基于一个误解而采取了意思主义。日本民法制定者将德国法的形式主义和罗马法的交付主义等同视之，并且将这种交付理解为现实的占有移转，所以认为"不持有标的物就不能处分其权利故而是一种非常不方便的制度"，因此采取了意思主义。因为交易频繁，所以物权和占有不一致的说明也是妥当的。在审议现行民法第177条的过程中，主流观点认为不应对登记对抗主义中的不登记不得对抗第三人的范围加任何限制，因为"如果不将之解释为绝对性的制度则不具备公示法的效果"，所以实际上当时登记对抗主义和登记要件主义的区别并不十分明确。在这种情况下，因为很难解释意思主义和登记对抗主义的理论构造，所以有人索性认为日本应该采德国的登记要件主义。针对此观点，穗积陈重博士明确表示反对，认为这不符合立法意旨。由此可见，在现行民法编纂之前，由于日本所受的法国法理论的影响很深远，日本的不动产交易实际上是朝着法国法方向发展的。可以说从博阿索纳德草案到日本旧民法，又到现行日本民法的制定是一个必然的过程。②

现行日本民法典第176条和第177条体现了意思主义和对抗主义的要旨。日本旧民法中有关登记程序的规定则写入了登记法中。值得注意的是，旧民法财产编第350条和其前身博阿索纳德草案的第370条，除了加进了博阿索纳德关于善意的要件，几乎是法国1855年登记法第3条的再现。而与之相对，现行日本民法典第177条的规定并未涉及第三人的主观要件，而参考起草者的著述，日本民法对于第三人的范围甚至一度采取的是完全的无限制说。③从结果上来看，日本的登记对抗主义

---

① 滝沢聿代．物権変動の理論．東京：有斐閣，1987：166-167．
② 滝沢聿代．物権変動の理論．東京：有斐閣，1987：167-168．
③ 梅謙次郎．民法要義巻之二．東京：有斐閣，1896：17；富井政章．民法原論第二巻上冊．東京：有斐閣，1914：61；横田秀雄．改版増補物権法．東京：清水書店，1909：以下；川名兼四郎．物権法要論．東京：金刺芳流堂，1919：16以下．

异于法国，在实际效果上更倾向于德国的登记要件主义的处理模式（就第三人范围变迁的问题本书第 3 章还会详述）。

2. 日本旧登记法

日本的登记对抗主义，最先规定在旧登记法中，之后被写入民法典。离开登记法就无法讨论现行日本民法典第 176 条和第 177 条的基本原则在实践中的运用。另外，不动产交易中日本的固有的习惯，也更多地体现在有关登记程序的规定中。

旧登记法［明治 19 年（1886 年）法律第 1 号］是太政官①布告②废止后的第一批法令。旧登记法以日本固有的习惯为基础规定了公证制度，这是向近代登记制度的飞跃。首先，在立法阶段并未参考法国法，而是参考普鲁士土地登记条例，登记簿的构造是完全的物的编成主义。日本的土地公簿在历史上可以追溯到 1582 年丰臣秀吉实行的全国检地和检地册，该制度为德川幕府所继承，作为贡纳的根据。明治维新后的地租改革和地券制度，是封建制的公簿为了适应资本主义经济发展的要求所作的改革。经过长期的全国总检地，建立了地籍册，做好了导入普鲁士的模式的准备。因此，登记的实体效力看起来应从普鲁士的登记要件主义上来解释。但是，公证制度下的不动产交易以前一直采法国法的理论，旧登记法第 6 条也维持了法国法的意思主义，所以日本的不动产公示制度兼具了德法两国的特征。③

地籍册的完备，其最重要的动因在于随着中央集权国家体制的确立所要求的土地制度的近代化需求，至于从纯粹的私法交易的角度保护信赖登记簿的交易安全问题则是附带的动因。旧登记法制定的动因是：第一，土地交易数量激增，但公证制度存在漏洞，二重公证和虚假公证的

---

① "太政官"是日本明治政府在 1868 年设置的最高行政机构，1885 年 12 月 22 日内阁制度开始实施时，这一机构被废除。

② 太政官布告，是由太政官公布的明治时代初期的法令的形式。1885 年太政官制因内阁制的实施被废除，1886 年 2 月 26 日，为了使法令的效力和形式章程化，日本政府制定了公文式（明治 19 年敕令第 1 号），太政官布告这一法律形式也就被废除了。

③ 福島正夫. 旧登記法の制定とその意義（一）. 法学協会雑誌 57（8），1939：70 - 80.

情况多次发生。因此,改革公证簿是必然的。第二,旧登记法不仅是日本法近代化的一环,其另外一个重要的作用在于国家还可以通过登记法征纳登记税。刚挣脱封建制的桎梏的不动产交易制度还远未成熟,不能保护交易中的第三人,公示的真正目的并未实现。①

旧登记法规定里值得关注的是,其第 10 条规定了共同申请登记的原则。日本的固有习惯是共同申请登记,本条欲建立登记之后发生所有权移转的原则。② 虽然法国法规定的是单独申请原则,但博阿索纳德草案和旧民法均规定了共同申请原则。立法者不是从登记对抗主义原则和登记程序的关系出发来制定本条的,而是考虑到日本的固有习惯,认为该条的制定会方便登记。但事实上,该规定却让日本的登记对抗主义在实践中产生了麻烦。旧登记法第 6 条和现行民法典第 177 条都未提及第三人要件,这与法国法的规定相异。③ 尽管有很多学说论及第三人的善意和恶意问题,但现行民法采恶意者包含说,所以第 177 条并未刻意区分善意和恶意的问题(就此问题本书将在第 4 章详述)。由此可见,现行日本民法典第 177 条与日本旧民法的规定不同,继承了日本旧登记法的相关规定。换言之,登记对抗主义的继受,最先在日本旧登记法第 6 条中有所体现,并一直坚持到现在。

综上所述,大陆法系的公示对抗主义生成于法国民法,流传至日本之后得到了进一步的发展。日本民法的公示对抗主义在继受法国民法之后,在 100 多年的嬗变中又形成独特的体系。研究日本民法的理论与制度,对于了解整个大陆法系公示对抗主义的脉络都大有裨益。

2.2.2 大陆法系的对抗理论模型

正如上一节所述,日本的公示对抗主义源自法国,但是在法国的基础上

---

① 福島正夫.旧登記法の制定とその意義(三).法学協会雑誌,1939.57(8):82-94.

② 福島正夫.旧登記法の制定とその意義(二).法学協会雑誌,1939.57(8):86-104.

③ 福島正夫.旧登記法の制定とその意義(二).法学協会雑誌,1939.57(8):86-104.

又有所发展从而体现出其独特性。这一点也反映在对抗的理论模型中。日本法为了从理论上解释本章第 1 节所述的二重让与的法律构造，提出了众多的理论模型，其中也包括了法国法目前的主流理论模型。因此研究日本法中的理论模型之争，基本相当于研究了大陆法系的对抗理论模型之争。

还是回到本章第 1 节所述的那个例子，A 将其不动产所有权转让给 B，在未登记的时候，又将该不动产所有权转让给 C。需要说明的是，从比较法上看，无论是在哪个立法例中，也无论采取哪种学说或者立场，从结果上看，大多数情况下 C 都可以取得所有权，这是没有异议的。然而问题在于 C 为何可以取得所有权，以及在 C 取得所有权的过程中 A 与 B 的法律地位有何变化。针对这一问题，作为公示对抗主义立法例代表的日本学界提出了众多的理论模型。在这里，我先对这些众多的模型进行一个初步的分类，依据 A 与 C 订立合同时，A 是否有处分权，先可以分为有权处分构成和无权处分构成两个大类①，以下分别探讨。

（一）有权处分构成

1. 债权效果说

该说认为未登记的物权仅具有债权的效果。② 该说的优点在于可以很方便地解释前述问题。债权仅具有相对性，故当然不能对抗第三人。而在二重让与的时候，由于第一次让与（A→B）并没有让物权真正发生转移，故第二次让与行为（A→C）也是有权处分。

对该说的批判主要来自两个方面。第一个方面是从理论构成的角度来看，该说明显和日本民法典第 176 条③的"仅依据意思表示而发生其

---

① 国内既有研究中，还有学者采取了将日本法上有关登记对抗的理论构造的学说分为两个阵营，第一阵营以未登记物权变动对第三人效力为中心，核心是未登记物权变动的效力，第二阵营是以第三人取得物权的根据为中心，核心是相信原登记的真实存在。郭志京. 也论中国物权法上的登记对抗主义. 比较法研究，2014(3)：98 - 100.

② 吾妻光俊. 意思表示による物権変動の効力. 東京商大法学研究，1933(2)：133 以下；山中康雄. 権利変動論. 名古屋大学法政論集，1952.1 (3)：287 以下.

③ 日本民法典第 176 条规定："物权的设定及移转，仅因当事人的意思表示而发生其效力。"

效力（物权变动）"的规定相矛盾。① 该说实质上将日本民法典第177条②的登记视作物权变动的效力要件，进而将日本民法导向了德国民法式的登记要件主义，与立法意旨不符。第二个方面是从法律效果的角度来看，该说和判例所确定的"不登记不得对抗的第三人范围"相矛盾。③依据判例所确定的第三人范围，并非所有第三人都不得对抗，至少可以对抗没有正当权利的第三人。例如未登记的物权人可以直接对无权占有人行使所有物返还请求权（而非行使债权人代位权或者提起第三人侵害债权之诉），明显超出了债权的效果范围。

由于受到上述批判，该说仅在日本民法典制定初期有人主张，现在几乎无人赞同，仅具有学说史上的意义。④

2. 相对无效说

该说认为即使物权变动后没有进行移转登记，在当事人间（A、B）也发生了完全的物权变动（此处的"完全"系相对于后述不完全物权变动说而言，并非指该物权具备排他性），但是对于第三人 C 而言，该物权变动是相对无效的，故从 A 到 C 的第二次让与成为可能。⑤ 不过，即使 A、B 的第一次让与行为对 C 不生效力，C 也可以积极地承认第一次让与行为的法律效果，并且这一效果是从日本民法典第 177 条的文义中推断出来的。⑥

该说由于否定了物权的绝对性，受到了众多学说的批判。除此以

---

① 滝沢聿代. 物権変動の理論. 東京：有斐閣，1987：26.

② 日本民法典第 177 条规定："不动产物权的得丧及变更，非依不动产登记法（平成十六年法律第一百二十三号）或者其他登记相关法律的规定进行登记，不得对抗第三人。"

③ 滝沢聿代. 物権変動の理論. 東京：有斐閣，1987：190.

④ 近江幸治. 民法講義Ⅱ物権法〔第4版〕. 東京：成文堂，2020：69.

⑤ 川名兼四郎. 物権法要論. 東京：金刺芳流堂，1919：14；富井政章. 民法原論第二卷上冊. 東京：有斐閣，1914：59 以下；末川博. 物権法. 東京：日本評論新社，1956：90 以下；中川善之助. 相続と登記//相続法の諸問題. 東京：有斐閣，1949：166.

⑥ 也就是说，从第 177 条的文义上理解，所谓"对抗"和"没有效力"是不同的，从通常意义上理解，即使当事人不能主张其效力，也应当肯定第三人有承认该效力的自由。滝沢聿代. 物権変動の理論. 東京：有斐閣，1987：29.

外，该说另外一个颇具争议的地方则是关于第三方对当事人之间物权变动的承认问题。依据相对无效说，很难说明为何对第三人无效，却可以基于第三人的承认而变得有效，有混淆对抗与无效之嫌。①

3. 不完全物权变动说

该说为我妻荣博士所提出②，此后被众多学者接受③，成为有力说。依据该说，虽然未登记，在当事人之间（A、B）以及在对第三人关系上，也发生了物权变动，但是这种物权变动是不完全的。但在B完成物权移转登记前，出让人A尚未完全沦为无权利人，于是，在二重让与的场合，A处仍然留有可以让与给C的权源。而C也不同于从完全无权利人处受让的受让人，只要完成登记，C就可以成为完全权利人。

该说清楚地展现了日本民法典第176条与第177条（第178条）的关系，即意思主义原则受到对抗要件主义的限制，但该说所采用的"不完全物权变动""不完全物权"等概念具有模糊性，所谓仍残留在A处，可以让与给C的权源的性质和实质内容都尚不明确。④ 该说打破了物权的排他性、一物一权等物权法的基本原则，类似于债权，于是亦受到众多学说批判。⑤

为此，有学者尝试对该说进行修正。铃木禄弥提出了"阶段性所有权移转说"，他批判那种将所有权这一概念像一个物体那样实体化，认为在现代社会中，并不存在所有权这样一种权利，实际上只不过是将由各种权能（如使用权能、收益权能、处分权能、针对第三人侵害的请求

---

① 近江幸治.民法講義Ⅱ物権法〔第4版〕.東京：成文堂，2020：70.

② 值得说明的是，我妻荣博士提出该说时的出发点是反驳其他学说，并未从正面论述解构所有权概念的合理性。解构所有权概念的正当化依据实际上是后来的学者在我妻理论基础上发展而来的。参见［日］我妻荣，有泉亨.新订物权法.罗丽译.北京：中国法制出版社，2008：157.

③ 山中康雄.権利変動論.名古屋大学法政論集.1930.1卷（3）：287以下；星野英一.民法概論2.東京：良書普及会，1980：39以下；铃木禄弥.物権法講義 五訂版.東京：創文社，2007：102a-103.

④ ［日］内田貴，大村敦志.民法的争点.张挺，章程，王浩，叶周侠，徐文海，文元春译.北京：中国人民大学出版社，2023：183.

⑤ 滝沢聿代.物権変動の理論.東京：有斐閣，1987：29.

排除妨害的权能、负担标的物灭失风险的法律地位等）构成的集合体（这一权能束）称作"所有权"，所谓物权变动也并非一次性地将所有权能一并转移，而是伴随着合同履行的不同阶段逐步转移各个权能。①

该说的背后具有分析哲学的色彩，将所有权解构为各个权能是一个大胆的尝试，而且，如果对所有权这一概念进行分析的话，这样的理解是完全有可能的，构成所有权的权能的内容也是经历了种种变化而最终形成的这一历史事实也是这一观点的一个佐证。因此，该说迄今仍有学者主张。②

此外，这一尝试从某些层面看亦有其合理性。以买卖合同的履行为例，当合同尚未签订时标的物所有权在卖方，当合同履行完毕时标的物所有权在买方，这都是没有异议的。但是在合同已签订却尚未履行完毕的中间时段，非要明确地界定所有权在何时由卖方转移到了买方处，则意义不大，因为没有不确定所有权本身的移转时点就解决不了的问题，各种问题都有相应的制度解决：日本民法要么已就相关问题作出了规定，如风险负担的问题有民法典第 534 条，孳息相关问题有民法典第 575 条，与第三人的关系问题则有民法典第 177 条、第 178 条，通过是否已具备登记这一对抗要件来解决，因此将所有权理解成随着个个权能的移转渐次移转，在这一中间阶段即使忽略所有权的归属这一看似非常重要的问题实际上也不会带来不合理的结果。③

（二）无权处分构成

1. 第三人主张（出现）说

前述各说都着眼于第一次让与的受让人 B 的法律地位，认为 B 所取得的物权并非真正的物权或者是不完全的物权，与这些学说不同的是，第三人主张说则认为即便未登记，A、B 之间的物权变动无论是在当事人间（A、B）还是在与第三人的关系上（B、C）都是完全有效的，但是当第三人 C 主张第一次让与的不完全性（未登记）时，则仅对第三人 C 而言，A、B 间不发生物权变动效力。④

---

① 内田貴. 民法Ⅰ第四版 総則・物権総論. 東京：東京大学出版会，2012：433.
② 内田貴. 民法Ⅰ第四版 総則・物権総論. 東京：東京大学出版会，2012：434.
③ 内田貴. 民法Ⅰ第四版 総則・物権総論. 東京：東京大学出版会，2012：434.
④ 原島重義，児玉寛. 対抗の意義//舟橋諄一，徳本鎮 新版注釈民法 6. 東京：有斐閣，1997：426.

第三人主张说内部又可细分为两种学说：一种学说认为第三人的主张在法律性质上属于否认权的行使，由此被称为否认权说[1]；另一种学说认为第三人的主张在内容上是与 A、B 间发生了物权变动的事实相反甚至是相矛盾的事实（C 先取得登记），由此被称为相反事实主张说。[2]

对上述否认权说和相反事实主张说的批判是，在 C 行使否认权或者主张相反事实之前，A、B 之间的物权变动可以说尚未被否定，此时 A 应该没有处分权，故 C 没有理由获得该物权。

为了回应该批判，又有学者分别在否认权说和相反事实主张说的基础上发展出来了否认权行使意思实现说和第三人出现说。否认权行使意思实现说认为只要第三人 C 没有积极放弃否认权的行使，那么当 C 从事某种利益取得行为而与 A、B 间的物权变动相冲突时，就应当视为 C 行使了否认权。[3] 而第三人出现说并不像否认权行使意思实现说一样拟制出一个否认的意思表示，而是认为随着第三人的出现这一事实本身，A、B 间的物权变动效果（本来是完全有效的）就变得不能对第三人 C 主张。[4] 第三人出现说的理论基础在于，日本民法典第 177 条存在本身实际上就承认了二重让与的可能性，因而必须服从这一立法意旨。[5]

2. 第二次让与有效化论

上述第三人主张（出现）说着眼于第三人 C 的法律地位，而没有从第二次让与自身的可能性的角度论证二重让与的法律构成。与之相对，第二次让与有效化论则是积极地论证第二次让与本身的有效性。具体而言又分为三种学说。

---

[1] 中島玉吉. 民法釈義卷之二物権編上. 東京：金刺芳流堂，1927：67；石田文次郎. 物権法. 東京：有斐閣，1947：101 以下.

[2] 末弘厳太郎. 物権法上卷. 東京：有斐閣，1956：154；舟橋諄一. 物権法（法律学全集）. 東京：有斐閣，1960：146 以下；[日] 近江幸治. 民法讲义 2·物权法. 王茵译. 北京：北京大学出版社，2006：53.

[3] 柚木馨，高木多喜男. 判例物権総論. 東京：有斐閣，1972：202.

[4] 原島重義，児玉寛. 対抗の意義//舟橋諄一，德本鎮 新版注釈民法 6. 東京：有斐閣，1997：427.

[5] 広中俊雄. 物権法. 東京：青林書院新社，1987：70 以下；稲本洋之助. 民法Ⅱ（物権）. 東京：青林書院新社，1983：133.

第一种学说是处分权拟制说。依据该说，尽管依据日本民法典第176条B取得了所有权，A的第二次让与行为成为买卖他人之物，但是由于日本民法典第177条的存在本身，B的未登记所有权欠缺排他性，于是应该承认C取得所有权的可能性。只要C的第二次受让行为没有构成侵权行为，这种可能性就被现实化，也就是说，在此时应拟制出A的处分权限。并且该说认为，在这种场合应该承认B、C双方均对标的物享有相互间欠缺排他性的所有权，一旦一方先取得登记，则溯及到合同生效的时点取得具有排他性的所有权，而另一方也在同一时点溯及地失去所有权。[1]

第二种学说是否认权行使追认说。该说建立在区分物权契约和债权契约的基础上，但值得注意的是，该说并没有将物权契约和公示作为一个整体考虑，即使没有登记，B也可以基于债权契约和物权契约，完整地取得标的物所有权，此时A成为无权利人。但是依据该说，C一旦取得了登记，那么就取得了一项形成权，从而可以溯及地否认A、B间物权契约的效力。一旦C行使该否认权（即援引对抗要件），那么所有权就复归于A处，A、C间的处分行为效力就被追认，从而C可以继受取得标的物所有权。[2]

第三种学说是消极的公示主义说。该说导入了一种新的结构，即法律关系和主张关系相分离的结构。依据该结构，所谓对抗指的是，如果C主张A、B间的法律关系不能对抗第三人，那么就应该将A、B间的法律关系视为从一开始就不存在，于是基于B权利丧失的反射性效果，C可以取得标的物权利。依据该说，C可以取得标的物所有权的实质性依据在于日本民法典第177条的"消极的公示主义"，即如果不动产物权变化没有反映在登记簿上，那么为了保护信赖这一变化不存在的第三人，就应该不问是否存在具体的归责事由或者保护事由，都以登记的有

---

[1] 松岡久和. 民法177条の第三者・再論——第三者の主体的資格と理論構成をめぐる最近の議論//前田達明. 民事法理論の諸問題（下）. 1995: 186以下; 湯浅道男. 民法学のあゆみ. 法律時報, 1985.57（5）: 130以下.

[2] 加賀山茂. 対抗不能の一般理論について——対抗要件の一般理論のために. 判例タイムズ, 1986（618）: 17; 浜上則雄. 不動産の二重譲渡と対抗要件. 阪大法学, 1988（145・146）: 32以下.

无作为确定权利归属的唯一的判断基准。①

3. 诉讼法说

对于实体法上很难解释的二重让与的理论矛盾问题，也有学者试图从诉讼法的角度加以阐释，具体而言又分为两种学说：裁判规范说和法定证据说。

裁判规范说认为，民法归根到底是裁判规范，离开裁判而单独讨论物权的有无是没有意义的，主张应该就事论事，在裁判中发生当事人之间的物权争议时，适用日本民法典第 176 条解决，发生与第三人间的物权争议时，则适用日本民法典第 177 条解决，而且认为讨论到此处足矣，无须论证物权归属这一单纯的理论问题。②对裁判规范说的批判是，该说采取的是一种回避问题的态度。虽然民法最终的表现形式是裁判规范，但是也必然反映了作为社会规范或者行为规范的法律体系。也就是说，判决要符合社会一般的法感情，而判决适用的法解释论也必须具备逻辑自洽性以及价值判断的妥当性。因此，单纯地说日本民法典第 177 条是裁判规范是没有意义的，要解决具体问题还是要回到实体法上来。③

法定证据说认为，登记是发生两个不能并存的物权变动时（典型的如二重让与），决定哪一方优先的法定证据。④并且依据该说，在 B、C 双方都没有登记的时候，则依据自由心证主义，判定先受让的一方优先。⑤对该说的批判主要来自两个方面：一方面是该说不能解释日本民法典第 177 条本来的立法意旨，只是单纯地停留于物权相争的解决。另一方面是该说的结论和判例以及通说相矛盾。依据判例和通说，当发生二重让与时，如果 B、C 都没有登记则互相不能对抗，这就与前述该说

---

① 多田利隆．民法 177 条の「対抗」問題における形式的整合性と実質的整合性——消極的公示主義の試み（1）．民商法雑誌，1990.102（1）：33 以下．

② 宮崎駿行．不動産物権二重譲渡の理論．慶応大学法学研究．1954.27（1）．30 以下．

③ 滝沢聿代．物権変動の理論．東京：有斐閣，1987：30.

④ 石坂音四郎．意思表示以外ノ原因二基ク不動産物権変動ト登記（二）．法学協会雑誌．1917.35（3）．61 以下．安達三季生．一七七条の第三者//判例演習物権法，1963：51.

⑤ 安達三季生．所得時効と登記——登記法定証拠説の立場から//森泉章．現代民法学の基本問題（上）．東京：第一法規出版社，1983：239.

的让先受让方优先的观点相矛盾。①

4. 制裁失权说

该说认为在 A、B 订立合同后，B 就取得了完整的、具有排他性的物权，但是作为对 B 懈怠登记的法律制裁，当第三人 C 出现并登记之后，B 失去物权。② 该说是立足于日本的立法沿革史，分析日本民法典第 177 条的母法——法国法的基础上提出的。具体而言，该说又有如下两个分支：

第一个分支是法定得权失权说，该说是在分析法国法现今理论的基础上提出的。该说认为 B 基于意思表示取得了完整的物权，但是既然基于第一个契约的物权变动没有公示，那么第一个契约就没有对抗力，故 C 以及其他第三人都可以无视第一个契约而与 A 订立契约。但是最终决定优先顺位的仍然是登记，在 C 没有登记时，B 并不发生失权的效果，而且基于第一个契约，B 的权利仍然优先。然而，如果 C 进行了登记，那么从登记的时点开始，作为登记的效果，契约的无效原因就被治愈，C 从 A 那里法定继受取得了该物权，在与该物权不相容的限度范围内，B 的权利面向将来消灭（并没有溯及力）。③

第二个分支是在分析 19 世纪中叶的法国法（日本旧民法制定时期的法国法）的基础上提出的，被称为博阿索纳德（日本旧民法制定者）说。和上述法定得权失权说一样，该说认为，在 A、B 订立合同的时点，具有排他性的物权就已经完全移转给了 B，但不同的是该说认为 B 基于登记法有登记的义务。如果 B 怠于履行该义务，那么当 C 取得登记时，对 B 而言就产生了对抗不能的法律制裁效果。并且这一效果的法律构成是准侵权行为，C 可以对 B 主张现物赔偿。④

---

① 滝沢聿代. 物権変動の理論. 東京：有斐閣，1987：31.

② 原島重義，児玉寛. 対抗の意義//舟橋諄一，徳本鎮. 新版注釈民法 6. 東京：有斐閣，1997：429.

③ 滝沢聿代. 物権変動の理論. 東京：有斐閣，1987：190-196，209，222，264.

④ 七戸克彦. 対抗要件に関するボアソナード理論. 法学研究，1991.64(12)：205，210，216，219. 高橋良彰. ボアソナードの二重譲渡論について——「倫理（moral）」・「自然法（droit）」・「実定法（loi）」をめぐる覚書. 都立大学法学会雑誌，1989.30(1)．645 以下. 松尾弘. 所有権譲渡の「意思主義」と「第三者」の善意・悪意（二・完）. 一橋論叢. 1994.111(1)．92 以下.

5. 信赖保护说（公信力说）

前述各说在理论构成上都存在着不能自洽的地方，多少都和意思主义、物权的排他性、一物一权原则等物权法的基本原则相矛盾。出于寻求一个逻辑自洽的理论体系的需求，信赖保护说被提出了。该说认为 C 之所以可以取得物权，是因为第一次交易之后，B 怠于登记导致 A 仍然保持有所有权的外观，C 由于误信了 A 的权利外观而从事了交易行为，故需要对 C 的这种信赖加以保护。由于该说实际上承认了 A 所残存的登记具有公信力，并将之作为理论基础，所以该说也被称为公信力说。

在公信力说的大范畴中，因理论结构以及对第三人 C 加以保护的要件不同，又细分为两种学说：

第一种学说是限制的公信力说，为半田正夫教授所提出，故也被称为半田说。该说认为基于第一次的让与行为，B 就取得了"有排他性而无对抗力的物权"，A 也因此丧失了物权，但是当第三人 C 与 A 进行交易时，为了保护 C 的信赖，日本民法典第 177 条让 C 从 A 处原始取得了标的物物权（但是 B 并没有同时失去物权）。而且 C 取得的该物权的性质与 B 相同，也是"有排他性而无对抗力的物权"。也就是说在 B、C 都没有登记的时候，二者的物权处于相同的地位，互相不能对抗。而作为对 C 的信赖的保护要件，当 B 有可归责事由的时候，只要 C 是善意的就可以受到保护；当 B 没有可归责事由的时候，C 必须是善意且无过失的才能受到保护。当然，结束这种对抗状态的唯一方法仍然是登记，先登记的一方取得对抗力。[①]

第二种学说是权利外观说，为筱塚昭次教授所提出，故也被称为筱塚说。该说将整个对抗问题均置于权利外观的法理之中（半田说只在讨论二重让与问题时考虑权利外观），一方面，认为 C 只有在善意且无过失地信赖 A 的登记时才值得保护（半田说则要区分不同的情形），并且 C 只有已经取得登记的时候才取得物权（半田说则认为合同订立时 C 就取得了物权）。另一方面，在 C 取得物权的同一时刻，B 丧失物权（半

---

① 半田正夫. 不動産の二重譲渡への一つのアプローチ//北大法学論集，1956. 16 (4).

田说认为两个物权可以同时存在）。① 因此，相对于半田说，筱塚说在保护权利外观的道路上走得更为彻底。

公信力说在法律的逻辑构成上可以说是各说当中最为自洽的（尤其是筱塚说），故在日本学界曾经风靡一时。然而之后该说遭到日本学界的猛烈批判，乃至于现今仍主张该说的学者已日渐稀少。这些批评理由总结起来大致有如下几点。

(1) 理论基础不存在

作为公信力说理论基础的不动产登记簿公信力，在日本的通说中并不被承认。理由在于日本的登记簿采形式审查，包括土地面积在内的权利的内容在登记簿中得不到反映，如果给予登记簿以公信力则会损害静态安全（即真实所有权人的利益）。②

但是仅论述至此尚不能驳倒公信力说，因为日本虽然不承认不动产登记簿的公信力，但是通说承认民法典第94条第2款的类推适用③，仅从结

---

① 筱塚昭次．物権の二重譲渡．法学セミナー，1965（8）．

② ［日］我妻荣，有泉亨．新订物权法．罗丽译．北京：中国法制出版社，2008：158；［日］田山辉明．物权法（增订本）．陆庆胜译．北京：法律出版社，2001．

③ 日本民法典第94条第1款规定的是"虚伪表示无效"，但是如果动辄将虚伪表示认定为无效，则会对信赖该虚伪表示的善意第三人带来无妄之灾。为了保护善意第三人，该条第2款规定了"该无效不得对抗善意第三人"。

该条第2款原本适用的典型情形是：A、B间订立了虚假的土地买卖合同，第三人C误认为该合同有效，于是从B处购买了该土地。本来依据日本民法典第94条第1款，A、B间的买卖合同应该因虚伪表示而无效，C不能从无权利人B处取得所有权，但是依据94条第2款，该无效不能对抗善意第三人C，故C仍然可以取得土地所有权。

由于资本主义经济的发展，仅仅在典型的虚伪表示的情形保护善意第三人已不能满足社会对交易安全的需求。于是日本判例类推适用第94条第2款，在更多的情形下保护权利外观。比如，本来是A的土地，在登记簿上登记的却是B的名字，而A明明知道却不管不问，第三人C因信赖B的权利外观而向B买下了该土地。基于第94条第2款的类推适用，C可以取得该土地所有权。因此可以说日本民法虽然没有承认公信力，但是第94条第2款的类推适用在结果上实现了公信力的部分效果。

但是相比真正的公信力，第94条第2款的类推适用在保护范围上仍然要小很多。比如单纯的登记与真实权利不一致的情形就不能类推适用第94条第2款，只有在真实的权利人就前述权利与登记不一致的发生存在某种积极的行为时，才能类推适用第94条第2款。

果上看，该类推适用可以实现公信力的部分效果，也就是说日本民法实际上承认了相对的公信力。那么能否以这种相对的公信力作为公信力说的基础呢？

反对公信力的学说认为以民法典第94条第2款作为公信力说的基础也是有问题的，理由在于这二者在适用范围上有相当大的差异。适用日本民法典第177条的二重买卖的纠纷典型模式是A→B，A→C，即A将标的物转让给B，A又将标的物转让给C；而适用日本民法典第94条第2款的虚伪表示的典型纠纷模式是A→B→C，即A出于某种原因作出了标的物已经转让给B的权利外观，B基于该权利外观又将标的物转让给C。①

（2）与判例相矛盾

公信力说另外一个被攻击的致命之处在于该说和日本发展了上百年已经固定化的判例立场相矛盾：在公信力说中，无论是半田说还是筱塚说，都至少将恶意第三人排除出了保护范围，但是判例采取的是"善意恶意不问"的态度，认为未登记的物权人不能对抗恶意第三人。只有在第三人不仅是恶意，还存在违反诚实信用等因素时（"背信恶意第三人"），才被排除在保护范围之外。② 这一点在下一节中还会详细论述。

2.2.3 法律效果对理论模型的反作用

对抗的理论模型并非孤立存在的，有相应的理论模型，就可以由这个理论模型推导出相应的法律效果——不登记不得对抗的第三人范围。一个理论模型的成败与否，不仅仅在于其自身的逻辑自洽性，还在于其推导出的法律效果是否具备实质妥当性。笔者考察比较法发现，在采取公示对抗主义立法例的日本，不登记不得对抗的第三人范围并非完全是从理论模型中推导而来，其自身亦形成了独立的理论和判例，并且这些理论和判例又反作用于理论模型，成为理论模型成败的关键。也就是

---

① 好美清光.「権利」概念の現代における有用性について//奥田昌道.民法学Ⅰ.東京：有斐閣，1976：25.

② 原島重義，兒玉寬.1997.対抗の意義//舟橋諄一，德本鎮.新版注釈民法6.東京：有斐閣.432.

说,不仅是理论模型在演绎法律效果,而且法律效果亦在选择理论模型。因此,研究法律效果的相关理论与判例,对于理解理论模型至关重要,亦为构建我国理论模型所不可或缺的一步。考察日本的学说演变史会发现,在有关法律效果的探讨中,有两次大的学说争论对于理论模型的变迁起到了决定性的作用。这就是"第三人无限制说"与"第三人限制说"之争,以及"恶意者排除说"与"善意恶意不问说"之争。

(一)"第三人无限制说"与"第三人限制说"

日本民法典第 177 条在"不登记就不得对抗第三人"的"第三人"之前未加任何限定语。然而,日本民法典第 177 条的前身,旧民法财产编第 350 条对"第三人"施加了明确限定,规定"不得对抗名义所有权人,就该物权施加负担者或从所有人处取得与该物权不相容之权利者"。因此,早期判例也有仿效旧民法采"第三人限制说"者,认为第 177 条所谓"第三人"是指对不动产本身享有特殊权利,因而对不动产之上的物权的得丧变更有利害关系的人,而与不动产本身没有任何关系的人,不应纳入"第三人"范围内。① 但以起草委员梅、富井为首的学者,反对日本大审院(当时的最高司法机关)这一判例,提倡"第三人无限制说"。于是在民法典制定初期,学说上倾向于作消极的文义解释:除开特别法上的例外规定,未取得登记的物权人除了对当事人以及当事人权利义务的概括承继人(如继承人、有概括承继关系的法人)外,不能对抗任何第三人。依此解释,未登记的物权人甚至连侵权人都无法对抗。早期的判例亦持上述无限制说的立场。然而明治 41 年(1908 年)日本大审院(当时的最高司法机关)民事连合部作出了一个重要判决,在不登记就不得对抗的第三人问题上首次采取了限定的态度,认为只有"有正当利益主张登记欠缺的人"才属于不登记就不得对抗的第三人。自该案以后,日本判例的立场就开始从"第三人无限制说"转向"第三人限制说";而学说在经历了一个论争期之后,最终也彻底导向了"第三人限制说"(就此学说发展史,后文第 3.2.1 节还会详细论述)。

这次争论对日本对抗理论构造的变迁影响深远:在采取无限制说的前提下,债权效果说和相对无效说登场了,这两种学说均认为未登记的

---

① 大判明治 36 年 5 月 16 日刑录 9 辑 759 页.

物权不能对抗一切第三人,在无限制说占实务界和学界的主流时曾盛极一时,但是在实务界和学界相继转向限制说后逐渐失去了市场。① 此后,和限制说的立场相符合的各说相继登场。

(二) 恶意者排除说与善意恶意不问说

在无限制说占通说的时代,由于对第三人的范围完全不加限制,所以当然也就不问第三人的"善意"或者"恶意"②,一律不能对抗。但是在限制说成为实务界和学界的主流后,如何限制第三人的范围则成为一个值得探讨的问题,尤其是是否区分第三人的"善意"或者"恶意"成为最重要的争论点。日本学界认为该争论体现了"自由竞争"和"诚实信用"这对价值的冲突与衡平,其中主张"恶意者排除说"的观点偏向于"诚实信用"的价值取向,主张"善意恶意不问说"的观点偏向于"自由竞争"的价值取向。最终判例和通说采取了折中的态度,选择了"背信恶意者排除说",即原则上不区分第三人的"善意"或者"恶意",但是当第三人不仅是"恶意"而且存在违背诚实信用的事由时,则不保护这种第三人。但是为何仅仅排除"背信恶意者"而不排除"单纯的恶意者"仍然成为争议点,而且这一争论至今仍未平息(就此学说发展史,后文第 4.2.1 节还会详细论述)。

如果说前述第三人限制说的通说化导致债权效果说和相对无效说的失势还只是第三人的范围理论对理论模型有间接影响的话,那么可以说在善意恶意的问题上,第三人的范围理论中的各学说就是直接在以理论模型为主战场而展开较量。其中,尤其以公信力说与其他学说的对立最为瞩目。

---

① 鎌田薫.「二重讓渡」の法律構成//内田貴、大村敦志.民法の争点.東京:有斐閣,2007:95.中译本参见[日]内田贵,大村敦志.民法的争点.张挺,章程,王浩,叶周侠,徐文海,文元春译.北京:中国人民大学出版社,2023:182-186;[日]鎌田薫.民法笔记:物权法Ⅰ(第 3 版).于宪会译.北京:法律出版社,2022:40-50.

② 为了避免引起混淆,这里需要特别说明的是,日本民法中的善意、恶意的概念与我国民法有所不同。日本民法中的善意就是指不知道(我国通常指的是非因过失而不知),恶意指的就是知道(我国通常指的是知道或因过失而不知)。因此这里所说的恶意者排除说,实际上仅排除知道真实权利状况的人,而不排除因过失而不知真实权利状况的人。

相比其他学说在对待第三人善意恶意的问题上暧昧不清的态度（如不完全物权变动说、制裁的失权说等就存在多种解释可能性），公信力说开宗明义就是要将恶意第三人排除在日本民法典第 177 条的保护范围之外。

正如前文所述，公信力说提出的动因有二：第一是为了给日本的公示对抗主义一个符合逻辑的解释，这一点在前文第 2.2.2 节介绍公信力说时已经提及，此处不赘；第二则是为了将恶意第三人排除出日本民法典第 177 条的保护范围，以下详细论述。

公信力说对判例和通说所采取的"背信的恶意者排除说"展开批判，认为：(1)"背信的恶意者排除说"原则上保护恶意者，明显违反伦理，保护了不值得保护的人；(2)"自由竞争"也应该有限度，应该只限于在债权合同阶段存在自由竞争，一旦一方取得了物权，则进入了物权关系的支配领域，在物权关系的领域中没有自由竞争存在的余地；(3)"背信的恶意者排除说"中的"背信"概念含义不明确，容易造成司法中的不确定性。[①]

面对公信力说的批判，主张"背信的恶意者排除说"的各学说也对公信力说展开了洪水般的反批判。这些批判主要来自两个方面：一是日本不承认公信力的问题，这一点前文已经述及，此处不赘；第二个侧面就是日本民法是否应该保护恶意第三人的问题，以下展开论述：(1) 保护恶意第三人并不违反伦理。日本民法中的"恶意"一词，仅指知道某件事情，与伦理意义上的"善"或者"恶"是没有关系的。公信力说对"背信的恶意者排除说"的反伦理性的批判，实际上是将民法中的"善意""恶意"偷换成了伦理意义上的"善""恶"。而且从整个日本民法来看，保护恶意者的制度不在少数[②]，难道这些制度都是违反伦理的吗？(2) 公信力说缩小了动态安全的保护范围。公信力说虽然标榜"保护交易安全"，但是实际上公信力说是各说中对第三人的范围保护最窄的，不仅是恶意者，甚至连善意有过失者在有的情形下也要被排除在保护范围之

---

① 半田正夫．不動産の二重讓渡への一つのアプローチ//北大法学論集，1956.16 (4)．

② 如债权的二重让与中，第一次让与不满足日本民法典第 467 条的对抗要件时，第二次让与的债权受让人即使是恶意的也受保护。

外,因此可以说公信力说在各说中实际上是最不利于交易安全保护的。(3)相比"背信恶意"概念的不明确性,"恶意"概念本身的不明确性更大。恶意指的是知道某件事情,在不动产交易中应该指的是不动产物权已经转移的事实。那么不动产物权是在什么时候转移的呢?依照日本民法典第176条,不动产物权在合同订立时就转移了。但是合同是否订立的事实仅有当事人知晓。也就是说恶意第三人实际上指的是知晓一个应该只有当事人才知晓的事实的第三人,于是导致法院对事实认定无法操作。但是相反,"背信恶意"的概念中,由于违背诚实信用实际上是有客观标准的,已经通过判例的发展而被确定化,因此相比于单纯的恶意,背信恶意反而更好判断,更加具有可操作性。①

日本的判例长期以来采取了"善意恶意不问·背信恶意者排除"的立场,尽管在二战后一度有所动摇,但是后来仍然维持了该观点,与此同时,通说亦支持"背信恶意者排除说"。因此,能够与"背信恶意者排除说"相适应的理论模型取得了优势地位,而公信力说尽管一度出现了通说化的趋势,但是由于在第三人的善意恶意问题上旗帜鲜明地和已经固定化的判例、通说立场相违背,日渐失去支持者,最终沦为少数说。

2.3 我国制度的建构

2.3.1 基于立法目的对理论模型的再评价

(一)立法目的的考察

在我国《物权法》制定时期,就物权变动的模式曾有过激烈争论,最终形成了以公示要件主义为原则,公示对抗主义为例外的格局。② 在

---

① [日]铃木禄弥. 物权的变动与对抗. 渠涛译. 北京:社会科学文献出版社,1999:34以下.
② 当然,也有学者不赞同这种原则和例外的说法,而认为在我国法中这两种模式分量相当,应该是"并存"。参见李永军,肖思婷. 我国《物权法》登记对抗与登记生效模式并存思考. 北方法学,2010(3):38-42.

第 2 章 登记对抗理论模型的建构

这一争论过程中,围绕公示对抗主义的优劣,有过针锋相对的交锋。

主张公示对抗主义的理由主要包括:(1)公示对抗主义可以充分体现意思自治这一民法基本原则[①];(2)在登记制度尚不完备的我国,公示对抗主义更加符合我国国情[②];(3)公示对抗主义不以公示作为物权变动的要件,故更加有利于降低交易成本、加速财产流转。[③] 而反对公示对抗主义的理由除了逻辑构造上的问题外,主要是:(4)在交易安全保护方面,公示对抗主义不及公示要件主义。[④]

上述正反四个方面的理由,正好体现了《物权法》制定时期我国学者对于公示对抗主义的认识。也就是说,我国的民法学者,在确认了公示对抗主义的上述四个特征之后,一方面在选择我国物权变动的基本模式时否定了公示对抗主义而选择了公示要件主义模式,另一方面又将公示对抗主义作为了物权变动的例外模式。如果假设我国的立法是充分参考学说基础上的理性选择,那么由此似乎可以得出这样一个推论,在这些采取公示对抗主义作为物权变动模式的领域,公示对抗主义的优点(1)(2)(3)可以得到更好的发挥,而缺点(4)可以得到弥补。为了验证这一推论,我们来考察《物权法》的相关立法理由。

我国《物权法》中明文采取公示对抗主义的物权变动包括:船舶、航空器、机动车的物权变动(《物权法》第 24 条);土地承包经营权的互换和转让(《物权法》第 129 条);地役权的设立(《物权法》第 158 条);动产抵押权的设立(《物权法》第 188 条);浮动抵押权的设立(《物权法》第 189 条)。而且与日本立法不同的是,我国物权法明文规定不登记不得对抗的范围是"善意第三人"而非"第三人"。

以下分别考察各条的立法理由:船舶、航空器、机动车等特殊动产

---

① 郭明瑞. 物权登记应采对抗效力的几点理由. 法学杂志,2005(4):13-16.
② 渠涛. 不动产物权变动制度研究与中国的选择. 法学研究,1999(5):37-54.
③ 该理由为王利明教授转述的支持登记对抗主义的理由。参见王利明. 关于物权法草案中确立的不动产物权变动模式. 法学,2005(8):3-9.
④ 王利明. 关于物权法草案中确立的不动产物权变动模式. 法学,2005(8):3-9.

的物权变动,采用登记对抗主义的理由包括:现行法律对船舶、航空器的物权登记效力已有规定,均采取的是登记对抗主义。① 而且从这些法律的运行现状来看,这些法律规定得到了学界的普遍认可,实践中亦没有产生什么问题。因此,为了维持法律的稳定性,应继续沿用这一模式。不采取登记生效主义的原因在于,尽管这些财产价值远超一般动产,物权变动有通过登记方式加以公示的必要,但是从性质上来说它们仍属动产,因此仍应适用物权法关于动产物权变动的相关规定,所有权在交付时发生转移,抵押权在抵押合同生效时设立。②

土地承包经营权的互换和转让,采用登记对抗主义的理由包括:农民承包的是本集体的土地,聚集而居的农民对承包地的情况相互了解,实际上已经起到公示作用;互换限于集体内部,农户向本集体以外的人转让的情况也比较少;如果规定变更土地承包经营权要登记,会给农户造成负担。③

地役权的设立,采用登记对抗主义的理由包括:地役权的应用主要在农村,我国农村的不动产登记制度尚不完善④;而在我国农村,地役权的80%～90%都是不登记的,这是为了方便群众,减少成本。⑤

动产抵押权的设立,采用登记对抗主义的理由包括:船舶、航空器等动产的抵押已经采取了登记对抗主义,为了维持规定的统一性,动

---

① 《海商法》第9条规定船舶所有权的变动采登记对抗主义;《海商法》第13条规定船舶抵押权的变动采登记对抗主义;《民用航空法》第14条规定航空器所有权的变动采登记对抗主义;《民用航空法》第16条规定航空器抵押权的设定采登记对抗主义。但《海商法》和《民用航空法》相关法条所采用的表达均为"未经登记的,不得对抗第三人",未对第三人范围加以限制。

② 胡康生. 中华人民共和国物权法释义. 北京:法律出版社,2007:28-29.

③ 全国人民代表大会常务委员会法制工作委员会民法室. 中华人民共和国物权法条文说明、立法理由及相关规定. 北京:北京大学出版社,2007:243;胡康生. 中华人民共和国物权法释义. 北京:法律出版社,2007:293.

④ 江平. 中华人民共和国物权法精解. 北京:中国政法大学出版社,2007:205.

⑤ 全国人民代表大会常务委员会法制工作委员会民法室. 中华人民共和国物权法条文说明、立法理由及相关规定. 北京:北京大学出版社,2007:287;胡康生. 中华人民共和国物权法释义. 北京:法律出版社,2007:348.

产抵押权的设立均采登记对抗主义;动产抵押权不转移占有,其设立有赖于当事人的信任,如果必须要求登记可能会对当事人造成不便,会增加抵押人的费用;我国幅员辽阔,偏远地区登记不方便。①

浮动抵押权的设立,采用登记对抗主义的理由包括:浮动抵押权的标的本来就具有很强的不确定性,其设立完全有赖于当事人的信任,如果强制要求登记反而会对当事人造成不便,增加抵押人的费用;浮动抵押主要解决中小企业的贷款难问题,中小企业多处偏远地区,登记不方便。②

考察我国各个采取登记对抗制度的立法理由便会发现,除了特殊动产物权的主要理由在于历史因素外,其他四种物权都有一个共通的理由:登记不方便(登记制度不完善),于是为了降低交易成本而采取了公示对抗主义。笔者认为这一点与前述我国立法争论时的理由(2)(3)相同。而土地承包经营权和地役权有一个共通理由在于:这两种物权主要运用于我国农村,而我国农村是一个熟人社会。这一点似乎可以这样理解,由于是熟人社会,所以交易的相对人范围有限,获知真实权利状况的难度也比较低,没有必要登记。因此,这一点可以看作是对前述我国立法争论时的理由(4)的克服,即虽然公示对抗主义在交易安全保护方面有所欠缺,但是由于熟人社会对交易安全保护的需求并不强烈,故不生问题(就此点,后文经济分析部分会详述)。动产抵押权和浮动抵押权的共通理由在于这两种制度的基础在于当事人间的信任。这一点笔者认为可以理解为对于意思自治的尊重,即与前述我国立法争论时的理由(1)相同。

综上所述,笔者认为前述围绕公示对抗主义的正反四个方面的理由构成了我国法学界对于公示对抗主义的基本认识,并且这一基本认识贯穿于《物权法》的制定。那么,时过境迁,这些当初主导《物权法》制

---

① 全国人民代表大会常务委员会法制工作委员会民法室.中华人民共和国物权法条文说明、立法理由及相关规定.北京:北京大学出版社,2007:344;胡康生.中华人民共和国物权法释义.北京:法律出版社,2007:411-412.

② 全国人民代表大会常务委员会法制工作委员会民法室.中华人民共和国物权法条文说明、立法理由及相关规定.北京:北京大学出版社,2007:346;胡康生.中华人民共和国物权法释义.北京:法律出版社,2007:414.

定的因素，在《民法典》制定时是否已经发生了改变，《民法典》最终又是出于何种考量采取了什么样的态度呢？以下分不动产物权变动、一般动产担保中的物权变动与特殊动产物权变动三个领域进行分析讨论。

1. 不动产物权变动

正如前文所述，对于不动产而言，当初选择在土地承包经营权、地役权这两个领域采取登记对抗主义，一方面原因在于当时我国大部分农村地区的土地登记制度尚未建立，农民即使想将其土地上的权利进行登记，也面临无处可登的难题；另一方面，由于我国对于农地流转采取了诸多限制措施，因而在大多数情况下，农村土地只能在熟人之间进行流转，而在熟人社会中，即使不登记，采取善意恶意的判断方式也能解决大部分的土地权属争议问题。

然而随着我国对于农村土地制度的改革进展，以上两项前提到今天均已经发生动摇：

2007年《物权法》施行后，中共中央和国务院就一直在致力于我国农村土地的确权工作：2009年首次提到土地确权工作："强化对土地承包经营权的物权保护，做好集体土地所有权确权登记颁证工作，将权属落实到法定行使所有权的集体组织。"[①] 2010年提出"加快农村集体土地所有权、宅基地使用权、集体建设用地使用权等确权登记颁证工作，工作经费纳入财政预算"[②]。2012年提出"加快推进农村地籍调查，2012年基本完成覆盖农村集体各类土地的所有权确权登记颁证"[③]。2013年提出"全面开展农村土地确权登记颁证工作。健全农村土地承包经营权登记制度，强化对农村耕地、林地等各类土地承包经营权的物权保护。用5年时间基本完成农村土地承包经营权确权登记颁证工作，妥善解决农户承包地块面积不准、四至不清等问题。加快包括农村宅基地在内的农村集体土地所有权和建设用地使用权地籍调查，尽快完成确权

[①] 《中共中央 国务院关于2009年促进农业稳定发展农民持续增收的若干意见》。

[②] 《中共中央 国务院关于加大统筹城乡发展力度进一步夯实农业农村发展基础的若干意见》。

[③] 《中共中央 国务院关于加快推进农业科技创新持续增强农产品供给保障能力的若干意见》。

登记颁证工作"①。2014年提出"加快包括农村宅基地在内的农村地籍调查和农村集体建设用地使用权确权登记颁证工作"②。

从2014年开始,中共中央和国务院就开始讨论放开农村土地的流转限制,拉开了农村土地"三权分置"改革的序幕:2014年十八届四中全会后,中共中央办公厅、国务院办公厅印发了《关于引导农村土地经营权有序流转发展农业适度规模经营的意见》,表达了"三权分置"理念,2016年中共中央办公厅、国务院办公厅印发了《关于完善农村土地所有权承包权经营权分置办法的意见》,明确提出了"三权分置"概念。从2016年开始,中央一号文件关于土地承包经营权的重心就是"三权分置"③。根据2018年12月29日第十三届全国人民代表大会常务委员会第七次会议《关于修改〈中华人民共和国农村土地承包法〉的决定》第二次修正,"三权分置"的构想正式在我国的立法中确立,未来农村土地也将从熟人社会走向市场经济。

综上所述,随着农村土地确权工作的逐步完成,以及"三权分置"改革的逐步推进,在我国农村土地上,继续采取登记对抗主义的物权变动模式的基础将不复存在。在这一背景下,笔者认为,理想的立法应该对基于法律行为的不动产物权变动统一采取登记生效主义,理由如下:

首先,对于不动产统一采取登记生效主义,有利于增强不动产登记系统的权威性和准确性,督促所有的不动产交易的当事人都去办理登记,从而可以最大限度保护交易安全,减少纠纷的发生。④

其次,对于农村土地登记簿的设置,无论是土地承包经营权,还是宅基地使用权,抑或地役权的登记,均采取的是物的编成主义,纳入统一的不动产登记簿中。这一点与建设用地使用权以及城市房屋所有权的登记簿设置并无二致。既然是在同一个登记簿上登记,又采取了同一种编成

---

① 《中共中央 国务院关于加快发展现代农业进一步增强农村发展活力的若干意见》。

② 《中共中央 国务院关于全面深化农村改革加快推进农业现代化的若干意见》。

③ 历年"中央一号文件",有四次使用"三权分置"的表述,分别是2016年一次、2017年一次、2018年二次,其中前三次都是关于承包地的三权分置,最后一次是关于宅基地的三权分置。

④ 崔建远.民法分则物权编立法研究.中国法学,2017(2):48-66.

主义，那么采取同一种物权变动模式，既符合理论，也便于实践操作。

最后，设计"三权分置"方案时，如果不改变现在的登记对抗模式，那么在土地承包经营权（或者称为土地承包权）之上再设置土地经营权，就相当于在一个登记对抗的物权上又设计一个登记对抗的物权，无端生出理论构建的复杂性，也不利于实践操作。

因此，从长远来看，对于土地承包经营权和地役权改采登记生效模式才符合未来发展的方向。然而，《民法典》对于土地承包经营权、地役权的物权变动模式仍然采取登记对抗主义。[①] 并且，《民法典》和2018年《农村土地承包法》对于新规定的流转期限为5年以上的土地经营权也采取的是登记对抗主义。[②]

为何未来将逐步放开农村土地的对外流转，却仍然对于土地承包经营权、地役权以及新规定的土地经营权仍然采取登记对抗主义呢？这是因为，在现阶段，我国农村土地的确权工作并未全部完成，目前大概只有80%左右的农村土地实现了确权登记，仍然有20%左右的土地尚未入册。在此背景之下，如果贸然将物权变动模式由登记对抗主义改为登记生效主义，也就意味着这20%的土地上的农民的权利将获得不了物权性质的保障。从纯理论的角度来看，《民法典》是百年大计，应该着眼于未来，但是既然《民法典》在2020年出台，那么仅仅考虑未来也就意味着要牺牲当下。因此基于以上的现实考虑，《民法典》和新修订的《农村土地承包法》最终仍然选择了保守方案，并不改变目前的物权变动模式。

上述选择从政治决策的角度上看当然无可厚非，但是确实给未来法

[①] 《民法典》第335条规定："土地承包经营权互换、转让的，当事人可以向登记机构申请登记；未经登记，不得对抗善意第三人。"第374条规定："地役权自地役权合同生效时设立。当事人要求登记的，可以向登记机构申请地役权登记；未经登记，不得对抗善意第三人。"

[②] 《民法典》第341条规定："流转期限为五年以上的土地经营权，自流转合同生效时设立。当事人可以向登记机构申请土地经营权登记；未经登记，不得对抗善意第三人。"《农村土地承包法》第41条规定："土地经营权流转期限为五年以上的，当事人可以向登记机构申请土地经营权登记。未经登记，不得对抗善意第三人。"

律的理解和适用带来了难题：在统一的不动产登记簿上，却存在着登记生效主义与登记对抗主义并存的现象。对此，笔者认为未来有必要分阶段地对不动产的登记对抗制度做解释：在土地确权工作尚未完成的现阶段，仍有必要考虑熟人社会的特征，区分交易中第三人的善意恶意。但是，随着农村土地确权工作的最终完成，未来土地承包经营权、土地经营权等虽然在立法用语上仍然采取了登记对抗主义，但是此时对登记对抗主义的实质解释应该与登记生效主义相协调。也就是说，尽可能地将未登记不得对抗的第三人的范围作广泛解释，不再区分善意恶意，借鉴日本对于不动产物权的登记对抗主义的解释路径，只要并非侵权第三人或者背信恶意第三人等，就属于不得对抗的第三人范围。从而使未登记的土地承包经营权、土地经营权等的效力更加接近于纯粹的债权，在最终效果上实现与采登记生效主义的其他不动产物权相统一的目标。

2. 一般动产与权利担保中的物权变动

《物权法》对于动产的物权变动模式，原则上采取了交付生效主义，但是在第188条和第189条对于动产抵押和浮动抵押，却采取了登记对抗模式，那么对此应该如何看待呢？是不是理论上，也应该如不动产一样，将动产抵押和浮动抵押也统一规定为登记生效主义，从而简化物权变动模式呢？

笔者认为不能作如此简单的考虑，理由如下。

首先，尽管我国引入了动产抵押和浮动抵押，从而针对一般动产也可以设立登记簿，但是这一登记簿的设立与不动产存在着本质的不同：不动产登记簿采取物的编成主义，针对每一个确定的不动产都有相应的登记页，而针对该不动产的所有物权变动，都会在该页进行记载，可以说做到了一物一登。但是，动产则不同。绝大部分单一的动产价值不如不动产，并且处于流动之中，不可能为每一个动产都制定相应的登记页，因此做不到一物一登。对于普通的动产登记簿而言，只能采取另外一种设计方案——人的编成主义。也就是为每一个需要交易的动产担保人设立一个登记页，所有他名下的动产担保交易，都登记在他的登记页上。这种登记簿的设计方式，虽然解决了普通动产的登记问题，但是相较于不动产而言，这种登记簿存在一个先天的缺陷——无法精确定位登记的标的物在哪里。并且在登记过程中，如果由登记机关去审查该动产是否真实存在，则交易成本非常高昂，所以人的编成主义的登记簿只有可能做形式审查。也就是说，动产担保登记簿只能证明担保交易的存在以及担保交易发生的时间，但是并不能证明担保品是否存在。如果对于这种先天公信力存在缺陷的物权采取登记生效主义，则与物权法的公信原则发生矛盾。

其次，动产的登记簿与不动产登记簿还有一点重要不同，那就是在不动产的交易中，默认所有的交易方都应该去查询登记簿，如果有人以没去查询登记簿为由主张自己是善意第三人，那么这一主张肯定是不能被认可的，然而在一般的动产交易中（后文所述的特殊动产除外），却并不存在查询登记簿的习惯。比如你在家乐福或者沃尔玛购买普通商品时，是不会去查阅家乐福或者沃尔玛的动产担保交易登记簿，不用管家乐福或者沃尔玛是否将你购买的商品已经抵押给了第三人。这种在卖这个东西的地方买这个东西的人，就是源自美国《统一商法典》第9章的"正常经营活动中的买受人"。基于常理，对于正常经营活动中的买受人而言，是可以豁免查询担保交易登记簿的。也就是说，在动产担保交易中，即使担保物权人已经将自己的权利以登记的方式进行了完善的公示，仍然存在着该担保标的物被第三人无负担地买走的风险，这在登记生效的物权变动模式中是不可想象的，但是在登记对抗主义模式下，登记的担保物权也不能对抗正常经营活动中的买受人是当然之理。

综上所述，对于动产担保交易而言，登记对抗模式较登记生效模式，更能适应其特征，更能平衡动产担保各方的利益。《民法典》就一般动产抵押和浮动抵押，也均采取了登记对抗主义，笔者赞同这一选择。不过，《民法典》对于权利质权仍然沿用了《物权法》的登记生效主义。就此，从理论上看，一方面，权利担保与动产担保一样，也适用统一的优先顺位规则；另一方面，权利担保的登记簿设立方式，也是人的编成主义，这一点与动产抵押、浮动抵押并无二致，出于减少交易成本的考虑，未来应该统一到同一个登记簿上。也就是说，权利担保与动产担保将会实现优先顺位规则的统一以及登记簿的统一，那么也采取统一的物权变动模式——登记对抗主义，则更具备理论构建的美感。

但是从法律适用的实际效果上看，与动产担保相比，权利担保并没有采取登记对抗主义的刚需。一方面，权利质权中并不存在类似于"正常经营活动中的买受人"的规则需要处理；另一方面，《民法典》第414条（《物权法》第199条）在后面增加了一款"其他可以登记的担保物权，清偿顺序参照适用前款规定"，将本来只适用于抵押权的效力顺位规则，扩展适用于所有的担保物权。原本《物权法》第199的优先顺位规则，并不区分是采取登记生效主义的不动产抵押权还是采取登记对抗主义的动产抵押权，都要统一适用。这就意味着，扩展适用后，无论其他可以登记的担保物权是采取登记对抗主义还是登记生效主义，都要适用该规则，从而无形中淡化了物权变动模式选择的实际影响。

综上所述，尽管《民法典》对于权利质权仍然沿用了《物权法》的登记生效主义，从体系美感上看与动产担保采取的登记对抗主义不协调，但是并不影响法律的最终适用效果。

3. 特殊动产物权变动

特殊动产的问题则较为复杂。

首先，特殊动产虽然是可以移动的财产，但是却采取了物的编成主义，针对每架航空器、每一艘船舶或者每辆汽车，都设置了专门的登记页。并且与普通动产不同的是，普通动产只有在担保交易中才涉及登记的问题，但是对于特殊动产，无论是所有权转让还是担保交易都涉及登记的问题。从这一点上看，特殊动产虽然是动产，但是其登记簿的设计和功能更加类似于不动产登记簿。

其次，特殊动产在担保交易和所有权交易当中呈现出巨大区别：特殊动产在设定抵押权时，并不用移转标的物的占有，只需登记；但是特殊动产在进行所有权交易时，不仅存在登记的问题，还存在交付的问题。

最后，即使是在所有权交易中，不同的特殊动产对于交付的依赖程度也呈现出巨大的差异：比如对于机动车和内河船舶，交付往往是登记的前置条件，未经交付不能发生所有权变动；但是对于航空器、国际船舶、跨国列车等，所有权的变动却并不依赖于交付——不可能要求这些往返穿梭于世界各地的交通工具必须经过一次交付才能发生所有权变动的效果，否则效率太过低下，因此通行做法都是允许这些交通工具仅仅依据当事人的意思表示就可以发生物权变动，未经登记不得对抗第三人。

综上所述，对于特殊动产的物权变动模式的理想设计，应该分情况考虑：对于机动车和内河船舶的所有权变动，应该以交付作为生效要件，登记作为对抗要件；对于航空器、国际船舶、跨国列车等特殊动产的所有权变动，仅仅依据当事人的意思表示就可以发生物权变动，未经登记不得对抗第三人；对于所有特殊动产的抵押权设立，仅仅依据当事人的意思表示就可以发生物权变动，未经登记不得对抗第三人。

然而，在《民法典》编纂过程中，出于与《物权法》相同的立法理由，即尽管这些特殊动产价值远超一般动产，物权变动有通过登记方式加以公示的必要，但是从性质上来说它们仍属动产，《民法典》第225条延续了《物权法》第24条的规定，对这类动产采取登记对抗主义。[①]因此，对特殊动产的买卖，即特殊动产所有权的物权变动，仍应按照最高人民法院《关于审理买卖合同纠纷案件适用法律问题的解释》的精神，以交付为生效要件，登记为对抗要件。[②] 而关于特殊动产抵押权的物权变动，基于抵押权的特性，应该如此解释：由于抵押权的设立当然不需要交付，所以自然是合同订立时抵押权设立，未经登记不得对抗第三人。而对于跨国的船舶、航空器、跨国，列车等特殊动产的物权变动，必须与我国加入的国际条约——比如开普敦协议——相协调。此问题的解决，有赖于未来通过立法确立条约在中国的适用规则。

回到主题，结合前文对《物权法》以及《民法典》采行登记对抗主义模式的立法目的的论述，笔者认为遵从于立法目的解释，在我国法背景下构建的登记对抗理论模型，需要符合以下四个方面的要求：

（1）体现意思自治原则；
（2）符合登记制度尚不完善的我国国情；

---

① 黄薇. 中华人民共和国民法典释义（上）：总则编·物权编. 北京：法律出版社，2020：432-433.

② 最高人民法院《关于审理买卖合同纠纷案件适用法律问题的解释》第10条在特殊动产的登记买受人和交付买受人不一致时优先保护了交付买受人，所以理论上一般认为该条的立场是将交付作为特殊动产物权变动的生效要件，登记作为特殊动产物权变动的对抗要件。代表性观点参见崔建远. 再论动产物权变动的生效要件. 法学家，2010（5）：49-55；崔建远. 机动车物权的变动辨析. 环球法律评论，2014（2）：33-46。

(3) 有利于加速财产流转；

(4) 对交易安全的保护可适当放松。

针对笔者提出的我国法背景下构建的登记对抗理论模型需符合的四个方面的要求，张淞纶教授认为，这是笔者提出的四项确定什么情形匹配登记对抗主义的标准，他提出了如下几点质疑：(1) 市场经济发达国家奉行登记对抗主义者并不罕见，为什么在中国语境下，市场经济和登记制度不完善、不发达反倒是采用登记对抗主义的理由？是否是一种颠倒？(2) 笔者的四项标准所蕴含的深层逻辑是：登记对抗主义不过是权宜之计，等到登记制度完善、市场主体形成登记习惯且登记成本降低时就可以放弃这一模式，但是，等到市场主体形成登记习惯，可能已经积重难返，到时候制度变轨成本极高。(3) 四项标准彼此相互矛盾，比如，放松对交易安全保护，可能就无法促进财产流转，因为（边际上的）当事人会因更担忧安全而放弃交易。再比如，加速流转会促使政府完善登记制度，而这本质上是对当事人意思自治的干预，这样一来，又将与体现意思自治原则的标准相矛盾。而矛盾的根源在于：政府、市场和具体当事人会针对给定规范进行能动反应和自主进化，当事人不是静态的，而是会根据法律规定调整自己行动的动态市场主体。

（二）对理论模型的评价

从前述比较法上的理论模型来看，就（1）而言，除了债权效果说外，所有的理论模型均符合。因为公示对抗主义本来就是和意思主义作为孪生兄弟而出现的，除了债权效果说[①]，其他各说至少在形式上均肯定了物权仅因意思表示而发生变动。

就（2）和（3）而言，实际上和日本民法立法理由书所载理由极为相似。日本当年也是因为登记制度尚不完善，但是社会上的物权交易已经日趋频繁，所以为了实现交易的迅捷化而采取了"意思主义＋登记对抗"的立法模式。[②] 这里我们需要思考的一个问题是，究竟为何登记对抗主义相较于登记要件主要更适应登记制度不完备的社会，更有利于交

[①] 债权效果说认为未登记的物权仅具有债权的效果，实际上否定了物权仅因意思表示而变动。

[②] 広中俊雄. 民法修正案（前三編）の理由書. 東京：有斐閣，1987：218.

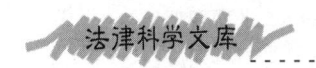

易的迅捷化呢？从直观上考虑，在登记对抗主义下，合同生效时物权就发生了变动①，相较于合同生效时仅产生债权的登记要件主义，自然似乎更有利于在登记制度不完备的社会中实现交易的迅捷化。但是这一直观考虑是忽略了一个前提的，即这一切必须建立在未公示的物权与债权的效力有区别的基础上。如果未公示的物权效力与债权完全相同，那么尽管说合同生效时物权就发生了变动，但是这一物权变动并没有对当事人的权利义务关系带来实质上的影响，自然难谓"更适应登记制度不完备的社会""更有利于交易的迅捷化"云云。因此，可以说（2）和（3）能成立的前提条件就是未公示的物权与债权的效力有一定的区别。

那么在公示对抗主义下，未公示的物权与债权的效力究竟有无区别呢？于是问题又回到了前文所述的不登记不得对抗第三人的范围上。如果采"第三人范围无限制说"，则确实未登记的物权与债权几乎没有区别，与立法目的（2）和（3）不符；但是如果采"第三人范围限制说"，则二者多少有了一些区别，当然这一区别是否达到了（2）和（3）的需求，则取决于"限制"的程度。

就前述各理论模型而言，"债权效果说"和"相对无效说"是和"第三人范围无限制说"相对应的，因此如果我国选择这两种理论模型，自然与立法目的不符。

其他的理论模型都是和"第三人范围限制说"相对应的。从法律效果上看，这些理论模型至少都将完全的无权利人（主要指的是侵权人和无权占有人）排除在保护范围之外。其实单就这一点而言，就已经在很大程度上使未公示的物权区别于债权。② 以地役权为例：B 在 A 的土地上设定了通行地役权，没有登记，后 A 进城务工，土地搁置，完全无权

---

① 当然，在我国就航空器、船舶、机动车所有权的变动，究竟采意思主义还是交付主义是有争议的。就这个问题笔者拟另文阐述，此处不赘。

② 有的学者认为："一个不具有对抗效力的地役权，和因地役权合同所生的债权并无实质差别。在当事人之间就相互的不动产利用达成协议而没有办理登记的情况下，实际上是创设了以一方的不作为或者容忍义务为标的的债权债务关系。"实际上，该观点的前提是"第三人范围无限制说"，如果采"第三人范围限制说"则不能成立。参见李永军，肖思婷. 我国《物权法》登记对抗与登记生效模式并存思考. 北方法学，2010（3）：38 - 42.

利人 C 在该土地上放置杂物阻碍了 B 的通行，B 可以基于其地役权对 C 行使排除妨害请求权。这就明显区别于债权。

而在这些理论模型中，又属"公信力说"对于第三人范围限制得最广，不仅排除无权利人，恶意第三人也被排除在保护范围之外。那么在我国究竟应否排除恶意第三人呢？首先，我国的法律条文明文规定了，不登记不得对抗的第三人范围是"善意第三人"，依据反对解释，恶意第三人在我国不受保护；其次，从（3）的意旨来看，自然是当事人取得的物权效力越强，价值也就越高，也就越有利于交易的迅捷化，因此可以说排除恶意第三人最符合（3）的需求。

但是正如"恶意者排除说"在日本所遇到的批判所说的，交易安全会不会因此受到不利影响呢？前述（4）打消了这一顾虑。在我国登记对抗主义本来就是作为例外被提出的，并不需要解决所有的物权变动，其适用范围有限，而且这有限的适用范围中又有很大一部分是为了解决熟人社会中的物权变动，因此笔者认为，即使对第三人的范围作出较大的限制，将恶意第三人亦排除在保护范围之外，由此造成的对交易安全的影响在我国也是可以承受的。当然，就这一点后文还会从经济分析的角度具体论述。

综上所述，笔者认为前述比较法上的各理论模型中，"公信力说"最符合我国的立法意旨。

2.3.2 基于逻辑构成对理论模型的再评价

与完全采取公示对抗主义的立法例不同，在我国，公示对抗主义是作为例外模式而存在的。这就决定了我国不可能为了这几个例外的模式，而对整个物权法的体系大动干戈。因此，笔者认为我国所构建的理论模型，在逻辑构成上不应与既有的物权法的基本原则相矛盾，其自身也应该具备相当的自洽性。

债权效果说、相对无效说实际上是换了一种方式主张公示要件主义，在逻辑上与公示对抗主义是自相矛盾的。不完全物权变动说创造了"不完全物权"的概念，这种不完全物权不仅不能对抗第三人，而且可以同时为两个以上主体所有，显然与物权的排他性、一物一权等物权法的基本原则相矛盾。第三人主张说无法解释二重让与中出让人的处分权，毕竟在第三人行使否认权或者主张相反事实之前，当事人之间的物权变动可以说尚未被否定，此时出让人应该没有处分权，第三人也没有理由获得该物权。诉讼法说既不能解释公示对抗主义的立法意旨，对于确定第三人的范围亦没有实益，有回避问题之嫌。因此，债权效果说、相对无效说、不完全物权变动说、第三人主张说等理论模型在逻辑自洽性方面存在问题①，如果在我国法中引入这些学说，势必将打乱我国既有的理论体系，笔者认为并不可取。

在第三人主张说基础上发展出来的否认权行使意思实现说和第三人出现说、第二次让与有效化论中的处分权拟制说和否认权行使追认说以及消极的公示主义说、制裁的失权说中的法定得权失权说和博阿索纳德说等理论模型，虽然没有逻辑自洽性的问题，但是过于人工拟制。之所以会出现这种现象，是因为日本学界一方面理论上需要一个逻辑能自洽的模型，另一方面这一模型又需要有很强的解释力，从而可以与已经固定化的第三人范围理论相适应，于是不得已将理论模型构造得异常复杂。从结果上看，这些理论模型的法律效果几乎是完全相同的。而且这些理论模型还存在一个共通的逻辑：日本民法典第177条必须承认二重让与的存在，所以不管构造出一个怎样复杂的模型，只要有说不清楚的地方就说这是"法定"的。② 例如法定得权失权说就没有从实质上解释得权失权的依据，只说得权失权的效果是法定的。再比如第三人出现说认为第三人的出现这一事实本身，就使A、B间的（本来是完全有效的）物权变动效果变得不能对第三人C主张，但是被问及为何有这种效果时，该说也认为"这是法定的"。因此，笔者认为否认权行使意思实现说、第三人出现说、处分权拟制说、否认权行使追认说、消极的公示主

---

① 正如前文所述，这些学说的逻辑自洽性在日本也是被广为诟病的。但是这些学说中的不完全物权变动说、第三人主张说等，由于解释的弹性很大，能够很好地和第三人范围理论相适应，再加上其提出者在日本民法学界享有很高的声誉，因此具有很强的生命力，至今仍然有不少学者主张。

② 甚至有学者将这一思想发展到极致，提出了放弃对对抗问题进行逻辑解释的观点，认为对抗就是对抗，其本身的法律效果已有定论，不需要再用其他的理论或者概念对其加以阐释。星野英一．物権変動における「対抗」問題と「公信」問題//星野英一．民法論集・第6卷．東京：有斐閣．1986：153．

义说、法定得权失权说、博阿索纳德说等理论模型虽无逻辑自洽性的问题，但是过于拟制，且有循环论证之嫌，本质上是为了适应第三人范围理论所做的不得已之选，若我国也通过这些学说解释对抗问题则实在难谓上策。①

我们再将目光转向最后一个理论模型——公信力说。公信力说本来就是为了给对抗问题一个符合逻辑的解释而产生的，其强项就是逻辑自洽性。但是正如前文已述，公信力说在日本受到了潮水般的批判，于是我们自然需要考虑的就是，既然该说在日本受到了这么多的批判，那么倘若将该说引入我国，是否也会面临同样的问题呢？这就有必要分析该说在日本被批判的理由。正如前文所述，公信力说在日本受批判的理由主要有两点：第一，日本不承认不动产登记簿的公信力，故该说理论基础不存在；第二，该说与判例相矛盾。但是反观我国法：首先，不动产登记簿的公信力已经为我国理论所承认，剩下的只是登记制度的完善，因此登记簿的公信力问题在我国法中将不再是障碍。其次，我国司法实践在登记对抗的问题上，难谓有已经成熟的处理方式。因此，公信力说在日本所遭遇的障碍，在我国均不存在。

进一步而言，公信力说中有两个分支：限制的公信力说（半田说）和权利外观说（筱塚说）。这两种学说哪一种更适合我国呢？限制的公信力说（半田说）为了迎合判例的结论，仍然承认了二重让与中存在一种"有排他性而无对抗力的物权"，并且肯定了这种物权可以同时被两个受让人所有，只是二者互相不能对抗，可见该说和物权的排他性、一物一权原则仍然有矛盾。相比起来，权利外观说则完全符合物权法的原则，该说直接承认了第一次让与时受让人就取得了完全的物权，而第二次让与的受让人之所以可以取得物权完全是因为信赖了让与人的权利外观。因此，从逻辑构成上考虑，公信力说中的权利外观说是最为自洽的。

综上所述，从逻辑构成上考虑，公信力说中的权利外观说最适应我国的法律体系。结合前面的立法目的层面的考察，笔者认为我国应该选取公信力说中的权利外观说作为登记对抗制度的理论模型。

---

① 当然，即使在我国引入这些学说也不会带来什么问题，因为这些学说在法律效果上是开放的，具有很大的弹性。

2.3.3 权利外观模型的经济分析

权利外观理论模型最重要的特征，同时也是其最受质疑的地方，就是将恶意第三人排除在保护范围之外。① 前文已经从反对解释以及目的解释的角度分析了在我国采恶意第三人排除说的合理性，但是仅仅分析到这一层次仍然有模糊不清的地方，我们仍然可以反问道：我国物权法究竟为何要在这些领域规定登记对抗主义从而将恶意第三人排除出保护范围之外呢？而且这一问题并不是空穴来风的：在物权法颁布之后，仍然有学者对在这些领域采用登记对抗主义表示质疑，并提出了强有力的批驳。② 《民法典》时代，这种质疑之声仍未绝迹。因此，如果不能很好地回答这一问题，那么权利外观模型，乃至在我国规定登记对抗主义的法律条文本身的合理性都要受到质疑。

先从比较法的角度进行考察，前文已述，恶意者排除论者与背信恶意者排除论者在日本展开了旷日持久的争论。恶意者排除论的主要论据在于诚实信用，认为保护恶意第三人违反伦理；背信恶意者排除论的主要论据则在于交易安全，认为将恶意第三人排除出保护范围不利于动的安全的保护。

就诚实信用而言，笔者认为民法中的"善意""恶意"与伦理意义上的"善""恶"并没有必然的联系。③ 无论是将恶意的概念界定为知道，还是界定为知道或者因过失而不知，都不能说恶意的第三人存在道德上的可非难性。我们可以以公示要件主义下的一物二卖的情形作为类比。在公示要件主义下，A 就其所有的不动产与 B 订立买卖合同，在没有办理移转登记的时候，又和 C 订立买卖合同，无论 C 之前知不知道 B 的存在，B 与 C 都是债权人，完全处于公平竞争的地位。那么为何仅仅

---

① 在日本法中是排除恶意第三人以及过失的善意第三人。在我国法中恶意第三人本来就包括因过失而不知的情况，所以这里没有使用前文介绍权利外观理论时的"恶意过失者"的表述。

② 李永军，肖思婷. 我国《物权法》登记对抗与登记生效模式并存思考. 北方法学，2010 (3)：38-42.

③ 该观点为反对公信力说的学者所提倡。参见 [日] 铃木禄弥. 物权的变动与对抗. 渠涛译. 北京：社会科学文献出版社，1999：113.

是换了一个法律构造，在公示对抗主义下，完全相同的情形发生，我们就要对第二次受让人 C 进行道德上的非难呢？因此，笔者认为通过伦理道德上的理由主张恶意第三人排除论是欠缺说服力的。

就交易安全而言，笔者认为这一点触及了问题的本质，但是却只考虑了一个方面。单从动态安全的角度考虑，自然是保护的第三人范围越广，则越有利于交易安全；但是与之相对，则要牺牲当事人的利益，也就是降低了静的安全。排除恶意者固然缩小了动态安全的保护范围，却加强了静的安全的保护。动的安全与静的安全是一对相冲突的价值，因此片面地说有利于动的安全或者有利于静的安全都是没有意义的，关键是要在这一对价值中找到一个平衡点。那么如何寻找这个平衡点呢？笔者认为这里不涉及道德因素，只是一个单纯的效率问题。

那么如何进行效率上的考察呢？于是我们就需要经济分析。

（一）经济模型的提出

无论是公示要件主义还是公示对抗主义，抛开其逻辑构造，本质上都是为了解决下面这个问题：A 就其不动产与 B 订立买卖合同，在移转登记之前登记簿上所记载的权利人仍然是 A，而第三人 C 又无从得知该买卖合同的存在，于是第三人 C 就有可能再与 A 就同一标的物进行交易。此时法律就必须要做出一个抉择，到底由 B 或者 C 中的谁来承担不能获得标的物的风险。

无论是公示要件主义还是公示对抗主义，绝大多数情况下都是让 B 在承担这一风险。之所以做出这种选择，通常认为原因在于 B 是有办法控制这一风险的，只要 B 将其权利登记，那么就可以避免第三人 C 的出现。但是我们常常忽视的是，实际上第三人 C 也是有办法控制这一风险的，第三人 C 可以通过实质调查的方式从而避免介入这样一个名不副实的交易之中。既然双方都有办法控制风险，那么为什么法律总是选择让 B 在承担风险呢？

这就是一个成本收益的问题。无论是登记，还是实质调查，都是需要支出成本的。① 让成本低的一方负责控制风险，从交易成本总量上看

---

① 这就是所谓的交易成本，其中调查的成本被称为信息成本，登记的成本被称为监控成本。

是一个有效率的选择。在商品经济发达的现代社会，交易异常频繁，任何一件不动产都有可能成为众多人青睐的对象。在这个前提之下，如果法律选择保护第一次交易中没有登记的受让人，那么也就意味着众多的潜在交易第三人在交易之前都有必要进行实质调查，查清楚到底登记簿上所记载的权利是否属实。但现代社会又是一个陌生人的社会，让交易中的第三人调查清楚登记簿上所记载的权利是否属实谈何容易。因此，如果法律选择让第三人C承担风险，则交易成本总量是惊人的。相反，如果法律选择让交易相对人B承担风险，则B只需要将其权利登记就可以控制住这一风险，其成本和前者相比是悬殊的（低得多）。这也就是为何无论是公示要件主义还是公示对抗主义，绝大多数情况下都是让能够选择登记的B承担风险。

但是需要注意的是，前文说的是"绝大多数"情况，是否存在例外情况呢？

我们可以做一个假设，一个村庄只有10户人家，这个村庄的村民热衷于土地买卖，但是土地只能在同村内流转。县城里有一个登记机关，进行一次登记收费是100元，每查询一次登记簿的费用是1元。而与此同时，村民通过串门的方式，也可以了解到土地权利的真实状况，假定串门所耗费的时间用来耕地可以挣10元。那么，其中一户人家想将其土地转让给另外一户，从效益的角度考虑，我们是否应该让当事人去县城里登记呢？

如果当事人选择登记，那么因为登记而一次性支出的成本是100元。这个村共有10户人家，除开交易双方还剩8户人家，而由于这个村庄的村民热衷于土地买卖，这8户人家都是潜在的交易对象，如果每户人家都查询一次登记，那么总共的查询费用是8元。因此当事人选择登记时，交易的社会总成本是108元。如果当事人选择不登记，那么其他村民只有通过串门的方式了解真实的权利状况。由于8户人家都是潜在的交易对象，所以总成本就是80元。比较这二者，我们就知道了，在设例的情形下，不选择登记，而让每次交易时每户人家自己去调查权利状况，成本较低。

但是如果改变设例中的数据，比如将村庄中的人家数变为20家，那么登记时的交易成本就是118元，不登记时的交易成本是180元，选择登记的成本较低；再比如假定串门所耗费的时间用来耕地可以挣20元，那么登记时的交易成本就是108元，不登记时的交易成本是160元，选择登记的成本较低。

从上述设例中，我们可以了解到，最优化的选择和如下四个量有关：登记的成本，我们不妨设为 C_0；登记簿查阅成本，我们不妨设为 C_1；实质调查成本（要达到把权利状况调查清楚的程度），我们不妨设为 C_2；潜在交易人数，我们不妨设为 Q。于是，登记时的交易成本是 $(C_0+C_1×Q)$，不登记时的交易成本是 $(C_2×Q)$。所谓效率的最优化，就是比较这两个量的大小，然后做出一个成本最小的选择：

（1）当 $C_0+C_1×Q<C_2×Q$ 时：要求当事人登记，不要求第三人进行实质调查，社会效率比较高。

（2）当 $C_0+C_1×Q>C_2×Q$ 时：要求第三人进行实质调查，不要求当事人登记，社会效率比较高。

法律不可能通过事前审查的方式实现效率最优化，但是可以通过事后裁判的方式实现这一目标。也就是说，在 $C_0+C_1×Q<C_2×Q$ 时判定交易中的第三人胜诉，从而激励今后在类似情况发生时当事人进行登记；在 $C_0+C_1×Q>C_2×Q$ 时判定当事人胜诉，从而激励今后在类似情况下第三人进一步进行实质调查。

在式中的四个量中，法律可以控制的是第三人的实质调查成本 C_2。法律可以要求交易中的每一个第三人都尽到一定的调查义务，如果没有尽到该调查义务就视为有过失。但是这一调查义务的设定如果过高，导致在边际状况下，$C_2×Q>C_0+C_1×Q$ 时，那么与其让第三人进行调查，不如要求当事人登记反而更有效率；相反这一调查义务的设定也不能过低，导致在边际状况下，$C_2×Q<C_0+C_1×Q$ 时，则还有进一步要求当事人进行实质调查的空间。因此，法律设定的调查义务不能过高也不能过低，最佳的效果就是实现：

$$C_0+C_1×Q=C_2×Q \qquad \text{式1}$$

法律条文的表述中没有实质调查成本的直接对应项，所以我们需要进一步考察第三人的实质调查成本 C_2。实质调查成本和两个量存在正相关关系，一个是调查的深度（没有达到该调查深度就被视为有过失），一个是调查的难度。需要调查的深度越深，调查的难度越大，则调查所花费的成本也就越高；反之则越低。因此，不妨设调查的深度是 X，调查的难度系数是 a，且满足：

$$C_2 = a \times X \qquad \text{式 2}$$

将式 2 代入式 1，进行恒等变形可得：

$$X = C_0 / (Q \times a) + C_1 / a \qquad \text{式 3}$$

从式 3 中我们可以知道，法律设定的最佳调查深度，取决于四个量，并且和这四个量有如下关系：和登记的成本 C_0 以及登记查询费用 C_1 成正相关关系，和潜在交易人数 Q 以及调查的难度系数 a 成负相关关系。那么这四个量又分别代表了什么呢？

我们知道，登记的成本以及登记查询费用和登记制度的完善程度正相关；潜在交易人数和交易的活跃程度正相关，和交易的限制程度负相关；调查难度则和交易各方的熟悉程度负相关。那么将这些相关关系代入式 3，我们就可以得出如下三个定理：

定理 1：在登记制度越不完善的社会（登记的成本或者登记查询费用越高），就越应该让交易中的第三人负担较高的实质调查义务；反之则应该让第三人负担较低的实质调查义务。

定理 2：在交易越不频繁或者交易越受限制的领域（潜在交易人数越少），就越应该让交易中的第三人负担较高的实质调查义务；反之则应该让第三人负担较低的实质调查义务。

定理 3：越是在熟人社会中（实质调查的难度越小），就越应该让交易中的第三人负担较高的实质调查义务；反之则应该让第三人负担较低的实质调查义务。

针对笔者提出的上述三项定理，张淞纶教授提出了如下几点质疑：(1) 片面关注静态，忽视动态演进。三个定理所涉及的情况都不会是长期固定不变的状态，现场市场交易更会加速推动这些状态发生变化。(2) 如果同时考虑到三个定理的动态变化，会过于复杂，难以进行量化分析。(3) 笔者的分析论证习惯于仅用 1 个变量来证成某种物权变动模式，这就无法回答如下的问题：即使三个定理都成立，那在登记制度不完善的陌生人社会，对交易频繁的物权应该设置什么样的物权变动模式？

（二）经济模型对权利外观模型的验证

在用经济模型验证权利外观理论之前，我们先对这一经济模型本身加以检验。

从总体上看，现代社会商品经济发达，交易频繁，对交易的限制小，所以没有了定理2的适用余地；现代社会是一个陌生人的社会，所以没有了定理3的适用余地；而随着登记制度的完善，又没有了定理1的适用余地。从这个角度上看，似乎验证这三个定理变得非常困难。但是如果将现代社会放入整个人类社会发展的历史长河中看，则只是其中的一个特殊时期。现代登记制度的建立则是近几百年的事情，在此之前，交易中的第三人都要负担较高的实质调查义务，这本身就是对这3个定理最好的例证。而另一方，即使是在现代社会，也并不排除在某些领域有适用这三个定理的可能性，例如日本的判例原则上采取的是"背信恶意排除"（即原则上"善意恶意不问"）的态度，但是唯独在地役权领域，采取的是"恶意者或者过失者排除"（相当于我国的恶意第三人）的立场。考察判决理由，日本最高裁是从个案的公正出发，认为"通行地役权的供役地被转让时，供役地将由需役地的所有人继续作为道路使用这一点，从其位置、形状、构造等物理状况上看，在客观上是很明确的，而且受让人也认识到了这一点或者对这一点有认识的可能性时，即使受让人不知道通行地役权被设定，只要没有特殊事由，该受让人就不是有正当利益可以主张欠缺地役权设定登记的第三人"[①]。并且之后日本的下级法院试图将"过失者排除"的立场延伸到其他领域时，最终都被最高裁驳回。也就是说，日本最高裁目前只在地役权的领域要求交易中的第三人尽到实质调查的义务。笔者认为这就是定理3在起作用，和地役权相关的交易偏向于熟人社会，调查清楚土地上是否存在地役权并不是一件困难的事情，相比起来有时候登记反而花费的成本较高，因此应该让交易中的第三人承担调查义务，如果没有尽到一定的调查义务就认定为有过失。因此，从社会发展的现实来看，前述三定理是成立的。

下面开始用前述经济模型来检验权利外观模型。

首先就逻辑构造而言，权利外观模型相较于其他理论模型更加揭示了问题的本质，更加契合经济模型的初衷。对抗问题实质上就是对交易

---

① 最判平成10年2月13日民集52卷1号65页。

中的相对人和交易外的第三人的利益进行权衡取舍。除公信力说外的理论模型只是单纯地创造一个法律构造从而实现这一取舍，却没有对取舍的依据加以说明，或者即使说明取舍的依据也是简单地归结为"法定"。只有公信力说将这一问题置于交易安全保护的范畴中加以讨论，而公信力说中的权利外观说更是在这条路上走得最为彻底。因此，权利外观模型与前述经济模型的契合度是最高的。

其次就法律效果而言，权利外观模型的一个最大的特征就是排除恶意第三人，包括因过失而不知的情况。如果我国引入权利外观模型，那么一个不可避免的问题就是，为什么我国的登记对抗制度要将因过失而不知的第三人排除出保护范围外呢？换句话说，为什么要对交易中的第三人赋予一个调查义务呢？以下具体分析：

（1）就土地承包经营权而言，一方面，土地承包经营权的互换和转让是受限制的。依据《农村土地承包法》第33条及第34条规定，互换和转让仅能在同一集体经济组织内进行。① 这就决定了土地承包经营权的流转范围有限，因此依据定理2，在土地承包经营权的互换和转让中，赋予交易中的第三人一定的调查义务是合理的。当然，上述结论也存在一些例外，例如以招标、拍卖、公开协商等方式承包农村土地，经依法登记取得权属证书的，流转土地经营权就不受限制，因此定理2只能说在大多数情况下适用。另一方面，土地承包经营权仅适用于我国农村，而我国农村又是一个典型的熟人社会，在熟人社会中调查清楚权利的归属并不困难，而且我国土地承包经营权的互换需要在发包人处备案，转让还要经过发包人同意，所以实际上发包人对于土地的权利状况是非常了解的，因此通过询问发包人的方式也可以比较容易地获取土地的权属信息。那么依据定理3，赋予土地承包经营权的交易中的第三人一定的调查义务是合理的。

（2）就宅基地使用权而言，法律没有明文规定其流转适用的物权变

---

① 《农村土地承包法》第33条规定："承包方之间为方便耕种或者各自需要，可以对属于同一集体经济组织的土地的土地承包经营权进行互换，并向发包方备案。"《农村土地承包法》第34条规定："经发包方同意，承包方可以将全部或者部分的土地承包经营权转让给本集体经济组织的其他农户，由该农户同发包方确立新的承包关系，原承包方与发包方在该土地上的承包关系即行终止。"

动模式，但是理论上一般认为也适用登记对抗主义。① 在我国宅基地使用权的流转是受到严格限制的：一方面，"农村村民出卖、出租、赠与住房后，再申请宅基地的，不予批准"②，这就从客观上抑制了农民转让宅基地使用权的积极性；另一方面，"农民的住宅不得向城市居民出售"③，则大大限制了宅基地使用权的可移转性。依据定理2，赋予宅基地使用权的交易中的第三人一定的调查义务是合理的。

（3）就地役权而言，其设定虽然不限于农村地区，但是农村地区居多，而我国农村又是一个典型的熟人社会，熟人社会中的权属关系是比较容易了解到的。而且即使并不设定在农村地区，地役权往往还存在各种外观上的可辨识性④，调查并不困难。依据定理3，赋予供役地交易中的第三人一定的调查义务是合理的。

（4）就动产抵押以及特殊动产的物权变动而言，由于这是典型的现代市场经济的产物，并没有定理2和定理3的适用余地。但是目前我国的登记制度尚不完备，虽有《动产抵押登记办法》等出台，但是实践中的运行效果并不理想。再加之我国幅员辽阔，偏远地区登记困难，成本高。依据定理1，赋予交易中的第三人一定的调查义务也并非不可行之举。但是相较于前述土地承包经营权、宅基地使用权、地役权等而言，则理由并不是那么充分。因此在这几种权利中，赋予交易中的第三人的调查义务不能过高，以免有害于交易安全。

因此，排除些许例外情况，在我国法律中让这几种特殊的物权变动中的交易第三人承担一定的实质调查义务是合理的。易言之，从总体上说，在这几种特殊的物权变动中不保护恶意第三人是一个有效率的选择。至于例外的情况可以通过"善意"判断标准的弹性化设计以及其他法条的优先适用而解决（参见本书第4章和第5章）。

----

① 王利明. 物权法研究：下卷. 北京：中国人民大学出版社，2007：208.
② 参见《土地管理法》第62条第5款。
③ 参见1999年国务院办公厅《关于加强土地转让管理严禁炒卖土地的通知》（国办发〔1999〕39号）第2条第2款。
④ 例如该土地与相邻土地的方位、地形构造等客观性质，以及是否经常有人在该土地上通行、取水等情事。

2.4 本章小结

考察比较法上关于登记对抗主义的各种理论模型，只有公信力说中的权利外观说最符合我国的立法目的，也最适应我国的民法体系。依据该理论模型，当事人间仅因意思表示就发生了完全的物权变动，但是在进行移转登记之前，第三人由于信赖物权尚未变动的权利外观而从事了交易行为，为了保护第三人的这种信赖，法律承认第三人在登记后可以取得该物权。采取权利外观理论模型后，登记对抗主义就不仅在形式上，而且在实质上也加速了财产的流转。这主要体现在物权仅依意思表示而发生变动，虽然这种物权不能对抗善意第三人，但是这种物权在效力上仍区别于债权，没有正当权利的人以及交易中的恶意第三人都被排除在保护范围之外。

尽管不保护恶意第三人对交易安全产生了一定的影响，但是由于我国的登记对抗主义的适用范围有限，在这几种有限的适用范围中，不保护恶意第三人反而是一种有效率的选择。这主要是因为：（1）在登记制度越不完善的社会（登记的成本或者登记查询费用越高），就越应该让交易中的第三人负担较高的实质调查义务；反之则应该让第三人负担越低的实质调查义务。（2）在交易越不频繁或者交易越受限制的领域（潜在交易人数越少），就越应该让交易中的第三人负担较高的实质调查义务；反之则应该让第三人负担越低的实质调查义务。（3）越是在熟人社会中（实质调查的难度越小），就越应该让交易中的第三人负担较高的实质调查义务；反之则应该让第三人负担越低的实质调查义务。

第 3 章 不登记不得对抗第三人的客观范围

3.1 本章拟解决的问题

正如本书第 1 章所述,我国的登记对抗主义在实践层面遇到的难题是"不登记不得对抗善意第三人"的范围如何确定。对于这一问题,本书将分 3 个层次论述,本章讨论的就是其中的"不登记不得对抗第三人"的客观范围问题。

如果"不登记不得对抗第三人"存在一个客观范围,那么对于这个客观范围之外的第三人,当事人即使不登记也可以对抗之,即使第三人是"善意"的也不影响前述结论。那么这个客观范围存在吗?如果存在的话,那么哪些第三人属于这个客观范围之内呢?正如本书第 1 章"研究综述"部分所述,在我国的讨论中,常常争论的问题是"一般债权人"是否属于不登记不得对抗第三人的客观范围问题。本章也将此问题作为重点研究的问题。除此之外,本章还拟讨论其他并未纳入我国探讨视野的第三人。

3.2 比较法上的考察

3.2.1 "第三人"限制的抽象标准
一、"第三人限制说"与"第三人无限制说"之争

日本民法典第 177 条在"不登记就不得对抗第三人"的"第三人"之前未加任何限定语。然而，日本民法典第 177 条的前身，旧民法财产编第 350 条对"第三人"施加了明确限定，规定"不得对抗名义所有权人，就该物权施加负担者或从所有人处取得与该物权不相容之权利者"。因此，早期判例也有仿效旧民法采"第三人限制说"者，认为第 177 条所谓"第三人"是指对不动产本身享有特殊权利，因而对不动产之上的物权的得丧变更有利害关系的人，而与不动产本身没有任何关系的人，不应纳入"第三人"范围内。① 但以起草委员梅、富井为首的学者，反对日本大审院（当时的最高司法机关）这一判例，提倡"第三人无限制说"。于是在民法典制定初期，学说上倾向于作消极的文义解释②：除开特别法上的例外规定③，未取得登记的物权人除了当事人以及当事人权利义务的概括承继人（如继承人、有概括承继关系的法人），不能对抗任何第三人。依此解释，未登记的物权人甚至连侵权人都无法对抗。早期的判例亦不乏持上述无限制说的立场者。④

---

① 大判明治 36 年 5 月 16 日刑錄 9 輯 759 頁．
② 梅謙次郎．初版民法要義卷之二物權篇．東京：有斐閣，1896：17；富井政章．民法原論第二卷上冊物權上．東京：有斐閣書房，1906：60；橫田秀雄．改版增補物權法．東京：清水書店，1909：74 以下；川名兼四郎．物權法要論．東京：金剌芳流堂，1919：16 以下．
③ 例如原日本不动产登记法第 4 条（现第 5 条第 1 款）排除了通过欺诈或胁迫方式妨碍登记的第三人；第 5 条（现第 5 条第 2 款）排除了有义务为他人申请登记的人，如出让人的受托人、代理人等。
④ 大判明治 38 年 10 月 20 日民錄 11 輯 1374 頁；大判明治 40 年 12 月 6 日民錄 13 輯 1174 頁；大判明治 41 年 4 月 6 日民錄 14 輯 395 頁．

然而，明治 41 年（1908 年）日本大审院民事连合部作出了一个重要判决，从而改变了之后理论与实践的走向。该案案情是原告 X 主张从案外人 A 处获得了系争建筑物的所有权，但是没有登记，被告 Y 主张该建筑物为自己所建而获得了所有权。原审沿袭了之前判例和学说的观点，认为只要 X 没有登记，就不能对所有的第三人主张其所有权取得，于是判决原告 X 败诉。大审院认为如果被告 Y 的主张是虚假的，那么就不是有资格主张原告欠缺登记的第三人，于是将该案发回重审。该判决在不登记就不得对抗的第三人问题上首次采取了限制说，并提出了一个标准——"第三人"是"当事人及其概括承继人之外，就有关不动产物权的得丧变更，有正当利益主张登记欠缺的人"①。

尽管判例转向了限制说，但是学说一开始并不赞同这一转向。大正 4 年（1915 年），鸠山秀夫在《论和不动产物权的得丧变更有关的公信主义和公示主义》一文中对前述明治 41 年判决提出了反对意见，重申了日本自立法以来的无限制说的正当性。相比过去的无限制说仅仅是从文义解释的角度说明其正当性（被称为"消极的无限制说"），鸠山秀夫则积极从理论高度论证其正当性（被称为"积极的无限制说"）：一方面，他从明确日本登记制度功能的问题意识出发，认为不同于德国法，日本登记制度不具有公信力功能。而如果要将"可对抗第三人的有力的权利"，即物权赋予个人，必须满足不会对第三人造成损害这一条件，也就是根据公示制度进行公示。鸠山将这一要求根据德国法学称为"物权公示原则"。于是，未经由登记完成公示，就不得对抗第三人的民法典第 177 条，是基于"物权公示原则"要求"与绝对权的绝对效力相伴的理所当然的限制"。因此，不应将第 177 条的功能限定在保护交易安全，进而限制"第三人"的范围。如果坦诚地考察物权的性质、探究不动产登记制度的理想形态、仔细品读第 177 条的话，那么日本民法典第 177 条的立法宗旨不限于保护交易安全，还在于基于可对抗第三人的所谓绝对权的性质，应该广泛保护第三人。一言以蔽之，鸠山将第 177 条的功能诉诸物权的绝对效力，以及基于此的"物权公示原则"，由此采取了包含"善意恶意不问说"在内的"第三人无限制说"。另一方面，

---

① 大连判明治 41 年 12 月 15 日民录 14 辑 1276 页。

他认为不动产登记制度的理想是促进一切不动产物权变动关系都能在登记簿中有所反映，因此为了鼓励国民尽可能形成登记的交易习惯，就不应该对第三人的范围加以限制，从而作茧自缚。当时学界有人对无限制说的合理性提出了质疑，如有人认为连侵权行为人都属于不登记就不得对抗的第三人，明显不合理。对此鸠山秀夫博士也做出了回应，认为侵权的问题自有侵权法解决，不生问题。相反，即使是侵权行为人，就损害赔偿债务的履行，也有正当的利益。例如，A将不动产所有权转让给B，在未进行移转登记的时候该不动产被C所毁坏，如果我们允许未登记的物权人B可以对C主张损害赔偿，那么C有可能在误信A仍然是所有权人，对A进行损害赔偿之后，又受到B的求偿，从而被迫陷入双重清偿的危险。① 特别值得一提的是，我妻荣在这一时期亦支持无限制说。在这一时期，我妻荣继承了鸠山的解释论，并尝试借助公示的有无统一解决纠纷，将鸠山说进一步体系化。我妻认为，在不动产物权变动中，应当尽可能在对外关系中贯彻公示的原则，对外关系中的物权关系一律由登记划定。其结果是：(1) 所有的物权变动均需要登记。既然登记公示了不动产的现有状态，那么这就应当是有效的；(2) 在所有对第三者的关系中，"要求登记"② 和"公示原则"是第177条解释的"根本指导原则"，在此基础上，我妻认为"第三人无限制说"是正当的。因为在对外关系中整齐划一地处理物权变动的效力是日本民法在公示原则下应达到的理想状态。如果限制第三人的范围，势必会使对外关系中的物权关系进一步分裂，其结果也势必是越来越与公示原则背道而驰。③

然而，从大正10年（1921年）开始，学说上开始接受明治41年判决的立场，逐步开始转向限制说。首先是末弘严太郎公开支持明治41年判决④，认为"没有必要赋予没有正当利益的第三人主张登记欠缺的

---

① 鸠山秀夫. 不動産物権の得喪変更に関する公信主義及び公示主義を論ず//鸠山秀夫. 債権法における信義誠実の原則. 東京：有斐閣，1955：68.
② 我妻栄. 物権法 末弘嚴太郎編集代表（現代法学全集）21卷. 東京：日本評論社. 1929：7.
③ 我妻栄. 物権法 末弘嚴太郎編集代表（現代法学全集）21卷. 東京：日本評論社. 1929：44.
④ 末弘嚴太郎. 物権法上卷. 東京：有斐閣，1921：165.

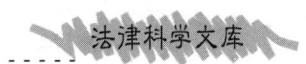

权利",该观点成为学说转向的契机。此后舟桥谆一开始系统地反驳无限制说的理由①,一方面认为登记制度的目的以及公示原则的初衷都是维护交易安全,将与交易安全保护无关的第三人排除在外,与登记制度的目的以及物权的公示原则并不矛盾;另一方面认为无限制说对于侵权行为人可能陷入双重清偿危险的顾虑是不必要的,因为日本民法典第478条规定了对债权的准占有者的清偿的规则,只要侵权人C对出让人A的清偿是善意且没有过失的,那么该损害赔偿之债就消灭了,不至于发生双重清偿。特别值得一提的是我妻荣此时也改变了之前的观点②,在基本赞同舟桥谆一观点的基础上,我妻承认当时的日本国情与将"所有不动产交易都反映在登记簿上的理想"相去甚远,而且,以借家法为首的特别法的制定更加剧了这一点,于是也倒向了限制说。

从此,越来越多的学说赞成限制说③,限制说成了学界的通说,直至今日。

二、明治41年连合部判决的标准

前述明治41年连合部判决就不登记不得对抗的第三人范围制订了一个重要标准——"第三人"是"当事人及其概括承继人之外,就有关不动产物权的得丧变更,有正当利益主张登记欠缺的人"④。有不少学说直接就将这一标准作为第三人限制说的依据。⑤ 但是,所谓"正当利益"虽然是一种潜在概念,但总是理所当然地应伴随着法律适用。如果不对其具体内容加以明确,则"正当利益"只是空洞化的概念。⑥ 因此,也

---

① 舟橋諄一. 登記の欠缺を主張し得べき「第三者」について//加藤正治先生還暦祝賀論文集. 東京:有斐閣,1932:639以下.

② 我妻栄. 物権法(民法講義Ⅱ)(改版). 東京:岩波書店,1952:86-87;我妻栄. 民法研究Ⅲ物権. 東京:有斐閣,1966:71.

③ 近藤英吉. 物権法論. 東京:明治大学出版部,1937:32以下;末川博. 物権法. 東京:日本評論新社,1956:116以下;杉之原舜一. 不動産登記法. 東京:一粒社,1938:79.

④ 大連判明治41年12月15日民録14巻1276頁.

⑤ 柚木馨. 物権法. 東京:青林書院,1960:193;末川博. 物権法. 東京:日本評論新社,1956:106.

⑥ [日]铃木禄弥. 物权的变动与对抗. 渠涛译. 北京:社会科学文献出版社,1999:5,10.

有不少学说在判例的基础上，做出了更加精细化的分析，提出了更加精致的判断标准，下文详述。

三、学说的限制标准

1. 末弘说

率先进行标准精确化努力的学者就是末弘严太郎[①]，末弘在整理前述明治41年连合部判决的基本主张的基础之上，提出了两个原则：（1）拟主张甲的物权变动欠缺登记的第三人，指的是下面这种情况：该第三人的权利与上述甲的物权变动的内容不能同时成立，如要肯定第三人的权利则在逻辑上必然否定甲的物权变动。所以，除非有其他实质上的理由，不具有这种权利者，不得主张甲欠缺登记。此外，虽然有这样的权利，但是有其他实质上的理由禁止以之对抗甲的情形亦然。（2）对物权侵害人请求排除侵害或者损害赔偿时，不要求权利人的物权必须登记。实质上的权利人，即被害人，可寻求其他办法证明自己的权利，由此证明受侵害的，可以请求排除侵害。侵害人不得以欠缺登记为由，否认请求人是物权人，即受害人。

2. 舟桥旧说

舟桥谆一进一步发展了末弘严太郎的理论[②]，认为不登记就不能对抗的第三人须满足如下三个要件：（1）该第三人在交易时信赖登记簿上所记载的状态；（2）该第三人有否认他人的权利的"法律上实质的利益"；（3）该第三人须为善意。上述三要件中，要求善意成为舟桥旧说的显著特征，也成为后世学说论争的导火索。

后来舟桥谆一又对上述三要件进行了若干修正[③]：（1）该第三人信赖登记的状态，并就该不动产拟取得某种物的支配关系；（2）该第三人有"法律上实质的利益"否认他人的权利，也就是说该第三人就否认他人的权利有现实中可以发挥的权益；（3）原则上将恶意第三人排除出第三人范围，但是当该恶意第三人的行为没有违反诚实信用原则时则不排

---

① 末弘厳太郎. 物権法上卷. 東京：有斐閣，1921：157以下；末弘厳太郎. 物権法上卷. 東京：有斐閣，1956：167.

② 舟橋諄一. 登記の欠缺を主張し得べき「第三者」について//加藤正治先生還暦祝賀論文集. 東京：有斐閣，1932：639以下.

③ 舟橋諄一. 不動産登記法. 東京：日本評論社，1937：72以下.

除。上述第三要件的修正最为瞩目。

3. 我妻说

我妻荣之前采无限制说,后来改采限制说,认为限制的标准是"就系争不动产处于有效交易关系中的第三人"①。但是对于该"有效交易说",有的学者认为过于抽象,何为有效交易不明确。② 而我妻荣博士最后也没有明确解释何为有效交易,对于第三人的范围问题实际上走向了具体类型化的道路。③

4. 对抗问题说

该说不是从第三人的角度来考察第三人,而是着眼于物权变动的角度。该说将物权变动分为和对抗问题相关的物权变动以及和对抗问题无关的物权变动。处于"和对抗问题相关"的物权变动中的第三人就理所当然属于不登记就不能对抗的第三人。但是关于哪些物权变动和对抗问题相关,学说上则存在不同的标准,例如:(1)只有在实体法上发生有效的物权变动时才存在对抗问题,如果没有有效的物权变动,或者根本就没有发生物权变动,当事人只是在主张物权本身的效力时,不产生对抗问题④;(2)至少在内部关系上相当于实质正当物权人者处于对立关系时,始生对抗问题⑤;(3)不能并存的物权间的优先效力问题属于对抗问题。⑥

5. 舟桥新说

舟桥谆一在《物权法》(法理学全集)中批判诸说⑦,认为"有正当利益的第三人"(判例)以及"有效交易关系中的第三人"(我妻说)等标准过于抽象,且易生歧义。另外,末弘说的第二原则可以被第一原则

---

① 我妻荣. 物権法(民法講義Ⅱ)(改版). 東京:岩波書店,1952:88.
② [日]铃木禄弥. 物权的变动与对抗. 渠涛译. 北京:社会科学文献出版社,1999:11.
③ [日]我妻荣,有泉亨. 新订物权法. 罗丽译. 北京:中国法制出版社,2008:163.
④ 石田文次郎. 物権法. 東京:有斐閣,1947:112以下.
⑤ 中川善之助. 不動産法大系Ⅳ登記. 東京:青林書院新社,1974:171.
⑥ 於保不二雄. 公示なき物権の本質//法学論叢. 1953.58(3). 15.
⑦ 舟橋諄一. 物権法(法律学全集). 東京:有斐閣,1960:180-182.

所吸收，而且第一原则体现了以下宗旨：不能并存的物权相互之间具有效力相争关系的第三人。舟桥进一步发展了自己的旧说，对第三人提出了如下标准：就物的支配具有相互争夺关系，且因为信赖登记而从事交易的第三人。

6. 铃木说

此后，铃木禄弥提出了一个全新的判断标准①：假定一种情况，如果物权变动中的前主 A 自身主张权利，那么第三人 C 或者 D 必须屈从于 A 的权利主张，在符合上述情况的前提下，物权变动的后主 B 即使不登记也可以主张与 A 相同的权利。这一见解的视角独特，但是在具体案件的适用结果上，和一直以来的判例和学说的差别则不大。

前述各说中，判例所采取的"正当利益说"和我妻荣所主张的"有效交易说"过于抽象，实际上只是为判例的类型化提供了一个大致的框架，难谓"判断标准"。"对抗问题说"将视角从不登记不得对抗的第三人的问题转换到不登记不得对抗的物权变动的范围问题，算不上一个独立的判断标准。末弘严太郎的学说和舟桥谆一的学说则可以说是一脉相承，将限制的标准定在"不能同时成立的两个权利"或者是"具有物的相互争夺关系的两个权利"，即当 C 的权利与 B 的权利无法共存，不是 C 的权利吃掉 B 的权利就是 B 的权利吃掉 C 的权利时，C 就是日本民法典第 177 条中所谓的"不登记不能对抗的第三人"。由于在他们的论述中均出现了"吃掉或者被吃"这样的通俗表达，因此铃木将之总结为"吃掉或者被吃说"②。

典型的符合"吃掉或者被吃"的情形就是所有权的二重让与：A 将其所有权让与给 B，没有登记，之后又让与给 C，此时 B 的所有权与 C 的"所有权"③ 就处于"吃掉或者被吃"的关系。不仅是在所有权的场

---

① 铃木禄弥. 物权法讲义. 东京：创文社，1994：233.

② [日] 铃木禄弥. 物权的变动与对抗. 渠涛译. 北京：社会科学文献出版社，1999：11.

③ 此时能否称为所有权取决于理论模型的选择，例如，如果以不完全物权变动说为理论模型，那么 C 所获得的权利也是所有权；而如果以公信力说中的权利外观说为理论模型，那么 C 在登记之前取得的权利就是特定物债权，只有在登记之后且满足善意等要件时，才取得所有权。

合，限制物权的场合亦然，例如将上例中 B 或者 C 的权利替换成抵押权或者地上权，那么这些权利在互相冲突的范围内，也处于"吃掉或者被吃"的关系。而且"吃掉或者被吃"关系也不仅限于物权之间，物权与债权之间也有可能存在这种关系。例如在所有权与租赁权的冲突关系中，A 将其所有权让与给 B，没有登记，之后又为 C 设定租赁权，如果 B 想否定 C 的租赁权，那么 B 与 C 就处于"吃掉或者被吃"的关系中。但是同样是上述案例，如果 B 不想否定 C 的租赁权，而只是想作为所有权人向租赁权人主张租金请求权，那么此时 B 与 C 的权利就没有不可调和的冲突，此时 B 与 C 的关系就并非"吃掉或者被吃"的关系。

"吃掉或者被吃说"的一个问题是将对抗的范围限制得非常狭小，乃至于很多实践中常常依据日本民法典第 177 条解决的问题，如果依据"吃掉或者被吃"说也会被排除在对抗的范围之外。典型的情形就包括上述的未登记物权人想主张租金请求权的情况，尽管 B 在主张租金请求权时，B 与 C 并不处在"吃掉或者被吃"的关系中，但是仍然要解决的问题是 C 能否以 B 欠缺登记为由否定 B 的租金请求权，这仍然是一个"对抗"问题。这一问题的讨论也是有意义的，因为如果法律允许 B 在欠缺登记的情况下也可以对 C 主张租金请求权，那么 C 将有可能陷入对 B 和 A（原所有权人）的双重清偿的危险中。这种情况在学理上被认为是"可并存的权利间的对抗问题"（"吃掉或者被吃说"的情形都是不能并存的权利）。这种"可并存的权利间的对抗问题"被称为"权利保护资格要件"问题。

除了上述"可并存的权利间的对抗问题"外，还有一种情形虽然也不属于"吃掉或者被吃"这种不能并存的权利冲突情形，但是实践中也常常依据日本民法典第 177 条解决的情形。典型的情况是，A 非法占据了 C 的土地，并在 C 的土地上建筑了建筑物，并且对该建筑物进行了登记，此后 A 将该建筑物移转给了 B，但是没有进行移转登记。在此案中，C 能否对 A 提起排除妨碍请求权，要求 A 拆除建筑物、腾出土地呢？本案乍一看似乎和日本民法典第 177 条没有关系，但是实践中常常会遇到的情况是，当 C 对 A 提起诉讼时，A 会抗辩自己已经并非建筑物的所有权人，C 应该对真正的所有权人主张排除妨碍请求权。而对于 A

提出的该项抗辩，C会反驳道，建筑物的登记名义人仍然是A，依据日本民法典第177条，不登记不得对抗第三人，A不能以未登记的所有权移转作为抗辩。这种类型的案件实际上和"吃掉或者被吃"这种争夺权利的对抗问题有本质的不同，在这种类型的案件中，登记并非主张权利的依据，而是承担责任的依据。对于这种类型的案件究竟是否适用日本民法典第177条是有争议的，但是如果采取适用日本民法典第177条的观点，那么对于"不登记不得对抗第三人"就应该解释为原权利人不进行移转登记就不能从责任中脱离，因此，对于这种类型的对抗问题，有学者称之为"责任免除资格要件"问题。①

前述符合"吃掉或者被吃"关系的权利间的冲突是最典型、最重要的对抗类型，被称作"狭义的对抗问题"。而"狭义的对抗问题"和"权利保护资格要件问题""责任免除资格要件问题"一起，被称作"广义的对抗问题"。

四、判例标准的固定化

尽管学说都从各自的角度出发，致力于第三人判断标准的精确化，但是却没有达成一致意见。与之相对，判例仍然沿用了前述明治41年连合部判决的立场——"有正当利益主张登记欠缺的第三人"。

此外，判例又在学说的影响下，发展出来了背信的恶意者排除的法理。日本最高裁和下级法院在大多数的案件中均采取了此种立场。② 而在这些判决中，常常使用的表达方式是："属于背信恶意者，故不属于有正当利益主张登记欠缺的第三人"。也就是说，随着背信恶意者排除的判例法的确立，"有正当利益主张登记欠缺的第三人"这一标准也进一步得到了稳固。③

---

① 当然，也有许多学者将之作为"权利保护资格要件"中的一种特殊类型，对此的介绍，参见［日］铃木禄弥. 物权的变动与对抗. 渠涛译. 北京：社会科学文献出版社，1999：21.

② 当然，也有例外。例如在地役权的案件中，判例采取的就是恶意者或者过失者排除的态度。最判平成10年2月13日民集52卷1号65页.

③ 吉原節夫. 登記がなければ対抗しえない第三者//舟橋諄一，徳本鎮. 新版注釈民法6. 東京：有斐閣，1997：571.

3.2.2 不登记不得对抗的第三人的具体类型①

（一）所有权取得人

无论是依据判例所确定的"正当利益说"还是依据学说上的"有效交易说"（我妻说）或者"吃掉或者被吃掉"（末弘说、舟桥说），所有权取得人是最典型的不登记不得对抗的第三人类型。值得注意的是，这里的所有权取得人不限于依据合同取得所有权的第三人（即下述三种受让人），还包括依据单方法律行为取得所有权的第三人、非依据法律行为取得所有权的第三人等各种情形。

1. 二重让与中的第二受让人

A 将其所有的不动产卖给 B，在没有登记的时候，又将该不动产卖给 C。此时 B 不能对抗 C。一旦 C 抢先进行移转登记，则 C 可以终局性地取得不动产所有权。②

值得注意的是，不仅当事人之间没有办理登记，第三人亦未办理登记时，权利优劣关系如何呢？就这一点学说上存在分歧。大多数学说认为双方均未登记的场合，双方的权利是平等的，处于互相不能对抗的地位。③ 判例亦持相同立场。④

但是也有学说有不同的意见。如依据公信力说中的权利外观说，第一次物权变动后权利就发生了转移，第二次的受让人 C 在没有登记前取得的仅仅是债权，也就是说双方均未登记时第一受让人的权利优先。再如依据法定得权失权说，第一次物权变动后权利就发生了转移，在第二次的受让人 C 登记前不发生法定得权的效果。

2. 信托让与中的受让人

信托让与在外部关系上被解释为和通常的让与相同，也发生所有权

---

① 以下类型化的总结框架主要参考了我妻荣教授（2008）、吉原節夫教授（1997）、松尾弘教授（2008）的论述结构。
② 大判明治 34 年 10 月 7 日民録 7 辑 9 号 23 页；大判明治 36 年 6 月 15 日民録 9 辑 734 页；大判昭和 9 年 5 月 1 日民集 13 卷 734 页.
③ 松尾弘，古積健三郎. 2008. 物権・担保物権法. 東京：弘文堂. 79.
④ 大判明治 43 年 1 月 24 日民録 16 卷 1 页；大判昭和 6 年 5 月 29 日民集 10 卷 361 页.

移转的效果，因此信托让与中的受让人也属于不登记就不得对抗的第三人。典型的情形是，从信托让与人 A 处买得系争不动产的 B，如果不登记，则不能对抗信托受让人 C。① 此外，日本判例也认为从信托受让人 C 处获得不动产的转得人 D 亦属于不登记就不得对抗的第三人。②

3. 让与担保物权人的受让人

A 是 B 的债权人，为了担保该债权，B 就其不动产为 A 设定了让与担保物权，并且进行了所有权移转登记。后来 B 清偿了对 A 的债务，由于债权消灭，让与担保物权亦消灭，A 应该再对 B 进行所有权移转登记。但是 A 却将该不动产卖给了 C，并进行了所有权移转请求权的预告登记。日本最高裁认为该案中的 C 也属于不登记不得对抗的第三人，B 不能对抗 C。③

4. 基于公权力的拍卖中的所有权取得人

国家机关所进行的拍卖中的买受人，包括基于强制执行的拍卖、基于担保物权实行的拍卖、基于租税滞纳处分的拍卖中的买受人，他们只要一交纳价金，就取得了标的物所有权。这种买受人也属于不登记就不能对抗的第三人。例如 A 将其不动产转让给了 B，在没有登记的时候该不动产被强制执行拍卖给了第三人 C，B 如果不登记就不能对抗 C。④ 当然后文还会具体探讨当 B 也是基于公权力的拍卖中的所有权取得人的情形。

5. 所有权复归人

例如 C 将其不动产转让给 A，在没有登记的时候该合同被解除，此后 A 又将该不动产转让给 B 的，B 不登记则不能对抗所有权复归人 C。⑤ 当然后文还会具体探讨 B 也是所有权复归人的情形。

6. 继承介入场合的取得人

正如后文会论述的，继承人并非"不登记就不能对抗的第三人"，但是从继承人处受让不动产的转得人属于"不登记就不能对抗的第三

---

① 大判昭和 4 年 4 月 12 日民集 8 卷 412 页。
② 大判大正 15 年 9 月 9 日评论 16 卷民法 745 页。
③ 最判昭和 62 年 11 月 12 日民集 8 卷 412 页。
④ 大判昭和 14 年 5 月 24 日民集 18 号 623 页。
⑤ 大判昭和 7 年 2 月 2 日法学 1 卷 6 号 777 页。

人"。例如，A（被继承人）将系争不动产让与给B，没有登记的时候A死亡，A的财产均被C继承，C将系争不动产转让给了D并办理了移转登记，在此案中B不能对抗D。理由在于，C作为A的继承人，法律地位被视为与A等同，因此从C处受让不动产和从A处受让不动产没有区别，D相当于二重让与中的第二受让人，所以也属于不登记就不能对抗的第三人。①

（二）他物权取得人

1. 地上权人

（1）A将其所有的不动产出让给B没有登记，A又在同一不动产上为C设定了地上权，B不能以其所有权对抗C的地上权，如果C办理了登记，那么B取得的就是一个附有地上权的所有权。（2）B取得的权利是其他用益物权的场合，处理方式亦同，此时B取得的用益物权在和C的地上权"不能并存"的范围内，B取得的用益物权被消灭。（3）B取得的权利是抵押权等担保物权的场合，处理方式相同，此时B取得的担保物权受地上权的制约。②

2. 抵押权人

（1）A将其不动产所有权出让给B，在没有登记的时候又在同一不动产上为C设定了抵押权，B不能以其所有权对抗C的抵押权。③ C如果进行了登记，那么在实行抵押权的时候B的所有权就被消灭。（2）A在其不动产上为B设定地上权，没有登记，后又在该不动产上为C设定抵押权，处理方法与（1）相同。④ （3）A在其不动产上为B设定抵押权，没有登记，后又在该不动产上为C设定抵押权，并为C进行了登记，则C的抵押权顺位优先于B的抵押权的顺位。

（三）"取得某种物的支配关系的债权人"

前述明治41年大审院民事连合部判决不仅提出了抽象标准——

---

① 大判明治41年10月27日民录14卷1052页；大判明治44年9月26日民录17卷511页。

② 吉原節夫．登记がなければ対抗しえない第三者//舟橋諄一，徳本鎮．新版注释民法6．東京：有斐閣，1997：187．

③ 大判昭和7年5月27日民集11卷1279页。

④ 東京控判明治41年10月9日新闻534号11页。

"有正当利益主张登记欠缺的人",并对第三人的范围进行了列举,其中就包括"对同一不动产进行扣押的债权人或者基于其扣押申请参与分配的债权人"①。尽管就前述的抽象标准而言,学说上作出了更加精细化的发展,但是单就"扣押债权人"和"参与分配债权人"这两种被列举的类型而言,判例和学说均采取了赞同立场。并且,之后的判例在此基础上推演出,性质上类似于扣押债权人或者参与分配债权人的债权人都属于不登记不得对抗的第三人,有学者将这种第三人总结为"具有某种物的支配关系的债权人"②,这也成为现行法中处理未公示物权与债权关系的判断标准,以下具体说明:

1. 扣押债权人

如前所述,扣押债权人属于大审院明文列举的不登记就不能对抗的第三人③,易言之,扣押债权人优先于未登记的物权人。此后最高裁也沿袭了此立场,例如在 A 将其所有的不动产转让给 B 却未登记的时候,国家对 A 施以租税滞纳处分,将该不动产扣押的案件中,最高裁就肯定了上述理论。④ 再如不动产的受遗赠人没有就该不动产登记的时候,最高裁也认为受遗赠人的物权不能对抗对共同继承财产申请了强制执行的债权人。⑤

学说认为扣押债权人属于典型的就系争标的物取得了直接支配关系的债权人,和未公示的物权取得人就物的支配形成了相争关系(扣押债权人必须通过否认未公示物权取得人的权利才能实现自己的权利),故没有争议地认为扣押债权人属于不登记就不得对抗的第三人。⑥

---

① 大连判明治 41 年 12 月 15 日民录 14 卷 1276 页。

② 吉原節夫. 登記がなければ対抗しえない第三者//舟橋諄一,德本鎭. 新版注釈民法 6. 東京:有斐閣,1997:573.

③ 大判明治 38 年 5 月 1 日民録 11 輯 647 頁;大判明治 40 年 7 月 30 日民録 13 輯 835 頁;大判大正 8 年 12 月 8 日民録 25 輯 2250 頁,等。

④ 最判昭和 31 年 4 月 24 日民集 10 卷 4 号 417 頁.

⑤ 最判昭和 39 年 3 月 6 日民集 18 卷 3 号 437 頁.

⑥ 舟橋諄一. 物権法(法律学全集). 東京:有斐閣,1960:190;[日]我妻荣,有泉亨. 新订物权法. 罗丽译. 北京:中国法制出版社,2008:166.

2. 参与分配债权人

如前所述，参与分配债权人也是明治 41 年连合部判决①明确列举的不登记不得对抗的第三人。学说上亦持相同意见。② 理由同上。

3. 破产债权人

日本一直以来的学说都将破产债权人与扣押债权人、参与分配债权人并列，认为一旦进入了债权的执行阶段，债权人都对标的物取得了物的支配关系（破产时理解为对破产人的所有财产均取得了物的支配关系）。③ 对此判例亦持赞同意见，认为即使是破产前的受让人，如果不登记，就不能以其所有权对抗破产债权人。④

4. 假扣押⑤、假处分⑥债权人

（1）假扣押债权人

日本判例对待假扣押债权人的立场与前述扣押债权人相同，认为假扣押债权人亦取得了物的支配关系，不动产的受让人如果没有登记的话，就不能对抗对该不动产进行了假扣押登记的不动产出让人的债权人。⑦

（2）处分禁止的假处分债权人

判例和多数学说都认为，即使所有权人在假处分前就受让了不

---

① 前揭大连判明 41 年 12 月 15 日民录 14 卷 1276 页.

② 舟桥谆一. 物权法（法律学全集）. 東京：有斐閣，1960：191；[日] 我妻荣，有泉亨. 新订物权法. 罗丽译. 北京：中国法制出版社，2008：166.

③ 松尾弘，古积健三郎. 物権·担保物権法. 東京：弘文堂，2008：105.

④ 大判昭和 8 年 11 月 30 日民集 12 卷 2781 页；名古屋高判昭和 29 年 1 月 18 日下民集 5 卷 1 号 36 页.

⑤ 日本民事保全程序的一种，为了实现债权人的债权，在强制执行之前确保债务人的责任财产，将债务人的财产扣押，类似于我国的财产保全。

⑥ 和假扣押一样，也是日本民事保全程序的一种，具体而言又有两种分类：第一种是为了保全债务人的财产而对系争物进行处分；第二种是为了避免对债权人的债权产生明显损害或者急迫的危险，而假定本件诉讼已经有了一个确定判决，而依据该假定的确定判决进行处分，类似于我国的先予执行。

⑦ 大判昭和 9 年 5 月 11 日新闻 3702 号 11 页；大判昭和 10 年 11 月 22 日判决全集 2 卷 1250 页.

动产，但如果没有登记，就不能以未登记的所有权对抗假处分债权人。①

少数说认为，假处分是限制债务人对他人的处分行为，性质上并不算"就该不动产取得了某种直接的支配关系"，故不属于不登记就不能对抗的第三人范围。②

5. 债权人撤销权人

依据日本民法典第 424 条提起债权人撤销之诉的债权人，严格来说只是为了将来的执行而保全责任财产，尚不能说对责任财产取得了某种支配地位，但是判例却认为这种债权人撤销权人也属于不登记就不能对抗的第三人范围。③ 学说亦赞同判例的观点，理由在于债权人撤销权是强制行为的准备行为，该制度的目的是将从债务人一般财产中脱离的财产复归原位，与扣押债权的目的相似，故债权人撤销权人可以与扣押债权人作相同处理。④

6. 租赁权人

所谓未登记的所有权取得人能否对抗租赁权人，实际上包含了两个子命题，即：（1）未登记的所有权取得人能否否认租赁权本身；（2）未登记的所有权取得人能否依据租赁合同主张租金的支付，或者解约、租赁物返还等权利？

（1）能否否认租赁权本身

未登记所有权人欲否认租赁权本身的存在时，通说和判例都肯定租

---

① 判例参见大判昭和 17 年 2 月 6 日法学 11 卷 9 号 980 页；最判昭和 30 年 10 月 25 日民集 9 卷 11 号 1678 页；学说参见我妻荣，有泉亨. 民法总则・物权. 东京：日本评论社，1950：88；於保不二雄. 物权法（上）. 东京：有斐閣，1966：135；金山正信. 物权法总论. 东京：有斐閣，1964：271；广中俊雄. 物权法. 东京：青林书院新社，1982：94.

② 舟桥谆一. 物权法（法律学全集）东京：有斐閣，1960：191；柚木馨. 判例物权法总论. 东京：有斐閣，1955：222.

③ 大判昭和 11 年 7 月 31 日民集 15 卷 1587 页.

④ 吉原節夫. 登記がなければ対抗しえない第三者//舟橋諄一，徳本鎮. 新版注释民法 6. 东京：有斐閣，1997：574 - 575.

赁权人属于不登记不得对抗的第三人范畴，其权利优先于未登记的所有权。[1] 例如，A 是不动产原所有人，B 是买受人，C 是租赁权人，如果根据日本民法典第 605 条、借地借家法第 10 条、第 31 条，C 所享有的不动产租赁权已经先通过登记等具备对抗第三人要件时，而 B 仍然没有就该不动产进行移转登记，则 B 不能否认 C 的租赁权从而请求交付租赁物，此时 C 属于不登记不得对抗的第三人。原因在于，租赁权虽然是债权，但是此时已具有某些物权性质（租赁权物权化），在上述场合可以看作是实质上就该不动产将要取得物的支配的情形，应认为未登记所有权人和租赁权人处于对抗关系之中。[2]

（2）能否主张租赁合同中的权利

未登记所有权人主张租赁合同中的权利时，判例认为，在请求租金的情形中，租赁权人应当理解为不登记就不得对抗的第三人。[3] 在未登记所有权人以借地权人长期未支付租金为由，催告支付租金，借地权人（根据借地借家法第 10 条已具备对抗要件）未予回应，未登记所有权人因此请求解约，让借地权人拆屋还地的情形，判例亦持相同立场。[4] 判例认为，本案借地权人，在其租赁土地上拥有已登记的建筑物所有权，因此，该借地权人属于就本案土地所有权的得丧变更具有利害关系的第三人，根据日本民法典第 177 条的规定，受让人就本案土地所有权的移转，非经登记，不得对抗借地权人。因此，也应该认为，非经登记，受让人也不得对借地权人主张出租人的地位。在登记之前，受让人（未登记所有权人）也不享有出租人的如下权利：以借地权人不支付租金为由解除租赁合同消灭借地权的权利。学说上则存在着分歧，有的观点支持判例的立场，理由在于：A 将其所有的不动产，让与给了 B，又对 C 设定了租赁权，在 A 对 B 作移转登记之前，A 又对 D 做了二重让与并办

---

[1] 通说参见吉原節夫．登記がなければ対抗しえない第三者//舟橋諄一，徳本鎮．新版注釈民法 6．東京：有斐閣，1997：575；判例参见大判昭和 6 年 3 月 31 日新聞 3261 号 16 頁．

[2] 舟橋諄一．物権法（法律学全集）東京：有斐閣，1960：189．

[3] 大判昭和 8 年 5 月 9 日民集 12 巻 1123 頁；大判昭和 16 年 8 月 20 日民集 20 巻 1092 頁．

[4] 最判昭和 49 年 3 月 19 日民集 28 巻 2 号 325 頁．

理了登记，此时如果认为 C 不属于不登记就不得对抗的第三人，那么 C 面临 B 和 D 都向 C 主张租金请求权时将非常为难。① 与之相对，亦有观点持相反立场，认为主张租金请求权的场合，是以物权取得者 B 承认 C 的租赁权的存在为前提的，故可以说此时就物的支配关系不存在争议，因此不存在对抗问题，此时的租赁权人不应属于可以主张登记欠缺的第三人。② 而对前面支持观点的回应，有的学者认为在租金支付对象确切性的问题上，可以另外诉诸侵权行为解决。③ 最终，在 2017 年日本债法修改时，判例所持立场被明文化，规定在日本民法典第 605 条之二④第 3 项之中。

3.2.3　不登记亦可对抗的第三人的具体类型⑤
（一）当事人的概括承继人
当事人的概括承继人和当事人具有相同的法律地位，不登记也可以

---

① 我妻栄．物権法（民法講義Ⅱ）（改版）．東京：岩波書店，1952：100．

② 舟橋諄一．物権法（法律学全集）．東京：有斐閣，1960：189；川島武宜．民法Ⅰ．東京：有斐閣，1960：169；鈴木禄弥．物権法講義．東京：創文社，1994：234．

③ 舟橋諄一．物権法（法律学全集）．東京：有斐閣，1960：190；於保不二雄．物権法（上）．東京：有斐閣，1966：141．

④ 日本民法典第 605 条之二（不动产出租人地位的移转）：具备前条、借地借家法（平成三年法律第九十号）第 10 条或第 31 条以及其他法令规定的租赁对抗要件的情形，让与不动产时，其不动产的出租人地位，移转至其受让人。

尽管有前款的规定，不动产让与人以及受让人，达成将保留出租人地位于让与人处及由受让人将该不动产出租给让与人的合意时，出租人地位不移转给受让人。在这种情形下，让与人与受让人或其承继人之间的租赁终止时，被保留在让与人处的出租人地位，移转给受让人或其承继人。

第一款或前款后段规定的出租人地位的移转，如果未就作为租赁物的不动产所有权的移转完成登记，不得对抗承租人。

依据第一款或第二款后段的规定，出租人地位移转给受让人或其承继人时，依第 608 条规定与费用偿还有关的债务以及依第 622 条之二第 1 款的规定与该款所规定的押金返还有关的债务，由受让人或其承继人承继。

⑤ 以下类型化的总结框架主要参考了我妻荣教授（2008）、吉原節夫教授（吉原節夫．登記がなければ対抗しえない第三者//舟橋諄一，徳本鎭．新版注釈民法 6．東京：有斐閣，1997．）、松尾弘教授（松尾弘，古積健三郎．物権・担保物権法．東京：弘文堂，2008．）的论述结构。

对抗。

1. 继承人

继承人是最典型的概括承继人，继承人具有和被继承人完全相同的法律地位。例如 A 将不动产让与给 B 之后，又对继承人 C 进行了生前赠与，在双方都没有登记的时候，A 死亡继承开始，C 虽然属于类似于二重让与中的第二受让人，却并非"不登记就不能对抗的第三人"。并且，即使 C 取得了登记，结论也相同。①

2. 继承财产法人

继承财产法人和被继承的继承人具有相同的法律地位，在和被继承人的受遗赠人的关系中，也并非不登记就不能对抗的第三人。②

（二）不动产登记法所除外的第三人

日本不动产登记法第 5 条明确规定了以下第三人不能主张登记的欠缺。

1. 通过欺诈或者胁迫手段妨碍登记申请的第三人（不动产登记法第 5 条第 1 款）

例如，A 将其所有的不动产抵押给 B 并向 B 借钱，后来 C 承担了 A 的债务并协议取得了该不动产所有权，但是 B 故意拖延 C 的登记手续并以自己的名义办理了登记。该案中，B 就属于妨碍登记申请的第三人，B 没有正当利益主张 C 的登记欠缺。③

2. 有义务为他人申请登记的第三人（不动产登记法第 5 条第 2 款）

主要指的是受托人、法定代理人、破产管理人等。例如，未成年人的法定代理人代理未成年人将不动产权利转让给他人。法定代理人有义务办理该不动产权利移转登记，但是却一直没有登记，等到未成年人成年，其法定代理权消灭后，又向受让人主张欠缺登记。在该案中，法定代理人就不是有正当利益的第三人。④

（三）实质的无权利人

前文所述明治 41 年日本大审院民事连合部判决就不登记亦可对抗

---

① 広島高判昭和 35 年 3 月 31 日高民集 13 卷 2 号 237 頁.
② 最判昭和 29 年 9 月 10 日民集 15 卷 513 頁.
③ 東京地判昭和 28 年 5 月 16 日下民集 4 卷 5 号 723 頁.
④ 相川簡判昭和 25 年 4 月 8 日民集 1 卷 4 号 524 頁.

的第三人的范围作出了列举，包括"就同一不动产欠缺正当权源"的第三人。学说上认为所谓没有正当权源的第三人（即实质的无权利人）主要包括如下几种类型：

1. 无效登记的名义人及其转得人

典型的情况包括：（1）伪造文书为自己设定抵押权的第三人①、因为登记错误而获得移转登记的第三人。②（2）从不当登记人处获得所有权的受让人③、从无权利人那里获得抵押权设定的第三人④、从虚构的地上权人那里受让地上权的第三人。⑤（3）从无权利人处获得权利的转得人的扣押债权人。⑥

2. 基于可撤销法律行为的受让人及其转得人

典型的情况包括：（1）基于虚伪表示获得权利的受让人⑦及其恶意转得人⑧；（2）基于错误意思表示的取得人，及其恶意转得人⑨；（3）基于欺诈行为的取得人及其恶意转得人。⑩

3. 抵押权消灭的抵押权受让人及其转得人

A对B享有附抵押权的债权，A将该债权转让给C，但是仅办理了抵押权移转登记，却没有通知B（即没有满足债权转让的对抗要件）。B在不知情的情况下对A进行了清偿，债权消灭抵押权亦消灭，

---

① 大判昭和6年4月24日評論20巻民訴418頁.
② 大判昭和10年11月29日民集14巻2007頁.
③ 大判大正3年10月2日刑録20巻1771頁.
④ 大判昭和12年8月28日民集16巻1373頁.
⑤ 最判昭和24年9月27日民集3巻10号424頁.
⑥ 大判明治42年10月29日新聞616号13頁.
⑦ 大判昭和5年4月17日新聞3121号11頁；最判昭和34年2月12日民集13巻2号91頁.
⑧ 大判明治42年1月26日民録15巻28頁.
⑨ 在2017年日本债法修改前，错误的法律效果是无效。基于错误意思表示的受让人及其转得人都构成实质的无权利人。持此立场的判例参见大判昭和6年4月2日新聞3262号15頁. 但2017年日本债法修改后，错误的法律效果变为可撤销，根据日本民法典第95条第4款的精神，仅基于错误意思表示的受让人及其恶意转得人构成实质无权利人。
⑩ 大判昭和8年2月28日法学2巻10号1234頁.

C成为实质的无权利人。B对C请求涂消抵押权移转登记，C不属于可以主张对抗力欠缺的第三人。① 当出现转得人D时，处理方式亦相同。②

4. 表见继承人的受让人及其转得人

不具备继承资格的人或者被废除继承权的人等实质上没有继承权的人，在进行了继承登记之后，将该继承财产转让给了第三人时，未登记的真正的权利人可以对抗该第三人。③ 此外，在共同继承的场合，共同继承人中的一个人暗自进行了单独继承登记，并将继承不动产转让给了第三人并完成了移转登记时，其他的继承人即使没有登记也可以对抗该第三人。④

5. 溯及的权利消灭人

典型的情形是，推定继承人⑤A继承的不动产被A的债权人C扣押，后来真正的继承人B提起推定继承人废除之诉并胜诉，推定继承人A对继承的不动产的权利溯及到继承开始时消灭，A的债权人C的扣押债权亦溯及地消灭，C成为实质的无权利人，即使B没有登记也可以对抗C。⑥

（四）侵权人

前文所述明治41年日本大审院民事连合部判决就不登记亦可对抗的第三人的范围作出了列举，包括"对同一不动产的侵权人"，此后的判例均沿袭了该立场。而日本的学说史上曾就这个问题展开了激烈交

---

① 大判大正10年3月12日民录27卷532页.

② 大判昭和7年7月23日新闻3449号14页.

③ 大判大正3年12月1日民录20卷1019页；大判昭和2年4月22日民集6卷260页.

④ 最判昭和38年2月22日民集17卷1号235页.

⑤ 在日本民法中，一般情况下继承开始时被推定为继承人的人被称为"推定继承人"，一般而言指的是法定继承中具有最优先顺位的人。但是当发现存在更优先顺位的继承人或者受遗赠人时，或者推定继承人自身因为具备日本民法典第891条规定的五项"继承失格"事由，或者根据日本民法典第892条、第893条被"废除"而失去继承人资格的时候，就不再是继承人。

⑥ 大阪高判昭和59年3月21日判夕527号108页.

锋。作为"第三人无限制说"代表人物的鸠山秀夫主张如果将侵权人排除出"不登记就不得对抗的第三人"的范围①，那么有可能让侵权人陷入双重清偿的危险。例如 A 将不动产所有权转让给 B，在未进行移转登记的时候该不动产被 C 所毁坏，如果我们允许未登记的物权人 B 可以对 C 主张损害赔偿，那么 C 有可能在误信 A 仍然是所有权人，对 A 进行损害赔偿之后，又受到 B 的求偿，从而被迫陷入双重清偿的危险。而作为"第三人限制说"代表人物的舟桥谆一教授则认为上述顾虑是不必要的②，因为日本民法典第 478 条规定了对债权的准占有者的清偿的规则，只要侵权人 C 对出让人 A 的清偿是善意且没有过失的，那么该损害赔偿之债就消灭了，不至于发生双重清偿。最终限制说成了通说，而侵权人也成为各种限制说均排除的第三人③，具体而言包括：

1. 导致不动产灭失、毁损的加害人

例如，因过失而采伐他人林木的人④、将他人财产误认为自己的财产而将之出售的人⑤、毁坏他人建筑物的人。⑥ 从原权利人处受让权利的受让人即使没有登记亦可以对抗上述第三人。

2. 不法占据人

例如，租赁合同终了后，承租人 C 没有将租赁物交还给出租人 A，出租人 A 将租赁物出租给了新的承租人 B，即使 B 没有登记，也可以代位 A 要求 C 返还租赁物，此时 C 不能主张 B 的登记欠缺。⑦

---

① 鳩山秀夫. 不動産物権の得喪変更に関する公信主義及び公示主義を論ず//鳩山秀夫. 債権法における信義誠実の原則. 東京：有斐閣，1955：68.
② 舟橋諄一. 登記の欠缺を主張し得べき「第三者」について//加藤正治先生還暦祝賀論文集. 東京：有斐閣，1932：639 以下.
③ 我妻栄. 物権法（民法講義Ⅱ）（改版）. 東京：岩波書店，1952：104；末川博. 物権法. 東京：日本評論新社，1956：111；林良平. 物権法. 東京：有斐閣，1951：80；川島武宜. 民法Ⅰ. 東京：有斐閣，1960：171；舟橋諄一. 物権法（法律学全集）. 東京：有斐閣，1960：198.
④ 大判昭和 2 年 2 月 21 日新聞 2680 号 8 頁.
⑤ 大判昭和 6 年 6 月 13 日新聞 3303 号 10 頁.
⑥ 大判昭和 12 年 5 月 20 日法学 6 巻 9 号 1213 頁.
⑦ 大判大正 9 年 11 月 11 日民録 26 巻 1701 頁.

值得注意的是，在不法占据人的当事人确定问题上（当出现实质的不法占据人和形式的不法占据人时），日本民法学界展开了激烈的探讨。例如，不法占据人B在A的土地上修建建筑物，并取得了初始登记，B将该建筑物转让给了C但是没有办理移转登记，A究竟应该对B（登记簿上的不法占据人）还是C（实质的不法占据人）中的谁主张排除妨害请求权或者损害赔偿请求权呢？日本有判例驳回了A对B的排除妨害请求权，认为应该以实际的不法占据人C作为物权请求权的对象。① 而学说上则存在不同意见，认为如果A不能依据登记确定应该对谁追究非法占据责任，而只能靠自己调查去发现所谓隐藏着的、真正的建筑物所有人，则显然不利于A权利的行使。相反，如果允许A对B主张非法占据责任，尽管对B而言有些不合适，但是B在向C转让建筑物时，是可以进行登记的，而且法律也期待其登记，可是B却怠于登记，因此让B承担由此造成的损失也是合理的。两相权衡，法律更应该保护A。②

（五）没有取得物的支配关系的债权人

1. 债权人代位权人

与前述债权人撤销权人不同，日本判例认为债权人代位权人行使的仅仅是债务人的权利，既然债务人自身不能以未进行变更登记而对抗权利取得人，那么债权人代位权人自然也不能对抗权利取得人，所以债权人代位权人不属于不登记就不能对抗的第三人范畴。③

2. 受托保管人

学说认为保管人不过是为了委托人的利益在保管寄存物，故难谓其就寄托物取得了物的支配，因此所有权人即使不登记也可以对抗受托保管人。④

（六）连环交易中的前手交易人和后手交易人

1. 前手交易人

不动产以A→B→C的顺序依次移转，都没有办理移转登记，登记

---

① 最判昭和35年6月17日民集14卷8号1396页.

② ［日］铃木禄弥. 物权的变动与对抗. 渠涛译. 北京：社会科学文献出版社，1999：14-15.

③ 大判明治43年7月6日民录16辑546页.

④ 舟桥諄一. 物権法（法律学全集）. 東京：有斐閣，1960：201.

簿上记载的所有人仍然是A。就B和C的交易而言，A不是能够主张B和C间的交易欠缺登记的第三人。原因在于A即使否认了B和C之间的物权变动，A也并不享有任何有效的权利。判例和通说均采此观点。①

2. 后手交易人

不动产以A→B→C的顺序依次移转，都没有办理移转登记，登记簿上记载的所有人仍然是A。就A和B的交易而言，C能够主张该交易欠缺登记吗？在此场合，C取得的权利是以B取得的权利为基础的，故C与B不存在就同一物的相争关系，所以C不属于不登记就不得对抗的第三人。② 判例亦赞同此观点。③

3.2.4 无意义的争论——"一般债权人"

请求金钱或者种类物给付的一般债权人是否属于不登记就不能对抗的第三人范围呢？就该问题，日本理论和实务界的观点也是几经变化。

明治41年连合部判决明确通过列举方式限定了不登记不得对抗的债权人范围："就同一不动产进行扣押的债权人或者就该扣押申请参与分配的债权人"，依据反对解释，单纯的一般债权人被该判决排除在第三人的范围之外了。此后判例的表述似乎可以解释为沿袭了该立场，"尚未扣押或者参与分配的单纯的债权人"不属于不登记不得对抗的第三人。④

学说上曾经存在肯定说和否定说的对立。肯定说认为一般债权人属于

---

① 判例参见大判明治43年7月6日民录16卷537页；大判明治44年6月20日民录17卷411页；学说参见川岛武宜. 民法 I. 東京：有斐閣，1960：172；我妻荣，远藤浩，児玉敏. 物権法. 東京：コンメンタール刊行会，1964：99；金山正信. 1964. 物権法総論. 東京：有斐閣. 283.

② 舟橋諄一. 物権法（法律学全集）. 東京：有斐閣，1960：202；川岛武宜. 民法 I. 東京：有斐閣，1960：172.

③ 大判昭和12年12月21日法学7卷4号532页.

④ 大判大正4年7月12日民録21輯1126页；大判昭和7年11月22日新聞3496号15；同时在大阪高裁昭和37年9月21日高民集15卷9号640页中，在债权让与的时候，判决也阐明了相同的立场。

不登记就不能对抗的第三人，理由包括：（1）一般债权人将包括债务人的不动产在内的一切财产都作为一般担保财产，故对于该不动产所有权是否移转，一般债权人有正当的利益关系。① （2）一般债权人即使扣押了不动产或者说就该扣押进行了参与分配，其债权也没有被特殊强化，故二者应作相同处理。② （3）类比以下情形：（情形一）未登记不动产让与人的一般债权人，在受让人尚未登记期间，可以基于其债权代位让与人进行保存登记③；（情形二）如果让与人进行了继承的限定承认，那么未登记的受让人就不能以其未登记的所有权对抗继承债权人。④ 由此可见，没有必要强行区别扣押或者参与分配的债权人和其他一般债权人。⑤

与上述肯定说相对，否定说认为一般债权人不属于不登记就不能对抗的第三人，理由包括：（1）单纯的一般债权人尚没有正当的理由主张登记的欠缺，肯定说的结论是对物权优先效力的破坏。（2）作为对上述肯定说理由（3）的反驳：就情形一而言，让与人的债权人之所以可以代位让与人进行登记，并非基于民法典第177条中的第三人的地位，而是基于债权人代位权；就情形二而言，继承的限定承认判例的结论，也只是作为限定承认的结果而承认的，并非从一般意义上论证一般债权人有资格否认受让人的权利。⑥ （3）是否有必要纳入第三人范围的决定因素应在于对系争不动产是否存在物的支配关系，从这一基本立场出发，一般债权人对于系争不动产没有任何物的支配关系，故其和未登记物权取得人不会发生对抗关系，也就不应纳入不登记就不得对抗的第三人范围。⑦ 在很长一段时间内，否定说占有多数地位。⑧ 于是我国诸多论著

---

① 末川博. 物權法. 東京：日本評論新社，1956：110.
② 我妻栄. 物權法（民法講義Ⅱ）（改版）. 東京：岩波書店，1952：99.
③ 大判昭和17年12月18日民集21卷1199頁.
④ 大判昭和9年1月30日民集13卷93頁.
⑤ 我妻栄. 物權法（民法講義Ⅱ）（改版）. 東京：岩波書店，1952：100.
⑥ 柚木馨. 判例物權法總論. 東京：有斐閣，1955：202.
⑦ 舟橋諄一. 物權法（法律学全集）東京：有斐閣，1960：199以下.
⑧ 川島武宜. 民法Ⅰ. 東京：有斐閣，1960：169；林良平. 物權法. 東京：有斐閣，1951：78；金山正信. 物權法總論. 東京：有斐閣，1964：281.

中都出现了日本"未登记的物权亦能对抗一般债权"的表述。①

然而现今学者一般认为上述争论是无意义的。我们可以举例说明：A 将其所有的不动产转让给了 B 但是却未登记，C 只是 A 的一般债权人，此时 C 尚未就该物取得物的支配，也不可能以 B 未登记为由否认 B 取得了该物权。从这个意义上说，我们或许可以表述为"未登记的物权可以对抗一般债权"。但问题是在上述阶段，实质上的争议尚未产生。理由在于：一方面，C 只是 A 的一般债权人，C 的债权指向的目标是债务人 A 的一般责任财产，只要 A 剩余的一般责任财产足以清偿 A 的债权，就没有必要否认 A 的该项物权变动，而一旦 A 的财产无法清偿其债务，C 可以申请 A 破产或者申请参与分配，那么 C 的身份就转化为破产债权人或者参与分配债权人。另一方面，即使 A 没有陷入破产，C 也可能无视未登记的物权变动，基于民事执行法将系争财产扣押，或者基于民事保全法将系争财产假扣押、假处分，于是 C 的身份就转化为扣押债权人或者假扣押、假处分债权人。因此，一般债权人和未登记物权人的权利优劣关系，实质上都会转化为前述扣押债权人、破产债权人等和未登记物权人的权利优劣关系。几乎想象不出债权人单纯基于一般债权人身份参与物权争议的情形。所以讨论一般债权人是否属于不登记就不能对抗的第三人，并非一个终局性的问题。②

3.2.5 现今仍存争议——"特定物债权人"

首先需要说明的是，在公示对抗主义立法例下，所谓的特定物债权人的范围是很狭小的。因为公示对抗主义立法例下，判例和通说认为只要依合意就能发生物权变动③，所以一般情况下债权的特定和物权的变动是同时发生的。因此，公示要件主义立法例下的特定物债权

---

① 孙鹏.物权公示论.西南政法大学 2003 年博士学位论文.188.

② 松尾弘,古積健三郎.物権・担保物権法.東京：弘文堂,2008：105-106；近江幸治.民法講義Ⅱ 物権法.東京：成文堂,2020：81-82.

③ 判例参见大判大正 2 年 10 月 25 日民録 19 輯 857 頁；最判昭和 33 年 6 月 20 日民集 12 巻 10 号 1585 頁；学说参见末弘厳太郎.物権法上巻.東京：有斐閣,1956：62-63；我妻栄,有泉亨.新訂物権法.東京：岩波書店,1983：60-61；川井健.民法概論Ⅱ・物権法.東京：有斐閣,2005：27.

人，在公示对抗主义立法例中绝大多数情况下已经是物权取得人了，此时产生的问题就是均未登记的两个物权取得人之间的权利优劣关系问题，而非特定物债权人和未公示物权人之间的权利优劣关系问题。实际上，公示对抗主义立法例下的所谓特定物债权人是一些很特殊的情况：一种情况是，当事人在合同中明确约定，物权的转移并非在合意产生时，而是在之后某个时点（如交付时或者登记时）才发生的情形。此时，当事人的特别约定的效力基于意思自治的原则应该予以肯定①，于是受让人成为特定物债权人而非物权人。另一种情况是，依法律强行性规定，在合意产生时尚不能发生物权变动，在之后的某个时点才发生。

那么这种"特定物债权人"是否属于不登记就不得对抗的第三人呢？对此问题各学说产生了分歧，而判例的立场亦模糊不清。

就学说而言：（1）前述肯定一般债权人属于第三人的学说，也当然地肯定了特定物债权人属于第三人。②（2）否定一般债权人属于第三人的学说中，有学说肯定特定物债权人属于第三人。有的理由认为特定物债权人有一个正当的期待，可以通过否认他人物权的设定或者移转而实现自己的债权③；有的理由认为在日本民法不承认物权行为独立性的大背景下，客观上很难区分物权取得人（典型的不登记不得对抗的第三人）和特定物债权人，故应相同对待。④（3）与之相对，否定一般债权人属于第三人的学说中，亦有学说否定特定物债权人属于第三人，认为即使是特定物债权人，只要是单纯的债权人，就不存在对该不动产的物的支配的争议关系，故不属于第三人。例如，B从A处受让了不动产所有权但尚未登记，C从A处取得了以不动产所有权让与为目的的债权，主张该说的学者认为，即使C否认了B的所有权，也不会直接对C的债权带

---

① ［日］近江幸治. 民法讲义2·物权法. 王茵译. 北京：北京大学出版社，2006：43.

② 我妻荣. 物権法（民法講義Ⅱ）. 東京：岩波書店，1952：99；末川博. 物権法. 東京：日本評論新社，1956：109－110. 近江幸治. 民法講義2物権法. 東京：成文堂，1998：82.

③ 柚木馨. 判例物権法総論. 東京：有斐閣，1955：198.

④ 松尾弘，古積健三郎. 物権·担保物権法. 東京：弘文堂，2008：103.

来消长影响，C的债权内容没有发生变化，故二者不产生对抗关系。①

就判例而言：(1) 考察日本最高裁的立场，在林木所有权转让的案件中，最高裁认为以林木所有权移转为目的的债权人，可以以其债权对抗其他受让同一树木所有权但未实施明认方法②的所有权人。③ 但是对该案的先例性意义，有学说提出了质疑。如有学者认为该案中所谓的债权人实际上已经是所有权人，该案并不能就特定物债权人问题得出一般性的结论。④ (2) 在下级裁判所的判例中，A从B处受让了农地赠与但是没有获得农地法许可，其身份只是特定物债权人而非物权人，判决认为其不属于民法典第177条的第三人。⑤

3.3 我国制度的建构

3.3.1 是否承认"广义的对抗"

前文已述，比较法上就"对抗问题"存在广义和狭义之分，狭义的对抗问题仅指"吃掉或者被吃"这种权利冲突下的权利优先问题，而广义的对抗问题不仅包括前述狭义的对抗问题，还包括"权利保护资格要件""责任免除资格要件"等问题。

---

① 舟橋諄一. 物権法（法律学全集）. 東京：有斐閣，1960：200；金山正信. 物権法総論. 東京：有斐閣，1964：282-283.

② 在日本，树木所有权转移的公示方法是所谓的"明认方法"，即在林场立标牌，或者在树上刻记号等。

③ 该案的具体情形是，丙购买林木并进行采伐，但是乙自称先于丙买受了该批林木，于是乙对丙提起了损害赔偿请求和被采伐木材剩余部分的交付请求，判例认定了乙缺乏明认方法的事实，认为"丙是否根据前述买卖合同取得了林木所有权姑且不论，即使认为丙不过是取得了林木所有权转移于自己的单独债权"，对于乙的取得而言，丙仍属于"对于欠缺登记有正当利益的第三人"。最判昭和28年9月18日民集7卷9号954頁.

④ 吉原節夫. 登記がなければ対抗しえない第三者//舟橋諄一，徳本鎮. 新版注釈民法6. 東京：有斐閣，1997：581.

⑤ 千葉地判昭和58年8月25日判時1100号137頁.

我国法理论中对此讨论甚少，但是从实践运行来看，就笔者搜索到的几个公开判例而言，均否认了广义的对抗问题也适用"不登记不得对抗第三人"规则。① 例如：A 公司是甲船所有权人，B 公司是甲船的光船承租人，该光船租赁权没有向船舶机关登记。后来 B 公司运营甲船过程中在 C 公司处加油，以甲船的名义在供油单上盖章确认，但是之后却没有付油款。C 公司向甲船的登记所有权人 A 请求付油款，理由是："甲轮在供油单上盖章确认，应视为 A 公司对供油合同的承诺，A 公司和 C 公司形成供油合同关系。A 公司与 B 公司的光租关系未经登记，依法不得对抗第三人，A 公司作为船舶所有人负有支付相应油款的义务。"判决认为："《船舶登记条例》对船舶所有权、抵押权和光船租赁权的取得、转移和消灭，均作了'应当登记，未经登记不得对抗第三人'的规定。该规定的含义，应当是船舶所有权、抵押权、光船租赁权等物权的取得、转移和消灭，应当登记；未经登记，在物权权属上不得对抗已经登记的第三人。该登记制度，是为了解决光船租赁等行为有多个时，哪一个是受法律承认和优先保护的问题，而非解决因船舶运营中形成的债权债务如何承担的问题。"② 根据该判决，"责任免除资格要件"问题与对抗问题是两个完全不同的问题，对抗问题应限于当多个权利冲突时，"哪一个是受法律承认和优先保护"，因此显然采取的是狭义的对抗问题的态度。

对于我国判例的该立场，笔者亦持赞同意见，理由在于狭义的对抗问题和"责任免除资格要件"问题、"权利保护资格要件"问题实属不同领域的问题，日本的判例和理论将这些问题均用日本民法典第 177 条解决是一种牵强的构造，日本学者自己亦承认这二者在适用范围和法律效果上存在差异。③ 笔者认为我国的对抗问题仅限于狭义的对抗问题，即解决的是权利冲突时的优先顺位问题。

---

① "唐山海达船务有限公司与海南国盛石油有限公司船舶燃油供应合同纠纷案"，海南省高级人民法院（2005）琼民再终字第 4 号民事裁定书；"郑某山诉黄某年、周某化海上人身损害赔偿纠纷案"，海口海事法院（2008）海事初字第 11 号民事判决书。

② "唐山海达船务有限公司与海南国盛石油有限公司船舶燃油供应合同纠纷案"，海南省高级人民法院（2005）琼民再终字第 4 号民事裁定书。

③ ［日］铃木禄弥.物权的变动与对抗.渠涛译.北京：社会科学文献出版社，1999：24-25.

3.3.2 是否限制不登记不能对抗第三人的客观范围

在《物权法》出台之前的《担保法》时代，我国司法实践中的观点是"第三人范围无限制说"，认为未经登记的抵押权与普通债权的法律地位是平等的。在抵押权存继期间，如果第三人对抵押物主张权利，使抵押物为第三人所占有时，抵押权人只能向抵押人请求损害赔偿。因为，抵押物未进行登记，抵押权人不能以享有抵押权为由，向第三人进行追索。抵押人转让抵押物取得对价时，抵押人可以就转让抵押物的价款行使物上代位权，而不能直接向第三人主张实现抵押权。抵押人就抵押物再次抵押时，登记顺序在后的抵押权人将优先于未登记的顺序在前的抵押权人就抵押物的交换价值受偿。抵押物一经登记，即可取得对抗第三人的效力，抵押物为第三人占有时，抵押权人有权直接向占有该物的第三人主张抵押权，任何第三人都负有不得侵害抵押权的义务。① 法函〔2006〕51号明确指出未登记的抵押权"对抵押权人和抵押人有效，但此种抵押对抵押当事人之外的第三人不具有法律效力"②，显然也采取第三人范围无限制说的观点。

---

① 李国光. 最高人民法院《关于适用〈中华人民共和国担保法〉若干问题的解释》理解与适用. 长春：吉林人民出版社，2000：228-229.

② 法函［2006］51号全文如下：

四川省高级人民法院：

你院川高法［2005］496号《关于对〈最高人民法院关于适用《中华人民共和国担保法》若干问题的解释〉第五十九条的理解与适用的请示》收悉。经研究，答复如下：

根据《中华人民共和国担保法》第四十一条、第四十三条第二款规定，应当办理抵押物登记而未经登记的，抵押权不成立；自愿办理抵押物登记而未办理的，抵押权不得对抗第三人。因登记部门的原因致使当事人无法办理抵押物登记是抵押未登记的特殊情形，如果抵押人向债权人交付了权利凭证，人民法院可以基于抵押当事人的真实意思认定该抵押合同对抵押权人和抵押人有效，但此种抵押对抵押当事人之外的第三人不具有法律效力。

此复。

最高人民法院

二〇〇六年五月十八日

而在同一时期，学说上则存在着争论。王利明教授在这一时期认为不登记不得对抗的第三人是"善意第三人"①，也就是说仅仅限制了第三人的主观要件，但是对于客观范围未加任何限制，并且认为这里的第三人应该包括"一般债权人"。而与之相对，反对观点则认为不登记不得对抗的第三人的客观范围也应该受限制，应该将"一般债权人"排除。②

而随着物权法制定以来，我国对于比较法的研究逐步加深。越来越多的学者开始参考日本的学说，崔建远教授就在论述中提及至少不登记也可以对抗的第三人包括以不正当手段妨碍登记的人、实质的无权利人，侵权人等。③ 王利明教授在这一时期也开始转变观点④，转而支持限制说，具体而言对于第三人的客观范围加了两点限制：一是"合法交易"中的第三人，二是"物权人"。可见他一方面将前述以不正当手段妨碍登记的人、实质的无权利人，侵权人等也排除出了保护范围之外⑤；另一方面将"一般债权人"也排除出了保护范围。

笔者认为，对第三人的客观范围采取限制说也成大势所趋，不仅比较法上采取了这一态度，我国的学说亦有转向此观点的趋势。至少以不正当手段妨碍登记的人、实质的无权利人，侵权人等明显没有正当利益的第三人被排除出了"不登记不得对抗的第三人"的范围之外，对于前

---

① 王利明. 物权法教程. 北京：中国政法大学出版社，2003：358-359.
② 车辉，李敏. 担保法律制度新问题研究. 北京：法律出版社，2005：68.
③ 崔建远. 物权法. 北京：中国人民大学出版社，2009：52.
④ 王利明. 物权法研究：下卷. 北京：中国人民大学出版社，2007：89，247，517，527.
⑤ 王利明教授认为："关于物权请求权的行使，由于根据登记要件主义没有办理登记不能产生物权，所以在不动产的转让中，受让人在没有办理登记的情况下，并不享有物权，即使已经交付不动产，但没有办理登记手续，也应当认为当事人享有一种合法的占有权，但不享有所有权。因而如果第三人侵害其占有，则其可以基于占有之诉请求保护，但不能基于物权的请求权来保护其权益。但根据登记对抗主义，由于未办理登记，受让人也已经取得物权，在其权利受到侵害的情况下，也可以行使物权请求权。"王利明. 关于物权法草案中确立的不动产物权变动模式. 法学，2005（8）：3-9.

述第三人，不登记也可以对抗。此外，具有准当事人地位的继承人①、交易的前手②以及后手③也当然不属于"不登记不得对抗的第三人"。但是对于"一般债权人"是否属于"不登记不得对抗的第三人"则存在着争论，对此问题，下文详述。

3.3.3 难点问题：未登记物权与"一般债权"的效力优劣

就不登记不得对抗第三人的客观范围而言，最受争议的问题莫过于该第三人是否包含"一般债权人"。但是在讨论应否包含"一般债权人"之前，有一个先行问题必须分析清楚——何谓"一般债权人"？

笔者考察了我国大陆、台湾地区，以及日本的相关论著，其中"一般债权"至少有如下三种不同外延的使用方式：

第一种"一般债权"：此处的"一般"系相对于附有担保物权的债权而言，即指无担保债权，其外延广泛，涵盖了特定物债权和种类物债权以及金钱债权。而且考虑此一般债权与其他权利的冲突时，一般预设的场景都是债务人破产的场合或者财产被扣押的场合。笔者称这种意义上的"一般债权"为"广义的一般债权"。

第二种"一般债权"：此处的"一般"系相对于特定物债权而言，强调对系争标的物上不存在买卖契约或者其他任何形式的特定物债权，仅仅是对债务人的一般责任财产享有债权，其外延大致指种类物债权以及金钱债权。其预设的权利冲突时的场景也是债务人破产的场合或者财产被扣押的场合。与上述第一种外延不同的是，排除了特定物债权。笔者称这种意义上的"一般债权"为"相对广义的一般债权"。

第三种"一般债权"：在债权的大范畴中排除有担保物权的债权、

---

① 例如A将某物让与给B之后，又对继承人C进行了生前赠与，在双方都没有登记的时候，A死亡继承开始，C虽然属于类似于二重让与中的第二受让人，但是却并非"不登记就不能对抗的第三人"。并且，即使C取得了登记，结论也相同。

② 不动产以A→B→C的顺序依次移转，都没有办理移转登记，登记簿上记载的所有人仍然是A。就B和C的交易而言，A不是能够主张B和C间的交易欠缺登记的第三人。

③ 不动产以A→B→C的顺序依次移转，都没有办理移转登记，登记簿上记载的所有人仍然是A。就A和B的交易而言，C取得的权利是以B取得的权利为基础的，故C与B不构成就同一物的相争关系，所以不属于不登记就不得对抗的第三人。

特定物债权、破产债权、扣押债权等，剩下的最普通、最具有一般性的债权。最典型的情形是债权人对债务人有金钱债权，而债务人尚未陷入破产，也不处于执行程序的情形。笔者称这种"一般债权"为"狭义的一般债权"。

我国大陆以及台湾地区提及"一般债权"，指的都是"广义"上的或者"相对广义"上的"一般债权"，但是在日本，所谓的"一般债权"指的是"狭义"上的"一般债权"。也就是说，在日本讨论"一般债权"是否属于"不登记不得对抗的第三人"，并非讨论债务人陷入资不抵债时，未登记的物权人与其他债权人的利益发生实质冲突的情形，而是讨论当债务人资信状况良好，尚未陷入破产窘境时，一个单纯的金钱债权人是否能够主张未登记的物权人其物权未登记的问题，其讨论的结果，自然倾向于两种：一种观点认为这种狭义的"一般债权人"没有正当利益主张登记欠缺，因为此时债务人明明有财产可以清偿其债权（日本曾经的通说）；另一种观点认为这是一种无意义的讨论，因为债务人尚未陷入破产，也没有进入参与分配程序，实践中几乎不可能在这一阶段就发生所谓的"一般债权人"的争议，因此是一个伪命题（日本现今的有力说）。① 但是，实质上我们所关心的诸如破产债权人、扣押债权人、参与分配债权人，在日本法中都是典型的"不登记就不能对抗的第三人"。因此，尽管我国常常有学者认为日本法中的主流观点将"一般债权人"排除在"不登记就不能对抗的第三人"的范围之外，从而获得"比较法上的经验"，认为我国也应该加以借鉴，但是实际上这是对日本法的一种误读，将原本日本法中的"狭义一般债权人"理解成了"广义的"或者"相对广义"的"一般债权人"，从而将大量在日本法中本应属于"第三人"范围的债权人排除出了"第三人"范围，典型的就是破产债权人、扣押债权人、参与分配债权人。②

---

① 参见本书 3.2.4。

② 值得注意的是，孙鹏教授在梳理日本文献资料时，已经意识到"一般债权人"与"取得某种物的支配关系的债权人"的不同，但是在论述我国一般债权人时，又认为大陆应该采取我国台湾地区王泽鉴教授的观点，强调不登记不得对抗的第三人范围应限于物权人。参见孙鹏．物权公示论，西南政法大学 2003 年博士学位论文．188-189．

尤其值得注意的是，这一误读现象不仅存在于对日本法的理解中，对于美国动产担保交易制度的理解亦如此。我国学者常常引用美国《统一商法典》第 9-201 条 (a)①，并将该条款中的"债权人"理解成前述"广义的一般债权人"，并由此得出种种推论，其中最重要的推论就是认为在美国，未登记（公示）的担保物权也具备担保效力，在破产程序中也可以优先受偿。但是实际上，第 9-201 条 (a) 在大多数情况下是被架空的，而真正起关键性作用的规则是第 9-317 条 (a) (2)。该条规定的是 lien creditor② 与未公示（主要是未登记）担保物权人的优劣关系，由于英语中 lien 可以被翻译成留置权，所以我国学者常常简单地将该条理解成解决未登记担保物权与留置权关系的规则。但是实际上，lien creditor 在美国法中是一个外延非常广的概念，其中就包括了破产管理人以及扣押债权人，这一点在旧版的美国《统一商法典》中是明文规定的。③ 新版的美国《统一商法典》虽然没有再明文列举 lien creditor 的范围，但是这并不意味着规则发生了变化。关于 lien creditor 的范围问题，现行美国《统一商法典》将之交由特别法或者州法解决。例如依据《美国破产法》中著名的"强臂条款"第 544 条 (a)，破产管理人在破产程序中仍然具有 lien creditor 的地位，可以无条件地撤销一切劣后于 lien creditor 的权利。而根据美国《统一商法典》第 9-317 条 (a) (2)，原则上未公示（主要是未登记）的担保物权人是劣后于 lien creditor 的，所以实际上在破产程序中，除购买价金担保物权外，未公示（主要是未

---

① 美国《统一商法典》第 9-201 条 (a) 规定："除另有规定外，根据当事人之间的约定条款，担保合同的效力可以对抗担保物的购买人和债权人。"

② lien creditor 很难翻译，在各种汉译本中有多种不同版本的译法，如"留置权人""质押债权人""lien 人"等。原因在于该概念在美国法中的含义极为宽泛，在我国法中没有严格的对应项。孙新强教授（2011）指出，该概念大致相当于我国的担保物权和部分强制措施的集合体。鉴于此，本书对于该概念不再翻译，直接采用原文。

③ 1987 年版的美国《统一商法典》第 9-301 条 (3) 对 lien creditor 进行了列举，包括"通过查封、扣押或类似方法对有关财产取得 lien 的债权人、全体债权人利益所作财产总让与中的受让与人（从让与作出时起算）、破产程序中的受托人（从破产申请提出时起算）或衡平法中的财产接收人（从任命时起算）"。

登记）的担保物权都会被无条件地撤销。因此，第 9 - 201 条（a）中的债权人应该理解为排除了破产债权人、扣押债权人等的债权人，实际上在范围上也类似于前述"狭义的一般债权人"[①]。就这一点，本书第 5 章会详述。

综上所述，"一般债权人"一词有不同外延的使用方式，我国大陆及台湾地区对该词取的都是"广义"或者"相对广义"的用法，但是在日本法和美国法中实际上取的是"狭义"的用法，因此，我国学者借鉴"比较法上的经验"，认为未登记的物权可以对抗"广义"或者"相对广义"上的"一般债权人"，这实际上是一种误读。

当然，仅论述至此尚不能证明在我国未登记的物权就不能在"广义上"对抗"一般债权人"。因为反对者会说，即使前述"比较法上的经验"错了，但是也并不意味着"正确的比较法上的经验"就一定可以适用于我国。那么要驳倒"未登记的物权可以对抗广义的一般债权人"的论点，就必须要考察该论点除了"比较法上的经验"外的其他实质性理由。

我国最早提出"未登记的物权可以对抗广义的一般债权人"的论点的学者是我国台湾地区著名民法学家王泽鉴教授，之后赞成该论点的学者也一般都是在引用王泽鉴教授的观点[②]，那么我们接下来就来分析王泽鉴教授的理论。王泽鉴教授提到了五点理由如下：

（1）就法律性质言，物权具有排他性，其效力恒优于债务人之一般债权，此为一项基本原则，动产抵押权既属物权，应优先于一般债权，实为当然之理，登记与否，并不影响其优先受偿效力，否则动产抵押权是否具有物权性，将因有无登记而不同，势将混淆法律体系。

（2）就文义言，对抗云者，系以权利依其性质有竞存抗争关系为

[①] 更精确地说，美国《统一商法典》第 9 - 201 条（a）中的"债权人"的范围又略广于前述"狭义的一般债权人"（即日本法中的"一般债权人"），因为这里的"债权人"包含了某些情况下的特定物债权人，就这一点本书 5.3.4 会详述。

[②] 例如高圣平教授、孙鹏教授均引用王泽鉴教授的观点论证"未登记的抵押权也可以对抗一般债权". 参见朱岩，高圣平，陈鑫. 中国物权法评注. 北京：北京大学出版社，2007：657；孙鹏. 物权公示论，西南政法大学 2003 年博士学位论文. 188 - 189.

前提,例如在同一标的物上有动产抵押权或质权时,始生对抗的问题。动产抵押权等依其本质即优先于债权,自不发生所谓对抗问题。

(3) 就立法史而言,依动产担保交易法立法理由书之说明,第五条规定系仿美国立法例而设。依美国动产抵押法及附条件买卖法,动产担保无论是否登记,其效力恒优于一般债权,故吾人之解释,与立法本意,并无违背。

(4) 就交易安全而言,论者有谓:动产抵押若未为登记,不具登记力,若承认其优先效力,则债务人之一般债权人,必遭不测之损害,殊非妥善。此为主张广义说者之主要理论根据,但详析而明辨之,亦难苟同。一般债权人之借与金钱,系信赖债务人之清偿能力,故应承担其不获清偿之风险。其既与动产抵押之标的物无法律上之直接关系,实不能承认其具有对抗动产物权之效力。一般债权人为避免遭受不测损害,应设定担保物权。

(5) 再就附条件买卖言,所谓第三人不应包括买受人之一般债权人,尤为明显。出卖人既仍为所有人,则当其基此资格行使权利,一般债权人何得主张而为对抗?债权人误信债务人所有的租赁权人不能仅因信赖买受人所占有之物为其所有物,即应受到保护,交易上的信赖危险,仍应由自己负担。①

就第(1)点理由而言,笔者认为有教条之嫌。以预设的"物权恒优先于债权"的理念作为公理,而没有考虑实质的利益关系。实际上,登记对抗主义本来对于物权与债权的效力体系就是一个冲击,即使认为未登记的抵押权优先于"广义的一般债权",这一冲击也是存在的,其效力仍然不同于公示了的物权。而且认为"动产抵押权是否具有物权性,将因有无登记而不同"云云也是有失偏颇的。因为即使未登记的抵押权不能对抗一般债权人,也至少可以对抗侵权人,其物权性仍然有所体现。既然如此,就不应该固守"物权恒优先于债权"的教条,而应在分析当事人之间的实质利益关系的基础上进行平衡取舍。

就第(2)点理由而言,笔者认为这是王泽鉴教授个人对"对抗"

---

① 王泽鉴.动产担保交易法上登记之对抗力、公信力和善意取得//王泽鉴.民法学说与判例研究(第一册).北京:中国政法大学出版社,2005:228-229.

的定义。从比较法上看，未登记物权与债权之间的对抗关系是对抗制度中的重要一环。例如在作为登记对抗主义立法例代表的日本，尽管有诸多理论界定何谓"对抗"关系，但是没有任何一个理论否定未登记物权与债权之间的对抗关系，即使有争论也仅限于"狭义的一般债权"是否属于第三人。

就第（3）点理由而言，前文已经证伪，此处不赘。

就第（5）点理由而言，笔者认为王泽鉴教授的该理由至多也只能解释所有权保留买卖的效力，而不能及于整个登记对抗主义模式的效力。原因在于，就法律结构而言，所有权保留的法律结构不同于动产抵押；就实质功能而言，所有权保留担保的是价金债权，参考美国的动产担保交易制度，赋予价金担保权人一定的优待也是合理的。当然，就这一点后文第5章讨论动产抵押权和所有权保留的效力顺位时还会详述。

就第（4）点理由而言，笔者认为该点涉及了问题的本质。不登记不得对抗的第三人是否包含"一般债权人"，实质上就是一个交易安全（动的安全）与意思自治（静的安全）的冲突问题，更进一步而言，实际上就是一个交易成本的分配问题。主张不登记不得对抗的第三人范围包含"一般债权人"，则意味着交易中的当事人要在更多的情形下承担信息登记成本（即登记的成本）；主张不登记不得对抗的第三人范围不包含"一般债权人"，则意味着交易中的第三人要在更多的情形下承担调查成本。王泽鉴教授认为"一般债权人之借与金钱，系信赖债务人之清偿能力，故应承担其不获清偿之风险"，实际上就是无条件地（即不考虑"善意恶意"）让作为交易中第三人的一般债权人承担交易中的调查成本。那么这种选择是一种有效率的选择吗？对此问题下文进行经济分析。

无条件地（即不考虑"善意恶意"）让作为交易中第三人的一般债权人承担交易中的调查成本，也就意味着交易中的一般债权人要尽到无限度的调查义务。本书第2章经济分析中的公式3，法律设定的最佳调查深度 X，取决于四个量，并且和这四个量有如下关系：和登记的成本 C_0 以及登记查询费用 C_1 成正相关关系，和潜在交易人数 Q 以及调查的难度系数 a 成负相关关系。只有在登记的成本 C_0 以及登记查询费用 C_1 很大，而潜在交易人数 Q 以及调查的难度系数 a 很小时，最佳调查深度

X才会非常大，只有在这种情形下才能近似地说"无条件地让交易中的第三人承担交易中的调查成本是一个有效率的选择"。本书第2章已述，在熟人社会中，潜在交易人数Q以及调查的难度系数a会很小，在这种情形下让交易中的第三人承担一定的调查义务是合理的。但是值得注意的是：一方面，即使在前述熟人社会中，也仅仅是让第三人尽到一定的调查义务（达到善意的程度即可），而非无限度的调查义务。另一方面，上述熟人社会导致潜在交易人数Q以及调查的难度系数a会很小的情况，也仅限于第三人是特定物交易人的情形。当第三人是一般债权人时，即使是熟人社会，也并不限制熟人社会中的个体与熟人社会外的个体进行交易，从而产生金钱债权，因此潜在交易人数Q并不受熟人社会的限制而保持一个很小的量，调查的难度系数a也会由于熟人社会外的个体成为潜在交易者而变大。因此，熟人社会导致交易中的第三人应该承担更多的调查义务的理论，其适用范围应限于第三人是特定物交易人的情形，当在交易中的第三人是一般债权人时并不适用。然而，当第三人是特定物交易人时，也仅仅只是让其承担有限度的调查义务（达到善意标准即可），那么当第三人是一般债权人时，就更没道理让其承担无限度的调查义务。相反，相较于特定物交易人，一般债权人更加有保护的必要，正如后文所述，应该不区分善意恶意，不登记就不能对抗。当然，前述一般债权人应限于一般债权人的权利与未登记物权人的权利产生冲突的情形，也就是说应该排除"狭义的一般债权人"，实质上包含的范围应该是破产债权人、扣押债权人、参与分配债权人。

另外需补充说明的是，尽管王泽鉴教授的理论在台湾地区的影响非常大，但是在未登记抵押权与一般债权的优先效力的问题上，王泽鉴教授的该理论并非通说。例如谢在全就持反对观点，认为应该从广义上认定不登记不得对抗第三人的范围，其中包括扣押债权人、参与分配债权人等，实质上和日本的通说和判例的观点近似[1]，再如，台湾地区的判例采取的也是广义说的观点。[2]

---

[1] 谢在全. 民法物权论（中）. 北京：中国政法大学出版社，2011：935 - 936.
[2] 王泽鉴. 动产担保交易法三十年//王泽鉴. 民法学说与判例研究（第八册）. 北京：中国政法大学出版社，2005：271.

综上所述,"一般债权人"的概念有"广义""相对广义""狭义"之别。比较法(限于日本和美国)上的经验是,仅仅在"狭义的一般债权人"的范围内,未登记的物权可以对抗之(实际上是一个没有意义的命题)。但是破产债权人、扣押债权人、参与分配债权人属于典型的不登记就不能对抗的第三人。我国不少学说受王泽鉴教授的影响,认为未登记的物权也可以对抗"广义的一般债权人",但是一方面该观点从法经济学上考虑显然是不效率的,另一方面该观点不仅和比较法上的经验相违背,而且即使在我国台湾地区也只是少数说。因此笔者认为,仅仅"狭义的一般债权人"属于不登记也可以对抗的第三人,破产债权人、扣押债权人、参与分配债权人属于不登记则不能对抗的第三人。

3.3.4 难点问题:未登记物权与"特定物债权"的效力优劣

上一节分析了"狭义的一般债权"、破产债权、扣押债权、参与分配债权与未登记物权的效力优劣关系,这些关系的共同特征是:权利冲突体现在对债务人一般责任财产的分配上,而下文将分析的是"特定物债权"与未登记物权的效力优劣关系,这一关系的特征在于,权利冲突体现在特定物的归属上。

正如前文所述,在登记对抗主义物权变动模式下,"特定物债权"的范围要狭小得多。物权仅依当事人的意思表示就发生了变动,所以一般情况下债权的特定和物权的变动是同时发生的。因此,登记要件主义立法例下的特定物债权人,在登记对抗主义立法例中绝大多数情况下已经是物权取得人了。当然,这说的都是大多数情况下,当然也存在一些例外。

在不考虑二重让与时,例如A与B约定A将某项物权转让给B,一般情况下,合同成立则物权就发生了移转,所谓特定物债权人是些很特殊的情况:一种情况是,当事人在合同中明确约定,物权的转移并非在合意产生时,而是在之后某个时点(如交付时或者登记时)才发生的情形。此时,当事人特别约定的效力基于意思自治的原则应该予以肯定,于是受让人成为特定物债权人而非物权人。另一种情况是,法律强行性规定在合意产生时尚不能发生物权变动,在之后的某个时点才发生。

而在考虑二重让与时，问题则非常复杂，与登记对抗的理论模型构造有关。例如 A 与 B 订立物权转让合同，在没有办理移转登记的时候，又和 C 订立物权转让合同，也没有登记。就 B 的法律地位而言，正如上一段所述，在不存在上述例外的时候，B 就已经是物权取得人了，而非特定物债权人。然而难点问题在于 C 的法律地位，这取决于采取哪一种对抗理论模型。由于 A 与 B 订立物权转让合同时，物权已经发生转移，那么当 A 再与 C 订立物权转让合同时，若采取不完全物权变动说或者公信力说中的限制的公信力说（半田说）时，C 取得了一个"没有对抗力的物权"，此时 B 与 C 的关系并非物权取得人与特定物债权人的关系，而是"没有对抗力的物权取得人"间的关系，C 的法律地位和 B 完全相同，处于互相不能对抗的关系；若采法定得权失权说或者公信力说中的权利外观说（筱塚说），只有在 C 取得登记等权利取得要件时，C 才是物权取得人，否则 C 只是特定物债权人，作为物权取得人的 B 的权利优先于作为特定物债权人的 C 的权利。由于日本的判例认为二重让与中 B 与 C 的权利效力相同，互相不能对抗[①]，所以一般认为日本的判例采取的立场是前者，即在二重让与中 C 也是物权取得人。

但是正如本书第 2 章所述，笔者认为我国的登记对抗主义应该采取权利外观理论模型。也就是说，二重让与中的第二受让人在未登记之前是特定物债权人。因此，笔者认为在我国的登记对抗主义构造中，未登记的物权人与特定物债权人之间的权利冲突是对抗问题中的一个重要类型。同时依据权利外观理论模型，未登记的物权应该优先于特定物债权。

而对比上一节所述的一般债权人问题，笔者的上述"未登记的物权应该优先于特定物债权"的结论也是自洽的。在一般债权人的问题中，未登记的物权优先于狭义的一般债权人，但是当狭义的一般债权人取得某种物的支配关系时，即成为破产债权人、扣押债权人或者参与分配债权人时，则未登记的物权不能对抗之。同理，特定物债权人也尚未取得某种物的支配关系，因此其权利应该劣后于未登记的物权，但是当特定物债权人取得了标的物的登记时，即因为取得了物的支配关系而转化为

[①] 吉原節夫. 登記がなければ対抗しえない第三者//舟橋諄一，德本鎭. 新版注釈民法 6. 東京：有斐閣，1997：576.

物权人时，则未登记的物权不得对抗之。

值得说明的是，笔者的上述结论尽管和日本的判例结论不相吻合，却和美国动产担保交易制度经验相符合，也与《担保制度解释》第54条第1项一致。当并不适用"正常交易中的买受人"规则时[①]，依据美国《统一商法典》第9-317（b），未登记（公示）的物权仅仅劣后于善意的（不知担保物权的存在）支付了对价且取得了标的物占有的买受人，依据该规定的反对解释，未登记（公示）的物权应该优先于未满足上述要件的买受人，即优先于特定物债权人。

3.3.5 难点问题：未登记物权与租赁权的效力优劣

从比较法上看，未登记物权与租赁权之效力优劣问题的争议点主要集中于两点：第一点是未登记物权人能否否认租赁权本身，例如对于原为A所有的不动产，B取得了其所有权，C取得了其租赁权，B在没有就该不动产所有权进行移转登记时，能否否认C的租赁权从而请求交付租赁物？第二点是能否主张租赁合同中的权利，例如对于原为A所有的不动产，B取得了其所有权，C取得了其租赁权，B在没有就该不动产所有权进行移转登记时，能否对C主张租金请求权？

前文已述，我国对于"对抗"的理解限于"狭义对抗"的范围内，也就是说只解决权利冲突时的优先效力问题，而不涉及"权利保护资格要件"问题以及"责任免除资格要件"问题。笔者对此亦持赞同意见，也就是说就第二点争议问题（租金请求权的问题）而言，笔者认为不应交由"不登记不得对抗善意第三人"制度解决，这本质上是一个表见债权人的问题，未登记物权人只要有证据证明其是真正的物权人，那么自然可以主张租金请求权，登记并非表明真实权利关系的唯一证据，至于若发生非债清偿的情形，则应该交由不当得利制度以及侵权责任制度解决。因此，笔者认为在我国讨论未登记物权与租赁权之效力优劣问题应限于上述第一点，即未登记物权人能否否认租赁权本身的问题。

这一问题的解决，和租赁权中的两项重要制度相关——"买卖不破

[①] "正常交易中的买受人规则"并不区分物权是否登记（公示），买受人的权利均优先，所以并非此处所谓的对抗问题。当然，这在本书5.3.4会详述。

租赁"① 与"抵押不破租赁"②。下文将依次就这两项制度展开论述。

首先是"买卖不破租赁"制度。当适用"买卖不破租赁"规则时，租赁权在很大程度上已经物权化，因此属于具有某种物的支配关系的债权，故租赁权人原则上属于不登记就不得对抗的第三人。但是问题在于：我国"买卖不破租赁"制度的适用要件和适用范围存在着争议。

就适用要件而言，争议在于是否租赁合同一订立，承租人的租赁权就有了优先于其后的物权的效力，抑或承租人要具备某种条件时才能取得这种类似于物权的地位？从比较法上看，德国的租赁权只有在租赁物被交付之后才取得这种物权性的地位③，而日本的租赁权只有在登记之后才能取得该种地位。④ 在我国《民法典》出台前，《合同法》第229条

---

① 有学者指出，"买卖不破租赁"这一概括并不精准：第一，所有权变动原因不限于买卖合同，还包括赠与合同等；第二，即使租赁权不具有对抗力，也不影响租赁合同的有效性，承租人可以依据有效的租赁合同请求让与人赔偿损失；第三，租赁权对抗的是所有权的转让，而非买卖合同。因此，更精准的表达可能是"让与不破租赁"。参见朱虎、张梓萱.买卖不破租赁：价值的确立、贯彻与回调.苏州大学学报（法学版），2022（3）：1：脚注1. 但"买卖不破租赁"是广泛使用的术语，本书从之。《民法典》第725条规定："租赁物在承租人按照租赁合同占有期限内发生所有权变动的，不影响租赁合同的效力。"

② 《民法典》第405条规定："抵押权设立前，抵押财产已经出租并转移占有的，原租赁关系不受该抵押权的影响。"《最高人民法院关于适用〈中华人民共和国民法典〉有关担保制度的解释》（法释〔2020〕28号）第54条第2项规定："动产抵押合同订立后未办理抵押登记，动产抵押权的效力按照下列情形分别处理：……（二）抵押人将抵押财产出租给他人并移转占有，抵押权人行使抵押权的，租赁关系不受影响，但是抵押权人能够举证证明承租人知道或者应当知道已经订立抵押合同的除外。"

③ 德国民法典第566条第1款规定："出租的住房在交给承租人后，被出租人让与给第三人的，取得人代替出租人，加入在出租人的所有权存续期间基于适用租赁关系而发生的权利和义务。"

④ 日本民法典第605条规定："不动产租赁已登记时，得对抗就其不动产取得物权之人及其他第三人。"值得注意的是，日本借地借家法第10条（借地权的对抗力）第1款规定："借地权虽未登记，土地上的已登记的建筑物属借地权人所有时，也可据此对抗第三人。"也就是说，该条对日本民法典第605条略作变通，本来土地租赁权未登记是不能对抗第三人的，但是土地上的建筑物的租赁权登记后，这种登记的效果可以及于土地，从而使土地租赁权也产生对抗第三人的效力，这样一来，即使土地租赁权本身未登记也无妨。第31条（建筑物租赁的对抗力）规定："建筑物的租赁虽未登记，建筑物已交付时，此后对就该建筑物取得物权者，产生其效力。"

的表述，对其适用条件未加任何限制，在"租赁期间"租赁权均有这种物权性的效力。这种规定是有问题的，因为"租赁期间"如果按照文义应解释为租赁合同存续期间，租赁物是否交付在所不问。而与此同时我国租赁权又没有登记制度。那么如果在整个"租赁期间"均贯彻"买卖不破租赁"的规则，将会导致一项完全没有公示的租赁权可以优先于其后发生的物权，这对于交易安全的损害是巨大的。因此，我国早有学者提出，应对《合同法》第229条的适用要件作限缩解释，以租赁物的占有为要件。[1]《民法典》第725条修改了《合同法》第229条的表述，将买卖不破租赁的适用要件限定在"承租人按照租赁合同占有期限"内，即租赁物交付使用期间。对此，笔者持赞同意见。

就适用范围而言，争议在于"买卖不破租赁"规则是适用于一切租赁权还是仅适用于不动产租赁权。从比较法上看，在日本法中，被物权化的租赁权限于不动产，例如日本民法典第605条规定："不动产租赁已登记时，得对抗就其不动产取得物权之人及其他第三人。"借地借家法也仅仅是对不动产租赁权的效力赋予了诸多优待，动产租赁适用买卖破租赁规则。但是在德国法中，动产租赁、土地租赁和房屋租赁均适用"买卖不破租赁"规则。依据德国民法典第566条第1款，已经交付的住房租赁权适用"买卖不破租赁"规则，而依据德国民法典第578条和第578a条，土地租赁权、非住房的房屋租赁权、船舶租赁权也适用前述规则。不仅如此，依据德国民法典第986条第2款，通过指示交付而发生物权变动的，动产租赁中占有动产的承租人可以用对于该被让与的请求权可主张的抗辩，对抗所有人。因此，综合来看，实际上德国法中并不区分动产和不动产，租赁权人取得占有后均优先于其后的物权取得人。我国台湾地区"民法"则直接在立法上对不动产和动产作出统一规定，明确两者均适用买卖不破租赁规则，第425条规定："出租人于租赁物交付后，承租人占有中，纵将其所有权让与第三人，其租赁契约，对于受让人仍继续存在（第1款）。前项规定，于未经公证之不动产租赁合同，其期限逾五年或未定期限者，不适用之（第2款）。"因此，就"买卖不破租赁"规则的适用范围而言，比较法上并无定论，适用于一

---

[1] 韩世远. 合同法学. 北京：高等教育出版社. 2010：457.

切财产的立法例和仅适用于不动产的立法例均有之。而就法理而言，常有论者谓，之所以赋予租赁权物权化的效力，是因为在房屋等不动产租赁关系中，承租人往往处于弱势，其基本生活往往和租赁权息息相关，一旦被"买卖"破除租赁权，承租人将有流落街头的危险。而动产往往价值较低，可替代物的余地也往往较大，因此没有适用"买卖不破租赁"的必要。① 笔者认为，上述论述虽有一定的道理，却也失之绝对。相较于动产而言，不动产确实有更强的理由适用"买卖不破租赁"的规则，但是这并不表明动产就不能适用该规则。价值巨大的动产不在少数，航空器、船舶、机动车以及机器设备的租赁往往关系到企业的正常运行，这些租赁关系的稳定性也难谓不重要。并且我国适用"买卖不破租赁"规则向来就不区分不动产和动产，目前并无证据表明就标的物的范围问题在司法实践中引发了问题。此外，租赁动产所有权的转让，必须通过《民法典》第227条规定的指示交付完成，让与人将租赁物返还请求权让与受让人的，承租人可以向受让人主张自身对让与人的抗辩，以保障其有权占有人的地位不至于因租赁动产物权变动而恶化。这与《民法典》第548条的债权转让抗辩延续规则的价值判断相一致。② 因此，最终在标的物范围问题上，《民法典》维持了《物权法》以来的立场，对动产租赁仍然适用"买卖不破租赁"规则。

其次，如前所述，我国法律体系中，不仅存在"买卖不破租赁"规则，还存在"抵押不破租赁"制度。"抵押不破租赁"制度与"买卖不破租赁"一样，都是对作为债权人的承租人的一种特殊保护制度，赋予了租赁权一定程度对抗第三人的效力。我国自《担保法》第48条和《担保法解释》第65条、第66条开始就确立了"先租后抵"时的"抵押不破租赁"效力和"先抵后租"时的"抵押破租赁"效力；《物权法》第190条也延续了《担保法》和《担保法解释》的立场，且基本以合同

---

① 戚兆岳．买卖不破租赁与《合同法》的完善：我国《合同法》第229条立法评析．法学杂志，2005（3）：109-111；张双根．谈"买卖不破租赁"规则的客体适用范围问题//王洪亮，张双根，田士永．中德私法研究（第1卷）．北京：北京大学出版社，2006：15.

② 朱虎，张梓萱．买卖不破租赁：价值的确立、贯彻与回调．苏州大学学报（法学版），2022（3）：20.

签订时间先后作为排序的依据。然而《民法典》第 405 条改变了这一立场，在判断抵押权和租赁权的排序时引入了租赁物的占有规则，这是为了弥补《物权法》第 190 条的什么漏洞？为何以占有作为抵押破不破租赁的关键点？并且与之前的规则相比，《民法典》第 405 条只写了半截话："抵押权设立前，抵押财产已经出租并转移占有的，原租赁关系不受该抵押权的影响"，但是"抵押权设立后"如何则只字未提，为何《民法典》留下如此巨大的信息空白？省略的部分应该如何解释？即使《民法典》通过后，最高人民法院新修正的司法解释与《民法典》规则的关系仍然不甚明了：如《担保制度解释》第 54 条在对《民法典》第 403 条进行解释时提到了租赁关系，其与《民法典》第 405 条是何关系？再如最高人民法院《关于人民法院民事执行中拍卖、变卖财产的规定》（2020 年修正，法释〔2020〕21 号，以下简称《拍卖、变卖规定》）第 28 条并未区分"抵押不破租赁"和"抵押破租赁"两种情形，那么其与《民法典》第 405 条的关系又应该如何协调？对前述问题的回答，同样是厘清未登记物权（这里是抵押权）与租赁权之间效力优劣的关键一环。

在前民法典时代，依据《物权法》第 190 条第 1 句的文义，判断抵押关系的时间点很明确，就在"抵押合同"签订时；而判断租赁关系的时间点在"抵押财产已出租"时，那么"抵押财产"出租的时间点是什么时候呢？因为租赁合同是诺成合同而非实践性合同，所以在没有特别规定的前提下，"已出租"时根据文义就应该是租赁合同签订时。① 因此，《物权法》第 190 条第 1 句可依文义解释为，如果租赁合同签订在抵押合同签订之前，则抵押不破租赁。

---

① 早年的法院判决一般均严格遵从法条的文义，按照租赁合同签订的时间确定"已出租"的时间点，例如谭世祺与张品松等侵权纠纷上诉案，广西壮族自治区贵港市中级人民法院（2011）贵民二终字第 33 号民事判决书；杭州某某星眼镜有限公司与郑某等返还原物纠纷再审案，浙江省高级人民法院（2013）浙民申字第 374 号民事裁定书。当然，近年来随着问题的逐步暴发，也有法院在《民法典》颁布之前就开始探索以承租人实际占有使用标的物的时间作为判断租赁开始的时间点，参见长沙旭辉物业管理有限公司、中国建设银行股份有限公司湖南省分行金融借款合同纠纷执行案，湖南省长沙市芙蓉区人民法院（2019）湘 0102 执异 71 号民事裁定书。

然而这种文义解释在司法实践中运行多年后发生了重大问题——以租赁关系架空抵押关系。例如，债务人A向银行B借款1 000万元，并将A的房产抵押给银行，于2017年1月1日签订了借款合同和抵押合同。此后债务人A长期拖欠借款且资不抵债，银行B行使抵押权申请拍卖抵押房产。此时第三人C出现声称自己是抵押房产的承租人，并拿出签订日期是2016年12月1日的租赁合同，租期20年，租金已付清，进而主张停止拍卖房产或者即使要拍卖房产也必须带租拍卖房产。此时法院是否应该支持C的主张呢？如果法院停止拍卖房屋，抵押权显然被架空；即使是带租拍卖房屋，拍得人还需要忍受承租人近20年的房屋使用期限，显然很难卖得出价格，抵押权也相当于被架空了。并且关键问题在于：租赁合同真的是2016年12月1日签订的吗？毕竟合同签订的真实时间只有合同当事人清楚，合同文本上的时间是完全可能是当事人倒签的。如果以合同文本上的签约时间决定抵押是否破租赁，则可能变相鼓励这种不诚信的倒签行为。但是如果法院不支持C的主张，则面临的难题是：目前证明合同签署时间的唯一证据就是合同文本，也没有相反证据证明合同文本上的签署日期是假的，所谓的"倒签"就是假设。难道要以单纯的假设否定唯一的证据？除非不以合同签订的时间作为判断租赁关系成立的时间，但是这又和《物权法》第190条第1句的文义相冲突。法院陷入两难境地。

除上述"以租赁关系架空抵押关系"的问题外，《物权法》第190条还存在一个漏洞：该条第1句规定"订立抵押合同前抵押财产已出租的"，第2句规定"抵押权设立后抵押财产出租的"。当抵押财产是不动产时，"抵押权设立后"相当于抵押登记后，所以针对不动产，该条漏掉了"抵押合同签订后抵押登记前抵押财产出租"的情形；当抵押财产是动产时，"抵押权设立后"相当于抵押合同签订后，但是该条只写了"该租赁关系不得对抗已登记的抵押权"，没提能否对抗"未登记的抵押权"，所以相当于针对动产也漏掉了"抵押合同签订后抵押登记前抵押财产出租"的情形。那么如何处理这种情形呢？依据前述《物权法》第190条第1句的反对解释，那么得出的结论就是：如果抵押合同签订在先则抵押破租赁。如此解释则会在实践中造成另一重大危害——纵容以抵押关系架空租赁关系。例如出租人A与长租公司B签订了20年的房屋租赁合同，长租公司B在签订租赁合同前已经做足了尽职调查，该房屋确实为A所有，且不动产登记簿上也没有记载任何他项权利。当长租公司B将租金全部付清后，第三人C出现主张自己是债权人并且A与C签订有该房屋的抵押合同，且依据该抵押合同办理了抵押登记。此后C主张A没有按期偿还债务，于是申请实现抵押权。该案从形式上看正是前文所述"抵押合同签订后抵押登记前抵押财产出租"的情形，然而实际上抵押合同签订的真实时间只有A和C知道。如果法院遵循前述结论，认为抵押可以破租赁，那么相当于在鼓励通过倒签抵押合同架空租赁关系。

之所以会出现上述一系列问题，根源在于：凡是以合同签订的时间点来进行权利的排序，不可避免地会引发一个道德风险——倒签合同。① 这一问题也是前民法典时代我国民事规则设计中的一种常见漏洞，那么如何填补这一漏洞呢？答案就是增加公示，以公示的时间点取代合同签订的时间点来进行权利排序。② 以公示的时间点进行权利排序相较于以合同签订的时间点进行权利排序来说有两大优势：一是公示所固有的功能——广而告之，从而让潜在的权利冲突者有一个合理预期，从而可以理性地做出商业判断；二是公示所衍生的功能——防范造假，因为已经对权利状态广而告之了，所以再想通过倒签或者其他方式制造权利假象则难上加难。那么公示的时间点应该如何选择呢？

对于不动产而言，抵押权的公示方式非常明确，只有可能是登记，并且由于我国历来对于不动产抵押采取的是登记生效主义，抵押权登记的时间点和抵押权设立的时间点是同一的。对于不动产而言，产生争议的是租赁权的公示方式的选择。在民法典编纂过程中，对于不动产租赁公示方式的选择存在两个方案的激烈争论：方案一是租赁物登记，方案二是租赁物占有。

我们先来看租赁物登记方案。这里有一个背景是，立法在讨论前述

---

① 黄薇．中华人民共和国民法典释义（上）：总则编·物权编．北京：法律出版社，2020：783．龙俊．民法典中的动产和权利担保体系．法学研究，2020（6）：22-42．

② 龙俊．民法典中的动产和权利担保体系．法学研究，2020（6）：22-42．

两个方案时，正值住房和城乡建设部推行房屋租赁登记备案制度之际。早在 2010 年，住房和城乡建设部就颁布了《商品房屋租赁管理办法》，其第 14 条规定："房屋租赁合同订立后三十日内，房屋租赁当事人应当到租赁房屋所在地直辖市、市、县人民政府建设（房地产）主管部门办理房屋租赁登记备案。"近年来中央一直强调租售同权、租售并举，因此住房和城乡建设部拟进一步在实践中落实房屋租赁的登记备案。虽然这一登记备案的初始目标并非为了公示，而是为了行政管理，但是客观上也可以起到公示的效果。并且由于登记机构不可能参与串通交易，所以只要登记了，登记的时间点必然是真实可靠的。这不正好解决了前述倒签合同的难题？于是不少学者顺水推舟，提出以租赁物登记备案的时间点作为租赁权的公示时间点，用这个时间点和抵押权登记的时间点做比较，从而决定抵押破不破租赁。① 登记方案备受金融机构的青睐，因为该方案便于金融机构查询并预防风险。金融机构在发放抵押贷款之前，查询住房和城乡建设部的登记系统，只要拟抵押房屋没有在先的租赁登记，则抵押权一旦登记，就不再可能出现抵押不破租赁的隐患。

然而登记方案也存在一个巨大的问题，那就是我国不动产租赁市场上的现实租赁登记率非常低。于是民法典编纂中必须要做一个法政策选择：是否有必要在租赁登记率如此低的现状下，强行以登记作为不动产租赁的公示方式。在民法典编纂的讨论中，赞成登记方案的观点会认为：(1) 现在登记率低不代表未来登记率也低，民法典规定以登记作为租赁的公示方式，正好可以倒逼希望获得"抵押不破租赁"制度保护的当事人去登记。(2) 登记率低的现状，与不动产租赁相关税收制度有很大关系，倒逼租赁当事人登记，有利于我国税收制度的落实。(3) 民法典中增设了很多前所未有的登记制度，如所有权保留、融资租赁、保理

---

① 常鹏翱. 先抵押后租赁的法律规制：以《物权法》第 190 条第 2 句为基点的分析. 清华法学，2015 (2)；房绍坤，纪力玮：论抵押权与租赁权冲突之解决：兼评"民法典物权编（草案）"第 196 条. 山东社会科学，2020 (2)：24 - 29。此外，也有观点应该区分租赁的期限长短，对 3 年以上的租赁权以登记为公示方法，参见陈明灿. 从博弈到共存：执行程序中租赁权的保护范围及限度：以善意执行视角下利益衡量论为视角. 法律适用，2020 (21)：94 - 104.

登记等,既然这些登记率为 0 的交易都可以以登记作为公示方式,只是登记率有些低的租赁制度不应该存在任何障碍。相反,反对登记方案的观点会认为:(1)在登记率如此低的现状下,强行以登记作为租赁的公示方式,会导致广大的没有登记的承租人不再受"抵押不破租赁"制度的保护。这些广大的承租人绝大部分都是普通老百姓,让老百姓遭受因出租人的商业行为而流离失所的风险,这样的制度设计恐引发民生问题。(2)即使以登记作为"买卖不破租赁"中租赁的判断时点,也不一定会起到督促出租人和承租人去登记的效果。毕竟出租人抵押房屋对于承租人而言只是小概率事件,但是因税收导致的租金上涨是实实在在的。[1] 指望承租人因担忧一个小概率事件而督促出租人去备案登记,进而承担租金上涨的成本,恐怕不太现实。预防偷逃税恐怕应该采取其他更有效的手段。(3)民法典中固然增设了很多前所未有的登记制度,但是这些增设的登记主要是面向商人的,如所有权保留、融资租赁、保理交易中可能需要通过登记方式公示权利的当事人主要都是商人,通过制度设计倒逼商人在民法典时代采取更加合规的方式预防风险,无可厚非。然而不动产租赁中的承租人,绝大部分是普通老百姓,倒逼普通老百姓适应规则的变化,否则就面临流离失所的风险,恐怕过于苛刻了。[2]

我们再来看租赁物占有方案:只有承租人先占有不动产,此后出租人将房屋为抵押权人办理抵押登记,承租人才受到抵押不破租赁制度的保护。[3] 由于承租人租赁不动产的目的就在于占有使用该不动产,所以租赁物占有方案没有给承租人带来任何新的负担,也不需要任何配套制度。对于承租人而言,唯一需要适应的改变就是,受抵押不破租赁制度

---

[1] 按照价格弹性理论,税收成本会在出租人和承租人之间进行分配。具体分配的比例取决于是卖方市场还是买方市场,如果是卖方市场,则承租人实际承担税收成本较高;如果是买方市场,则出租人实际承担税收成本较高。但是无论是卖方市场还是买方市场,导致租金上涨是必然的,差异只是上涨的多寡而已。

[2] 虽然整体上是小概率事件,但是对于遭遇到的当事人而言就是百分之百。

[3] 龙俊.论未登记物权与租赁权之对抗关系.河北经贸大学学报,2013(3):83-85;袁野."抵押不破租赁"之利益衡量与规则完善.商业研究,2019(12):145-152.

保护的时间起算点从"签订合同时"改为"占有不动产时"。然而只要是"真实的承租人",这一改变对其权利的影响微乎其微,但是却可以有效遏制倒签合同,避免"虚假承租人"架空抵押权。因此,租赁物占有方案可以说是以承租人付出极小的代价,实现了对整体交易安全的保护。

然而占有方案也存在着问题:占有作为一种公示方式在可靠性上不及登记。相较于完全无公示的方案,占有方案固然可以起到一定的公示效果,毕竟相较于合同,占有的外观还是具备可识别性的,且伪造占有的外观相比倒签合同要难得多。但是如何证明以及由谁来证明占有开始的时间却是一个难题。[①] 由于产生权利冲突的当事人是抵押权人和承租人,所以证明责任只能由这二者择一承担。如果证明责任由承租人承担,那么相当于要求承租人在入住时就要保留入住时间的证据,这就给承租人增加了负担。并且大多数承租人恐怕都非法律专业人士,要求他们具有保留证据的意识也太过苛刻。因此较为可行的方案是由抵押权人承担证明责任。由于这里只需要解决抵押权和租赁权的优劣问题,所以对于抵押权人而言,不用证明承租人占有标的物的确切时间,只要证明在办理抵押登记之际,标的物没有被承租人占有即可。这是具备操作可能性的,抵押权人可以通过拍照等方式留存证据,更谨慎一些也可以请公证机构公证。然而,这一方案遭到了金融机构的抵制,被认为增加了抵押权人的交易成本:如果采取登记方案则抵押权人只用在网上审查登记簿即可,而占有方案则相当于倒逼抵押权人在登记前要去现场看房。

由此可见,登记方案和占有方案各有利弊,相较而言,登记方案更多地将风险和成本交给承租人承担,而占有方案则更多地将风险和成本交给抵押权人承担。最终,民法典选择了占有方案,原因在于:(1)大多数情况下承租人是老百姓,而抵押权人大多是金融机构,至少也是经常从事商业活动的主体,两相比较之下,由规则适应能力和风险管控能力更强的抵押权人承担较多的交易风险和交易成本较为合理。(2)相较于登记方案而言,占有方案固然增加了抵押权人的交易成本,但是相较

[①] 这在登记方案中不会成为一个问题,登记簿中会当然记载登记时间,所以公示的时间是不证自明的。

于前民法典时代租赁权无公示的方案①而言，占有方案没有给抵押权人新增任何成本。因为在租赁权无公示的方案中，抵押权人没有任何办法规避"抵押不破租赁"的风险，而在占有方案中，抵押权人可以通过在登记之前看房这种方式规避该风险。尽管占有方案需要付出一定的成本，但是对于抵押权人而言却是多了一种选择。抵押权人如果对出租人足够信任，也同样可以选择无视这一风险，最糟糕的后果也就是和规则没改之前相同。与此同时，对于承租人而言，占有方案对其权利保护几乎没有任何不利影响。② 因此，占有方案相较于《物权法》第 190 条的规则可以说是一种帕累托优化。③ 但是相反，登记方案会导致原本没有登记的承租人不再受"抵押不破租赁"规则的保护，这会显著导致其权利减损，因此，登记方案不属于帕累托优化。（3）占有方案相较于登记方案对于抵押权人而言主要增加的成本就是看房成本，然而"房子是用来住的"④，虽然不排除其金融属性，但是居住使用的属性应该是其根本。因此在交易成本分配时，金融属性应该让位于居住属性，由主张发掘不动产金融属性的抵押权人一方承担看房成本，是符合我国政策导向的。

但与不动产租赁不同，动产租赁的公示方式只有可能是占有，这一点倒从来没有争议。然而，动产租赁中是否能够适用"抵押不破租赁"规则本身存在着和"买卖不破租赁"规则是否一体适用于动产一样的争议。具体论述可参见前文。结论是，动产租赁仍然应一体适用"买卖不破租赁"以及"抵押不破租赁"规则。

然而如果细读《民法典》第 405 条，会发现该条的表述似乎只说了

---

① 当然，在前民法典时代，司法实践中也已经有了一些填补租赁权公示方式的探索，参见长沙旭辉物业管理有限公司、中国建设银行股份有限公司湖南省分行金融借款合同纠纷执行案，湖南省长沙市芙蓉区人民法院（2019）湘 0102 执异 71 号民事裁定书。

② 唯一的变化对于诚实信用的承租人而言，谈不上不利益。

③ 所谓帕累托优化是指在没有使任何人境况变坏的前提下，使得至少一个人变得更好。占有方案相较于原方案至少没有让任何人的情况变得更差，因此是一种帕累托优化。

④ 2016 年年底中央经济工作会议首次提出"房子是用来住的，不是用来炒的"，由此确立了房屋使用价值的发挥是相关制度设计的首要考虑因素。

半截话:"抵押权设立前,抵押财产已经出租并转移占有的,原租赁关系不受该抵押权的影响",但是"抵押权设立后"如何则只字未提。前文说《物权法》第 190 条漏掉了"抵押合同签订后抵押登记前抵押财产出租"的情形,然而《民法典》第 405 条则是整个省去了"抵押权设立后"的规则内容。从《民法典》第 405 条对《物权法》第 190 条第 1 句的修改来看,其意旨应该是要填补该条漏洞的,那么为何在删除《物权法》第 190 条第 2 句后不作任何规定,留下如此巨大的信息空白呢?原因在于《民法典》第 405 条被省掉的后半段内容太过复杂且表述起来太过琐碎,与《民法典》简洁概括的语言风格不协调。且被省掉的内容从体系上看可以从《民法典》的其他部分规则解释出来,所以宜由司法解释和学理解释来补全。要理解这一点,我们需要知道为什么被省掉的内容会很复杂和琐碎,根本原因就在于我国就不动产抵押和动产抵押分别采取了登记生效主义和登记对抗主义两种物权变动模式。

对于不动产而言,由于采取了登记生效主义,所以抵押权设立的时间和公示的时间是同一的,因此只要解决了租赁权的公示时间问题,则抵押不破租赁的规则就完全确立了。正如前文所述,我国最终选择了占有作为不动产租赁的公示方式,因此不动产的抵押不破租赁规则可以解释为:(1)抵押权设立前,抵押财产已经出租并转移占有的,原租赁关系不受该抵押权的影响。(2)抵押权设立后,抵押财产才移转占有的,该租赁关系不得对抗抵押权。

对于动产而言,由于采取了登记对抗主义,所以抵押权在合同订立时就已经设立,但是还不具备对抗效力,要待登记完成后才能对抗善意第三人。于是问题变得很复杂,首先需要解释这里的善意第三人是否包含抵押物的承租人。如果善意第三人不包含抵押物的承租人,则动产中抵押不破租赁规则只要看抵押权设立(抵押合同签订)的时间和租赁物移转占有的时间孰先孰后即可。[1] 如果善意第三人包含抵押物的承租人,那么动

---

[1] 这一方案在形式上和前述不动产中的抵押不破租赁规则是相同的。因此如果采取这一方案,抵押不破租赁规则可以统一表述为:"抵押权设立之前,抵押财产已出租并移转占有或登记的,原租赁关系不受该抵押权的影响。抵押权设立之后,抵押财产出租的,该租赁关系不得对抗抵押权。"中国法学会提交全国人大常委会法工委的民法典物权编专家建议稿第264条即采取的此表述。

产中的抵押不破租赁规则就必须和抵押权的登记对抗规则作体系解释。

那么动产抵押中未经登记不得对抗的善意第三人是否包含抵押物承租人呢？我国曾有流行观点认为未经登记不得对抗的善意第三人指的是物权人，债权人不包含在内。依此观点，承租人并非物权人，故并非未经登记不得对抗的善意第三人范畴。然而，如果简单地对登记对抗中的第三人进行物债二分，将引发一系列问题。① 仅就承租人而言，如果将之排除出未经登记不得对抗的善意第三人范畴，则相当于在动产的抵押不破租赁规则中，完全不考虑抵押权的公示问题。这就又可能引发前文所述的"倒签抵押合同架空租赁权"的风险，交易安全问题仍然没有得到彻底解决。因此，承租人必须要纳入动产抵押登记对抗的框架内解释。

虽然无论是《物权法》第188条还是《民法典》第403条，均写的是"未经登记，不得对抗善意第三人"，但是这里的"善意第三人"在有的场合必须要作扩大解释，理解为"不区分善恶意的第三人"。例如在抵押人破产的场合，不可能有效率地对抵押人的破产债权人再做善恶意区分，只能理解为未经登记不能对抗一切破产债权人。② 但是在有的场合，又必须要遵从文义，区分第三人的善恶意。典型的情形就是担保物的买受人，只有"区分善恶意"才能使登记对抗制度与善意取得制度相协调。③ 那么本书讨论的承租人应该属于"区分善恶意的第三人"还

---

① 对此问题，笔者另有文章做体系性的阐述，此处不赘。参见龙俊. 中国物权法上的登记对抗主义. 法学研究, 2012 (5): 136-153; 龙俊. 公示对抗下"一般债权"在比较法中的重大误读. 甘肃政法学院学报, 2014 (4): 37-48; 龙俊. 物权变动模式的理想方案与现实选择. 法学杂志, 2019 (7): 21-30.

② 从比较法上看，美国《统一商法典》曾经区分破产债权人的善意恶意，但是由于这种区分造成实践操作过于烦琐，后来不考虑破产债权人的善意恶意，一旦进入破产程序，则未完备化（主要是登记）的担保物权都会被撤销。日本虽然也有少数学说主张应该在破产程序中区分善意的破产债权人和恶意的破产债权人，但是这种区分将造成极为烦琐的程序，因此未为通说和判例所采纳。可参见 Bradford Stone, Uniform Commercial Code in a Nutshell, 7th ed., Thomson/West, 2008, pp.535-537;［日］铃木禄弥. 物权的变动与对抗. 渠涛译. 北京: 社会科学文献出版社, 1999: 40.

③ 龙俊. 中国物权法上的登记对抗主义. 法学研究, 2012 (5): 136-153; 庄加园. 登记对抗主义的反思与改造：《物权法》第24条解析. 中国法学, 2018 (1): 207-224.

是"不区分善恶意的第三人"呢？从法解释学的角度看，忽略善恶意的解释属于目的性扩张，应有充足的实质性理由。在同一动产上不可能存在大规模的多数承租人，因此不存在类似于破产债权人的问题；同时这里的承租人也没有申请执行或者保全，因此也不存在执行公信力的问题。在法律地位上，这种单个的承租人与买受人类似，是具备区分善恶意的先天条件的。因此，承租人应当属于"区分善恶意的第三人"。同时，与买受人的场合相同，对承租人也应该先做善意推定，由主张承租人是恶意的抵押权人一方承担证明责任。这也是《担保制度解释》第54条第2项规定的由来。

因此，结合《民法典》第 403 条和第 405 条，以及《担保制度解释》第 54 条第 2 项，对于动产中的抵押不破租赁规则应作如下体系解释：(1) 抵押合同签订前，抵押财产已经出租并转移占有的，原租赁关系不受该抵押权的影响。(2) 抵押合同签订后抵押权未登记，或者虽然抵押权登记但是登记时间在抵押财产已经出租并转移占有之后的，要区分承租人的善恶意：如果承租人不知道且不应当知道存在在先的动产抵押权（承租人善意），则原租赁关系不受该抵押权的影响；如果承租人知道或者应当知道存在在先的动产抵押权（承租人恶意），则该租赁关系不得对抗抵押权。(3) 抵押权登记后，抵押财产才移交承租人占有的，该租赁关系不得对抗抵押权。(4) 抵押财产已经出租但并未转移占有的，承租人也未申请法院保全或者执行的，无论抵押权是否登记，该租赁关系均不得对抗抵押权。

综合前述动产和不动产中的抵押不破租赁规则会发现，只有"抵押权设立前，抵押财产已经出租并转移占有的，原租赁关系不受该抵押权的影响"这一部分可以合并同类项，后续的规则需要区分设计且极度复杂而琐碎，这也就是《民法典》第 405 条只写半截话的由来。

前文为了表述方便，讨论抵押权和租赁权冲突的两种不同法律后果时，均直接使用《民法典》中"原租赁关系不受该抵押权的影响"的表述或者《物权法》中"该租赁关系不得对抗抵押权"的表述。但是这二者究竟为何意前文没有展开，下文详述。

(一)"原租赁关系不受该抵押权的影响"

"原租赁关系不受该抵押权的影响"比较好理解，即租赁关系可以约束抵押权人，即使抵押权人行使抵押权时也不例外。依据《拍卖、变卖规定》第 28 条："拍卖财产上原有的租赁权及其他用益物权，不因拍卖而消灭"，也就是说，在法院采取拍卖措施实现抵押权时，必须要"带租拍卖"。那么以此类推：抵押权人申请法院变卖抵押财产时，也必须要"带租变卖"；抵押权人和抵押人协议以抵押财产折价，或者以拍卖、变卖抵押财产所得的价款优先受偿的，无论谁是最终的财产所有权人，也都必须要忍受财产上的原租赁关系。

值得讨论的是，这里的"原租赁关系"是否包含续租期间？如果在不动产抵押权设立前或者动产抵押权取得对抗效力之前就完成了续租交易，这里的续租期间属于"原租赁关系"范畴自不待言。有疑问的是，在不动产抵押权设立后或者动产抵押权取得对抗效力之后才完成续租交易，这里的续租期间是否还属于"原租赁关系"？传统民法理论认为续租属于租赁期限的变更，并不丧失债的同一性[①]，由此推论续租期间仍然属于"原租赁关系"；近来亦有学者认为，续租情形仅在出租人和承租人二者之间维持债的同一性，对于第三人而言续租期间"无异于新的租赁关系"[②]。笔者赞成第二种观点，原因在于：如果将续租期间仍然认定为"原租赁关系"，则会破坏抵押权人的合理预期。正如前文所述，抵押权人如果担心出现"抵押不破租赁"的风险，则有必要在办理抵押登记时确定抵押财产的占有状态并就此事实承担证明责任。如果抵押财产上存在租赁权，抵押权人自然应该承受此风险。但是对于抵押权人而言，这一风险也应该是有限度的，他即使做了最完美的尽职调查，也只能预测到仅在剩余的租赁期间存在"抵押不破租赁"的风险，不可能苛责其对未来不确定的续租期间也承担风险。因此笔者认为，在不动产抵押权设立后或者动产抵押权取得对抗效力之后才完成续租交易，这里的续租期间则不属于"原租赁关系"，不能对抗抵押权人。

（二）"该租赁关系不得对抗抵押权"

在表达抵押权优先于租赁权时，《物权法》第 190 条采取了"该租

[①] 黄立.民法债编各论：上册.北京：中国政法大学出版社，2003：328.
[②] 常鹏翱.先抵押后租赁的法律规制：以《物权法》第 190 条第 2 句为基点的分析.清华法学，2015（2）：42-58.

赁关系不得对抗抵押权"的表述,但是该表述的确切含义理论上存在分歧。《民法典》第 405 条在形式上省略了租赁权优先时的规则,但是正如前文所述并非该规则不存在。《担保制度解释》第 54 条第 2 项在表达租赁权优先时用的表述是"租赁关系不受影响",在表达抵押权优先时用的是"除外"二字,易言之就是租赁关系要"受影响",但是受的是什么影响也没有明写。

　　曾经的《担保法解释》第 66 条规定:"抵押人将已抵押的财产出租的,抵押权实现后,租赁合同对受让人不具有约束力。"以现在的眼光看,该条对抵押权和租赁权的排序规则还有待精确,但是在"先抵后租"时抵押财产受让人不受租赁合同约束的规范意旨还是很明确的。最高人民法院《关于审理城镇房屋租赁合同纠纷案件具体应用法律若干问题的解释》(2020 年修正,法释〔2020〕17 号)第 14 条规定:"租赁房屋在承租人按照租赁合同占有期限内发生所有权变动,承租人请求房屋受让人继续履行原租赁合同的,人民法院应予支持。但租赁房屋具有下列情形或者当事人另有约定的除外:(一)房屋在出租前已设立抵押权,因抵押权人实现抵押权发生所有权变动的;……"该规则的修订已经在《民法典》生效后,所以该规则中"房屋在出租前已设立抵押权"的表述不精确,应该根据《民法典》第 405 条解释为"房屋在出租并移转占有前已设立抵押权"。但是该规则中如果抵押权优先则受让人不受租赁关系约束的意思也是很明确的。

　　然而在学理上,有观点认为"该租赁关系不得对抗抵押权"并不能简单地解释为受让人不受租赁关系约束。原因在于抵押权作为一种担保物权,其目的在于标的物的交换价值而非使用价值,这二者并非任何场合都发生冲突。如果被担保主债权的数额并不大,即使带租拍卖标的物所获得的价款即足以偿还主债权,此时就没有必要打破原租赁关系;只有在带租拍卖标的物所获得的价款不足以偿还主债权时,才有必要除去租赁关系,让受让人不受租赁关系约束。[①] 这一观点具有相当的合理性,

---

　　① 高圣平. 担保法论. 北京:法律出版社,2009:357;程啸. 论抵押财产出租时抵押权与租赁权的关系:对《物权法》第 190 条第 2 句的理解. 法学家,2014(2):48-60.

可以体现物尽其用的原则，最大限度地实现了抵押权人和承租人二者的权利平衡，笔者赞成这一思路。《拍卖、变卖规定》第 28 条中规定："拍卖财产上原有的租赁权及其他用益物权，不因拍卖而消灭，但该权利继续存在于拍卖财产上，对在先的担保物权或者其他优先受偿权的实现有影响的，人民法院应当依法将其除去后进行拍卖。"这里的"对在先的担保物权或者其他优先受偿权的实现有影响的"就可以做如上解释：租赁关系的存在不影响抵押权实现的，带租拍卖；租赁关系的存在影响抵押权实现的，不带租拍卖。

当然，这一学理解释思路在实现时，仍有一个重要细节需要讨论，如何确定租赁关系的存在是否影响抵押权的实现呢？可以肯定，租赁关系的存在必然会导致标的物价值的贬损，关键在于贬值后的标的物在执行中能否偿还被担保的主债权，而这一点在真正执行之前恐怕是无法预估出来的。因此，一个具有操作可行性的方法是先"带租拍卖"，底价就是被担保主债权，如果流拍则再"除去抵押权"转为"不带租拍卖"[①]。根据《拍卖、变卖规定》第 22~25 条，民事执行中的拍卖是有次数限制的，通常情况下是 2 次拍卖机会，特殊情况下有 3 次拍卖机会，这些机会都是不考虑冲突权利下的正常拍卖机会。但是如果为了确定租赁关系的存在是否影响抵押权的实现而进行了"带租拍卖"，并将这次拍卖计入了前述拍卖次数之内，则相当于减少了抵押权人的正常变价机会。因此，"带租拍卖"的这一次拍卖应算作额外的一次拍卖，其功能在于确定是否"对在先的担保物权或者其他优先受偿权的实现有影响"，不应计入正常的拍卖次数之内。

综上所述，当标的物是不动产时：(1) 抵押权设立前，抵押财产已经出租并转移占有的，原租赁关系不受该抵押权的影响。(2) 抵押权设立后，抵押财产才移转占有的，该租赁关系不得对抗抵押权。

当标的物是动产时：(1) 抵押合同签订（抵押权设立）前，抵押财产已经出租并转移占有的，原租赁关系不受该抵押权的影响。(2) 抵押合同签订（抵押权设立）后抵押权未登记，或者虽然抵押权登记但是登

---

① 程啸. 论抵押财产出租时抵押权与租赁权的关系：对《物权法》第 190 条第 2 句的理解. 法学家，2014 (2)：48-60.

记时间在抵押财产已经出租并转移占有之后的,要区分承租人的善恶意:如果承租人不知道且不应当知道存在在先的动产抵押权(承租人善意),则原租赁关系不受该抵押权的影响;如果承租人知道或者应当知道存在在先的动产抵押权(承租人恶意),则该租赁关系不得对抗抵押权。(3)抵押权登记后,抵押财产才移交承租人占有的,该租赁关系不得对抗抵押权。(4)抵押财产已经出租但并未转移占有的,承租人也未申请法院保全或者执行的,无论抵押权是否登记,该租赁关系均不得对抗抵押权。

关于抵押权和租赁权冲突的法律后果:

所谓"租赁关系不受该抵押权的影响",指的是抵押权实现后无论谁是抵押物的受让人均要忍受原租赁关系的存在,此时不区分"租赁关系的存在是否影响抵押权的实现",在执行程序中则一概应采取"带租拍卖"或者"带租变卖"的方式。

所谓"该租赁关系不得对抗抵押权",要区分"租赁关系的存在是否影响抵押权的实现":(1)如果租赁关系的存在不影响抵押权的实现,则抵押物受让人要忍受原租赁关系的存在;(2)当且仅当租赁关系影响抵押权的实现时,除去租赁关系。可以通过"带租拍卖"的方式确定"租赁关系的存在是否影响抵押权的实现",并且这次"带租拍卖"不计入正常的拍卖次数。

抵押权登记和租赁物交付的先后顺序的证明责任由抵押权人承担。

3.4 本章小结

在我国讨论"不登记不得对抗的范围"应限于"狭义的对抗问题",即解决的是权利冲突时的优先顺位问题,而不应包括"权利保护资格要件""责任免除资格要件"等问题。对第三人的客观范围采取限制说已成大势所趋,笔者认为以下种类的第三人不属于"不登记就不能对抗的第三人"(即使不登记也可以对抗)应该没有争议,包括:以不正当手段妨碍登记的人、实质的无权利人、侵权人、继承人、交易的前手以及后手。

而"一般债权人""特定物债权人""租赁权人"的问题则比较复杂。

就"一般债权人"而言,其概念有"广义""相对广义""狭义"之别。比较法(日本和美国)上的经验是,仅仅在"狭义的一般债权人"的范围内,未登记的物权可以对抗之(这实际上是一个没有意义的命题)。但是破产债权人、扣押债权人、参与分配债权人属于典型的不登记就不能对抗的第三人。我国不少学说受王泽鉴教授的影响,认为未登记的物权也可以对抗"广义的一般债权人",但是一方面该观点从法经济学上考虑显然是不效率的,另一方面该观点不仅和比较法上的经验相违背,而且即使在我国台湾地区也只是少数说。因此笔者认为仅仅"狭义的一般债权人"属于不登记也可以对抗的第三人,破产债权人、扣押债权人、参与分配债权人属于不登记就不能对抗的第三人。值得说明的是,这一结论和本书第 5 章即将阐述的动产担保交易中的特殊规则形成了统一,也与《担保制度解释》第 54 条的规定相一致。

就"特定物债权人"而言,其是否属于不登记就不得对抗的第三人,取决于采取哪种登记对抗理论模型。本书第 2 章已经论证了我国的登记对抗理论模型应该采取权利外观说,故"特定物债权人"不属于"不登记就不能对抗的第三人"范围,未登记的物权也优先于"特定物债权"。值得说明的是,这一结论和本书第 5 章即将阐述的美国《统一商法典》第 9-317 条(b)规则形成了统一,也就是说,在笔者构建的制度框架中,就"特定物债权人"的问题,一般规则和动产担保交易中的特殊规则形成了统一。

就"租赁权人"而言,其是否属于不登记就不能对抗的第三人,取决于"买卖不破租赁"与"抵押不破租赁"规则的适用条件和适用范围,只有适用该规则时,"租赁权人"才属于不登记就不能对抗的第三人。笔者认为该规则仅在租赁权人取得租赁物占有时才适用,因此已经占有租赁物的租赁权人属于"不登记就不得对抗的第三人";而未占有租赁物的租赁人就不属于"不登记就不得对抗的第三人"。易言之,租赁权与物权的效力顺位取决于租赁物的交付和物权的登记何者在前,只要租赁物的交付在物权的登记之前,则无论物权的设定在租赁权设定的前或后,租赁权均优先于物权。

综上所述：(1) 不登记不得对抗第三人的客观范围之外的第三人包括：以不正当手段妨碍登记的人、实质的无权利人、侵权人、继承人、交易的前手以及后手、"狭义的一般债权人"、特定物债权人、尚未取得租赁物占有的租赁权人等。(2) 除开上述第三人，其他第三人都属于不登记不得对抗的第三人的客观范围之内，主要包括：1) 物权取得人，包括所有权取得人和各种他物权取得人；2) "取得了某种物的支配关系"的债权人，包括破产债权人、扣押债权人、参与分配债权人、取得了租赁物占有的租赁权人等。

第 4 章　不登记不得对抗第三人的主观要件

4.1　本章拟解决的问题

正如本书第 1 章所述，我国的登记对抗主义在实践层面遇到的难题是"不登记不得对抗善意第三人"的范围如何确定。对于这一问题，本书将分三个层次论述，本章讨论的就是其中的"不登记不得对抗第三人"的主观要件问题。

上一章讨论了"不登记不得对抗第三人"的客观范围问题，对于这个客观范围之外的第三人，当事人即使不登记也可以对抗之，即使第三人是"善意"的也不影响前述结论。本书称之为"绝对可对抗的第三人"。本章研究的问题就是：(1) 对于这个客观范围之内的第三人，依照"不登记不得对抗善意第三人"的文义，如果原则上是需要区分这种第三人的"善意"或者"恶意"的，区分的标准是什么。(2) 是否存在某些例外，即使是这个客观范围之内的第三人，也不用区分这种第三人的"善意"或者"恶意"，不登记就不能对抗这种第三人。本书称之为"绝对不可对抗的第三人"。（3）"不登记不得对抗善意第三人"制度和善意取得制度是什么关系。

4.2 比较法上的考察

4.2.1 "背信恶意第三人"排除规则的确立过程
一、学说的确立

正如前文所述，日本民法典第177条在"不登记就不得对抗第三人"的"第三人"之前未加任何限定语，于是在民法典制定初期，学说上倾向于作消极的文义解释[①]：除开特别法上的例外规定[②]，未取得登记的物权人除了对当事人以及当事人权利义务的概括承继人（如继承人、有概括承继关系的法人），不能对抗任何第三人。在"第三人无限制说"占通说的时代，由于对第三人的范围完全不加限制，所以通说也就当然不问第三人的"善意恶意"，一律不能对抗。

但是即使在"第三人无限制说"占通说的时代，亦有学者主张"恶意者排除论"。最早在解释论上提出应区分第三人的善恶意的学者是冈村玄治[③]，其理论着眼点有二：（1）支持前述明治41年判决的立场，并

[①] 梅谦次郎．民法要义卷之二．东京：有斐阁，1896：17；横田秀雄．改版增补物权法．东京：清水书店，1909：76以下；富井政章．民法原论第二卷上册．东京：有斐阁，1914：61；川名兼四郎．物权法要论．东京：金刺芳流堂，1919：16以下．

[②] 例如日本不动产登记法第5条（不得主张未登记的第三人）第1项规定，通过欺诈或胁迫方式妨碍登记申请的第三人不得主张欠缺该登记，第2项规定有义务为他人申请登记的人（如出让人的受托人、代理人等——笔者注），不得主张欠缺该登记。但是，该登记的登记原因（是指成为登记原因的事实或者法律行为，下文亦同。）发生于自己的登记的登记原因之后时，不在此限。

[③] 冈村玄治．民法百七十七条二所谓第三者ノ意义ヲ论シ债权ノ不可侵性排他性二及ブ．法学志林．17卷6号、7号（1915年）．

进一步深化该判决的思想，认为从日本民法典第 177 条的立法目的出发，应将恶意者排除在第三人的范围之外；具体来说，冈村认为，立法者之所以设置第 177 条，就是为了避免使第三人遭受难以逆料的损害，而恶意第三人不可能遭受意料之外的损害，因此，可以说恶意第三人本就不包含在 177 条所谓的"第三人"范围中。从贯彻立法目的的角度出发，应该将恶意第三人排除在外。① （2）从和日本其他法律制度的体系协调性出发（如日本民法典第 94 条第 2 款就将"恶意"第三人排除在保护范围之外），主张"恶意者排除论"。具体来说，冈村认为：第一，甲和乙约定转让土地，丙在知情的情形下仍然和视所有权仍在甲处，与甲达成移转土地所有权的合意，这本来就"属于依事物的性质不可能发生的事情"，也就是日本民法典第 94 条第 2 款所谓的与相对人通谋作出的虚伪的意思表示。在日本民法典第 177 条的情形下也不例外，甲、丙之间的合同应当被认定为无效。第二，包括民法在内的全部法规，均是以维持国家和社会的公序良俗为目的的，因此，对各法规应当作统一解释，违反刑法的民法解释不生效力。在前述例子中，甲和丙不仅违反公序良俗，还可能构成侵占罪。立法者不区分善恶意，是不想徒增举证纠纷，并且认为这反而有可能更适于维护公序良俗，这种意图虽然也不是不能理解，但是从民法与日本其他法律制度的体系协调性出发，"恶意"第三人应当被排除在保护范围之外。② 该论点被提出时，学界的通说仍是无限制说，因而该论点被认为是"与立法的沿革相割裂的孤高的解释"。

后来"第三人限制说"成为实务界和学界的主流，此时是否区分第三人的"善意恶意"也就成为一个值得讨论的问题。但是在学说转向"第三人限制说"后，也并非限制第三人的范围就必然要排除"恶意第三人"。限制说的有力主张者末弘严太郎就一方面主张限制说，认为第三人应限定在前述明治 41 年判决中所确定的"对主张登记的欠缺有正当利益的第三人"范围内（主要是将侵权人等完全无权利的人排除在保

---

① 冈村玄治. 民法百七十七条二所谓第三者ノ意义ヲ论シ债权ノ不可侵性排他性二及ブ. 法学志林. 17 卷 7 号（1915 年）30 页以下.

② 冈村玄治. 民法百七十七条二所谓第三者ノ意义ヲ论シ债权ノ不可侵性排他性二及ブ. 法学志林，17 卷 7 号（1915 年）13 页以下.

护范围外），而另一方面又认为，"如果在每次诉讼中都争议第三人的善意恶意问题则很麻烦"，故不应考虑第三人的"善意恶意"问题。[①] 而且这一观点得到了当时通说的认可，即"第三人范围限制·善意恶意不问"是当时日本学界的主流观点。使"恶意者排除说"有力化的学者是舟桥谆一，他认为既然日本民法典第177条的制度宗旨是保护交易安全，那么就应该只保护信赖法律关系存在的第三人，没有理由连"恶意第三人"也保护。而对于末弘严太郎提出的上述"很麻烦"的观点，舟桥谆一认为如果推定第三人都不知道真实权利状况与登记不符，即推定所有第三人都是善意第三人，由反对方承担举证责任，则不会发生"诉讼上很麻烦"的状况。[②] 而且这一观点亦得到了当时很多学者的赞同，"第三人范围限制·恶意者排除"成为学界的有力观点。

具有划时代意义的理论发展源自牧野英一的贡献。牧野英一首先批判当时流行的"概念法学"，而提倡从实质上思考的"自由法论"。就第三人的范围问题，牧野英一认为应该抛弃形式化的思考逻辑，即并非一个人属于日本民法典第177条的第三人所以应该保护，而应该采取实质化的思考逻辑，即一个人值得保护所以才属于日本民法典第177条的第三人。其次就如何进行实质化的思考，牧野英一采用的是价值衡量的方式。牧野英一批判之前的恶意者排除说是一种僵化的思维模式，认为即使是"恶意第三人"也有在法律上受正当保护的理由，例如"二重让与中，如果第一受让人不当地怠于登记，那么当第二受让人以正常使用该不动产的目的取得该不动产并登记时，第二受让人进行的是正常的自由竞争，从社会经济上考虑当然应该保护第二受让人"。也就是说，牧野英一一方面通过"自由竞争"概念的提出，为"善意恶意不问说"找到了价值上的正当性依据（在此之前"善意恶意不问说"的正当性基础主要是法条的表述）。而另一方面，牧野英一又将"诚实信用原则"导入日本民法典第177条第三人范围的讨论上来，认为"自由竞争原则"也

[①] 末弘厳太郎．物権法上巻．東京：有斐閣，1921：157．
[②] 舟橋諄一．登記の欠缺を主張し得べき「第三者」について//加藤正治先生還暦祝賀論文集．東京：有斐閣，1932：639；舟橋諄一．物権法（法律学全集）．東京：有斐閣，1960：183－184．

并非绝对化的,需要和"诚实信用原则"相协调。①

牧野英一的理论提出后,在学界引起重大反响。舟桥谆一在接受牧野英一理论的基础上,改变了原先的观点(如前文所述舟桥谆一原本力倡"恶意者排除论"),转而认为原则上恶意者也应该受保护,但是当恶意者的行为可以评价为违反诚实信用原则时,则不应该受保护,这就是"背信恶意者排除说"②。这一学说在后来为判例所接受,成为通说,直至今日。

二、判例法的确立

二战之前,与学说立场相同,日本采取"善意恶意不问"立场的判例占了绝大多数。③ 但是,也有少数判例持"恶意者排除"的态度④,但是这些少数判例尚未达到可以动摇判例基本立场的地步。二战之后,日本下级裁判所的判例开始渐渐采取"背信恶意第三人"排除规则。⑤ 而受下级裁判所的判例以及学说的影响,日本最高裁也开始逐步采纳"背信恶意第三人"排除规则。以下具体说明。

首先,日本最高裁1955年5月31日判决出现了考虑第三人"背信"与否的动向。该判决在原则上仍然站在过去的"善意恶意不问"的立场,认为"二重让与中的第二受让人即使是恶意的,在登记的时候也取得了完全的所有权,第一受让人不能以其所有权对抗第二受让人及从其手中进一步获得所有权转移者"。但是该判决在旁论⑥中提到,前述判断有一个前提,第二受让人不能构成侵权,如果第二受让人构成了侵权,

---

① 牧野英一. 信义则と第三者//民法の基本問題第四编. 東京:有斐閣,1936:196以下.

② 舟橋諄一. 物権法(法律学全集). 東京:有斐閣,1960:182.

③ 大判明治43年11月1日刑録16卷1821頁;大判明治45年6月1日民録18卷569頁;大判大正10年12月10日民録27卷2103頁;大判昭和11年10月31日法学6卷2号227頁.

④ 大判昭和9年3月6日民集13卷230頁.

⑤ 東京地判昭和35年7月4日判時237号23頁;秋田地判昭和37年4月9日判時305号24頁;東京地判昭和37年7月18日判時307号31頁.

⑥ 旁论,即obiter dictum,意为(法官的)附带意见,是法官在作出判决的过程中就某一与案件并不直接相关的法律问题所作的评论,它并非为本案判决所必要,因此也不具有判例的拘束力。

那么第一受让人即使没有登记也可以对抗之。①

其次，日本最高裁在 1956 年 4 月 24 日判决中，开始正面讨论第三人是否违背诚实信用的问题。该案的案情是，B 从 A 公司处买受了土地，并且已支付了价款。但是，因 A 的原因尚未办理所有权移转登记，土地仍然登记在 A 名下。不过，B 已经以涉案土地归自己所有为由，向鱼津税务署长申报了财产税，并且已经纳税完毕。此后，因 A 滞纳租税，富山税务署扣押了 A 所有工厂内的器械设备，A 遂向富山税务署请愿，请求扣押仍登记在自己名下的涉案土地以代替其他机械设备，富山税务署遂扣押该土地。次年，该土地被公开拍卖给 C，并完成了登记。在该案中，富山税务署的扣押行为是否违背诚实信用成为争点。并且最高裁也明确表示"没有正当利益主张登记欠缺的第三人"，是指根据不动产登记法第 4 条、第 5 条，具有不被允许主张登记欠缺事由的第三人，以及其他类似于该情形的主张登记欠缺违反诚实信用的第三人。②

日本最高裁 1957 年 6 月 11 日判决则直接明言"背信恶意者"不属于日本民法典第 177 条的第三人。该案案情是，A 将其所有的临时工棚卖给了 B，B 将工棚改建成了仓库，价值增长了数十倍。C 为了获得不当利益，与 A 共谋，在 B 没有取得所有权登记的中间时期，又与 A 订立了买卖合同，并办理了所有权移转登记。该案判决认为，C 的行为显然违反了社会正义，故没有正当利益主张登记的欠缺。③

日本最高裁在 1958 年 6 月 14 日判决中也体现出了排除"背信恶意第三人"的倾向。该案的案情是，A 将系争农地转让给 B，B 又将系争农地转让给 C。此后 A 与 B 的买卖合同被合意解除，而 C 的所有权尚未登记。需要说明的是，日本判例一直以来的态度是：一方面肯定了解除的溯及效力，另一方面又适用日本民法典第 545 条第 1 款但书④保护第三人。本案中，日本最高裁认为，C 只有在登记之后才属于受日本民法典第 545 条第 1 款但书保护的权利受损害的第三人，除非 A 与 B 的合意

---

① 最判昭和 30 年 5 月 31 日民集 9 卷 6 号 774 页.
② 最判昭和 31 年 4 月 24 日民集 10 卷 4 号 417 页.
③ 最判昭和 32 年 6 月 11 日民集 26 卷 859 页.
④ 日本民法典第 545 条第 1 款规定："一方当事人行使解除权之后，各方当事人负有使相对人恢复原状的义务。但是不得有害第三人的权利。"

解除是通谋虚伪表示，或者能够证明就像C所主张的那样，A与B是为了谋取C加工后的农地（C在获得农地后通过施肥等管理行为使土地显著肥沃化），换言之，除非合意解除存在违反诚实信用原则等特殊情况。[1] 有的学说评价该判决体现了日本最高裁的一个倾向——基于诚实信用原则排除一部分第三人。[2]

日本最高裁1961年4月27日判决在"背信恶意者"排除规则的确立过程中具有重要意义。该案的案情是，A将其山林卖给了B，但是没有办理移转登记。与B有仇的C熟知此事，为了报复B，在20多年后，C恳请A的继承人D将该山林卖给自己，最终仅以13万日元的价格（明显低廉的价格）买得本来价值150万日元左右的山林，并办理了登记。在诉讼过程中，D和C援引了大量日本过去的判例，认为日本民法并不区分第三人的善意恶意，也不问动机缘由、价格如何等因素，只要没有违反公序良俗，不登记就不能对抗第三人。但是本案中日本最高裁第一小法庭全员一致驳回了D和C的上述理由，认为"原判决的如下判断均可以认定是正当的：D和C的买卖合同违反了公序良俗而无效，并且C也并不属于民法第177条所保护的第三人"[3]。本案明确驳回了基于日本曾经的通说"善意恶意不问说"的上诉理由，因此该案明确终结了"善意恶意不问说"的时代，有学者评价该案在第三人的主观要件问题上具有划时代的意义。[4]

此后，日本最高裁在1965年12月21日终于明确使用了"背信恶意者"这一表述，确立了"背信恶意第三人"排除规则："关于民法第177条所谓的第三人，一般而言不问其善意恶意，然而即使不符合不动产登记法的第4条或者第5条（现不动产登记法第5条第1款和第2款）所明文规定的事由，但是至少在程度上与之类似的背信恶意者要从民法第

---

[1] 最判昭和33年6月14日民集12卷9号1449頁.

[2] 川井健. 不動産の二重売買における公序良俗と信義則. 判例タイムズ，1962.（127）：397-407.

[3] 最判昭和36年4月27日民集15卷4号901頁.

[4] 好美清光. 不動産の二重処分における信義則違反等の効果. 手形研究，1962（57）：9.

177 条的第三人中排除。"① 此后，日本最高裁 1968 年 8 月 2 日判决将上述"类似于不动产登记法的第 4 条或者第 5 条（即现不动产登记法第 5 条第 1 款与第 2 款）所明文规定的事由"这一表述删去，在更广泛的意义上肯定了"背信恶意第三人"排除规则："知道存在实体法上的物权变动事实的人而且主张前述物权变动欠缺登记违反诚信的场合，这种背信的恶意者，没有正当利益主张登记的欠缺。"② 此后最高裁在 1968 年 11 月 15 日判决③、1969 年 1 月 16 日判决④、1969 年 4 月 25 日判决⑤中均作出了相同立场的裁判，从此"背信恶意第三人排除"的判例法规则得到了最终确立。

4.2.2 "背信恶意第三人"的判断标准
一、学说的标准

虽然日本的判例和通说确立了"背信恶意第三人"排除规则，但是就"背信"的标准则存在着争议。判例所采取的判断标准是所谓的"结合各种情况综合判断"或者"对 B 和 C 进行利益衡量"的综合判断标准。⑥ 由于综合判断标准过于抽象，乃至于有学说认为"背信"概念具有不确定性，在具体案件中区分"单纯的恶意第三人"和"背信的恶意第三人"是非常困难的。⑦ 与之相对，也有学说试图通过类型化的方式明确"背信恶意第三人"的认定标准，认为判例中常见的"背信恶意第三人"主要包括如下类型⑧：

---

① 最判昭和 40 年 12 月 21 日民集 19 卷 9 号 2221 页．
② 最判昭和 43 年 8 月 2 日民集 22 卷 8 号 1571 页．
③ 最判昭和 43 年 11 月 15 日民集 22 卷 12 号 2671 页．
④ 最判昭和 44 年 1 月 16 日民集 23 卷 1 号 18 页．
⑤ 最判昭和 44 年 4 月 25 日民集 23 卷 4 号 904 页
⑥ 静岡地沼津支判平成 7 年 9 月 6 日判時 1577 号 119 页．
⑦ 松岡久和．判例における背信的悪意者論の実相//奥田昌道ほか編．林良平先生還暦記念論文集・現代私法学の課題と展望（中）．東京：有斐閣，1982：65．
⑧ 吉原節夫．登記がなければ対抗しえない第三者//舟橋諄一，徳本鎮．新版注釈民法 6．東京：有斐閣，1997：596．安永正昭．講義 物権・担保物権〔第 4 版〕．東京：有斐閣，2021：75．

(1) 违反"禁反言"型

这主要是指如果 C 主张 B 欠缺登记,则 C 和之前自己的行为相矛盾的情况,即 C 本已在以第一买受人 B 为所有人的前提下实施了某行为,又自己作为第二买受人从 A 处受让了该不动产的情形。①

(2) 交易参与型

这主要是指 C 曾经以中介、和解的见证人等身份参与到 A 与 B 的物权变动中,后却主张第一次物权变动未登记这种违反诚实信用的情形。换言之,是 C 类似于日本不动产登记法第 5 条第 2 项规定的"负有为他人申请登记义务的第三人"的情形。例如 C 曾经是 A 的代理人,A 将不动产转让给 B 的合同就是 C 代理 A 签订的,之后 C 又自己与 A 签订合同受让该不动产并办理了登记。此时 C 就是"背信恶意第三人"②。

(3) 动机不当型③

这主要是指 C 基于不正当的动机取得权利的情形。例如,A 已经将不动产所有权转让给了 B,C 认为 B 的所有权没有登记属于奇货可居,于是 A 与 C 共谋再次订立转让合同的情形;再比如,C 与 B 有仇,为了加害于 B,积极鼓动 A 将不动产再次卖给自己并办理了登记的情形。

(4) 行为不当型

这主要是指 A 将不动产转让给 B 后,C 以不当手段妨碍 A 对 B 的不动产移转登记的完成,并设法自己取得不动产登记的情形,即 C 类似于日本不动产登记法第 5 条第 1 项规定的以欺诈、胁迫手段妨碍登记申请的第三人的情形。④

(5) 关系密切型

这主要是指和 A 具有密切关系的第三人 C 也主张 B 欠缺登记的情形。前述密切关系主要指的是具有夫妇、父子、母子、兄弟姐妹等关系的亲属,或者 A 是法人、C 是 A 的法定代表人等 A 与 C 处于实质上同一人关系中。例如,A 的土地基于取得时效被 B 取得后,A 将其土地以

---

① 最判昭和 31 年 4 月 24 日民集 10 卷 4 号 417 页.
② 最判昭和 43 年 11 月 15 日民集 22 卷 12 号 2671 页.
③ 最判昭和 36 年 4 月 27 日民集 15 卷 4 号 901 页;最判昭和 43 年 8 月 2 日民集 22 卷 8 号 1571 页.
④ 最判昭和 44 年 4 月 25 日民集 23 卷 4 号 904 页.

无偿或者接近无偿的价格转让给了自己的弟弟 C，C 主张 B 的权利取得欠缺登记的情形。

二、典型裁判

（1）东京高裁 1985 年 3 月 28 日判决：

"C 明知 B 主张对本案系争土地享有所有权，而且可以预测这一争议马上会发展为诉讼，却仍然（和 A）就本案系争土地缔结了买卖合同，（本院）再综合考虑到 A 和 C 的身份关系（C 是 A 的姐夫），由此可以认定本案中的前述合同（A 与 C 的土地买卖合同）并非一个正常的交易关系，即使不能说是 A 和 C 的通谋虚伪表示，至少也可以断定是专门为了阻碍 B 基于取得时效取得系争土地所有权之产物。"

"因此，基于上述事实关系，可以认定 C 就是所谓的背信恶意者，基于诚实信用原则 C 不能主张 B 欠缺登记。"①

（2）大阪地裁 1987 年 8 月 27 日判决：

"C 基于 D 的调查，知道了本案系争土地已经被 B 市用作道路使用……且已经被 B 市基于取得时效而取得。但是 C……却以 D 作为代理人，强行要求 B 市返还该土地或者购买该土地。由此可见 C 想趁 B 市未登记之机，基于前述要求谋取利益。"

"D 受 C 的委托调查本案系争土地，显然知道……该土地已经被 B 市用作道路使用，而且在和 B 市交涉要求 B 市购买该土地时，已经被 B 市明确拒绝，因此 D 明确知道该土地并非通常的交易对象，但是 D 却仍然（从 C 处）买受了该土地，由此可以推知 D 试图将未登记的该土地居为奇货，要求 B 市购买该土地从而谋取利益。"

"E 提供资金支持 D 购买该土地，并且在 D 向 C 购买该土地时，也听取了关于该土地的现况以及和 B 市的交涉过程的说明，而且明知如果该土地性质为住宅用地则价值在 3 亿日元以上，却仅仅出资 900 万日元，再加上 E 与 D 约定，如果成功让 B 市购买该土地，那么所得利益对半分成。综合考虑上述因素，可以推知 E 在明知该土地性质为道路用地……却认为 B 市没有登记所以奇货可居，从而取得了该土地。"

"因此，上述 C、D、E 均为背信恶意第三人，不能以其所有权对抗

---

① 東京高判昭和 60 年 3 月 28 日判時 1150 号 188 頁.

B市。"①

（3）最高裁2006年1月17日判决：

在C从A处购得系争土地，但是系争土地已经被B依据时效取得的案件中，最高裁认为未登记的时效取得人B，"只要没有特别的事由"，就不能对抗时效完成后受让该不动产并完成所有权移转登记的第三人，除非该第三人是"背信恶意第三人"。而就"背信恶意第三人"的判断标准，最高裁认为"如果C在取得不动产的这一时点，已经认识到B多年占有该不动产的事实，并且存在可以认定C主张登记的欠缺违反诚实信用的情形时，C就应当被认定为'背信恶意第三人'。考虑到就取得时效的成立与否，其要件是否充足并不是那么容易识别和判断的，因此即使C并非完全具体认识到B满足取得时效的成立要件，C也有可能被认定为'背信恶意第三人'。但即使是在这种情况下，C至少应该认识到B多年持续占有该不动产的事实。"② 该判决的重要意义在于进一步精细化了"背信恶意"的判断内容：一方面，是否存在"恶意"或者"背信"事由的判断时点在权利移转之时；另一方面，在取得时效的案件中，认定"背信恶意"并不一定要认识到权利取得的全部事实，只要认识到"多年持续占有"的事实即可。

三、"背信恶意第三人"的判断标准与其他理论的结合

在采取"背信恶意第三人"排除规则的判例中，与诚实信用、权利滥用禁止等既存的法理相结合的情况占了很大的比例，以下具体阐述：

（1）与诚实信用的结合

例如东京高裁1985年4月23日判决在判决理由中写道："C在主张B取得所有权欠缺登记这一对抗要件时，显然违反了诚实信用，故C就是所谓的背信恶意者，不是有正当利益主张登记欠缺的第三人。"③ 再如东京地裁1987年4月20日判决在判决理由中也有类似表述："C就是所谓的背信恶意者，C主张B的登记欠缺从而否认B的所有权取得这一点从诚实信用上考虑是无法容忍的，因此B即使不具备对抗要件也可以对

---

① 大阪地判昭和62年8月27日判夕663号130頁.
② 最判平成18年1月17日民集60卷1号27頁.
③ 東京高判昭和60年4月23日判時1154号88頁.

抗 C 的诉讼继承人 D。"①

(2) 与权利滥用的结合

前文所述的东京地裁 1987 年 4 月 20 日判决在判决理由中作了如下论述：第二买主 C 知道 A 与 B 间的第一买卖关系的存在，也知道 B 在系争土地上已经开始植树等利用行为，并且由于该系争土地已经预定作为公园用地被市政府征收，为了获得土地补偿金，再或者为了让 B 以更高的价格购买该土地，C 以低价购买了该土地，在这样的案件中，C 对 B 的土地交付请求"并不是一个符合诚实信用原则的权利行使，属于权利的滥用，是不被允许的"②。

(3) 与公序良俗的结合

在前文所述日本最高裁 1961 年 4 月 27 日判决中，最高裁首次将"背信恶意第三人"的认定与公序良俗的违反相结合（参见第 4.2.1 节）。③ 对于该判决将"背信恶意第三人"的认定与公序良俗的违反相结合这一点，大多数学者持批判意见：一方面，公序良俗的违反将导致合同的无效，第三人属于实质的无权利人，无须借助"背信恶意第三人排除"规则也当然会被排除在日本民法典第 177 条的保护范围之外；另一方面，一般而言，所谓的"背信"也并不需要达到违反公序良俗的程度。但是也有学说赞同上述判例的观点，认为在第三人的行为带有反社会性时，即使承认"背信恶意第三人"的认定与公序良俗的违反相结合，也不会带来什么弊端，而且"背信"本身就带有很强的伦理判断色彩，在性质上与公序良俗的判断相符合。④ 在上述最高裁 1961 年 4 月 27 日判决之后，下级裁判所又作出了多例类似判决⑤，因此日本的判例立场是承认"背信恶意第三人"的认定与公序良俗的违反相结合的法理的。

---

① 東京地判昭和 62 年 4 月 20 日判時 1267 頁．
② 東京地判昭和 62 年 4 月 20 日判時 1267 頁．
③ 最判昭和 36 年 4 月 27 日民集 15 巻 4 号 901 頁．
④ 吉原節夫．登記がなければ対抗しえない第三者//舟橋諄一，德本鎮 新版注釈民法 6. 東京：有斐閣，1997：593．
⑤ 広島高判昭和 38 年 6 月 3 日高民集 16 巻 4 号 254 頁；神戸地裁昭和 55 年 11 月 27 日訟月 27 巻 3 号 446 頁．

(4) 与"没有正当利益者排除"规则的结合

前文反复提及的大审院连合部明治 41 年（1908 年）12 月 15 日判决提出了"对主张登记欠缺没有正当利益者排除"的规则，而此后的不少判例，将"背信恶意者"作为"没有正当利益主张登记欠缺者"的一种情况，将这两种标准合一。①

4.2.3 "背信恶意第三人"排除规则的适用范围

一、适用的主要类型

下文对日本判例法所确定的"背信恶意第三人"排除规则的适用范围进行类型化的总结：

(1) 二重让与中的第二受让人

二重让与中的第二受让人是最典型的第三人，也是"背信恶意第三人"排除说所适用的最典型的情形。将各种复杂的事实关系进行简化后，该类型都可以归结为，A 将其不动产出让给 B，在没有登记的时候又出让给 C。②

(2) 取得时效完成后同一不动产的受让人

B 公然和平自主占有 A 所有的不动产，基于取得时效而获得了物权，但是没有办理登记，A 又将该不动产转让给 C。在该案中，依据日本的判例观点，B 不登记不能对抗 C。③ 但是日本判例同时也认为，当 C 属于"背信恶意第三人"时则不受保护，B 即使不登记也可以对抗 C。④

(3) 扣押债权人

日本判例认为扣押债权人也属于不登记就不能对抗的第三人，但是当扣押债权人属于"背信恶意第三人"时，则不受上述规则保护。例如

---

① 最判昭和 43 年 11 月 15 日民集 22 卷 12 号 2671 页；最判昭和 43 年 8 月 2 日 22 卷 8 号 1571 页．

② 東京地判昭和 62 年 4 月 20 日判時 1267 页；東京地判昭和 62 年 3 月 12 日判時 1265 号 95 页；東京高判昭和 57 年 8 月 31 日判時 1055 号 47 页．

③ 大连判大正 14 年 7 月 8 日民集 4 卷 412 页．

④ 大阪高判昭和 63 年 9 月 30 日判時 1318 号 63 页；大阪地判昭和 62 年 8 月 27 日判夕 663 号 130 页；東京高判昭和 60 年 3 月 28 日東高民時报 36 卷 3 号 108 页；東京高判昭和 57 年 8 月 31 日判時 1069 号 105 页．

A将其所有的不动产赠与B，没有办理登记时，A的债权人C请求法院将该不动产扣押并申请了拍卖程序。当C不属于"背信恶意第三人"时，B不登记就不能对抗C；当C属于"背信恶意第三人"时，B不登记也可以对抗C。①

（4）土地上存在"借地权"的土地买受人

值得说明的是，"借地权"是日本的一个很有特色的制度。在日本，依据地上权或者土地租赁权，在土地上建设或者受让建筑物的人也能拥有建筑物所有权（即不存在房地不分离的原则）。这种以建筑物的所有为目的的地上权或者土地租赁权就被称为"借地权"。依据日本借地借家法第10条第1款，"借地权"本身即使不登记，只要地上的建筑物进行了登记，则该"借地权"可以对抗第三人。依据该款的反对解释，如果"借地权"未登记，地上的建筑物也没有登记，则不能对抗第三人。但是依据日本判例，当第三人是"背信恶意第三人"时则可以对抗该第三人。例如"借地权"人B既没有将"借地权"登记，也没有对地上的建筑物进行登记，本来B的"借地权"是不能对抗第三人的，但是当从土地所有权人A处买得土地所有权的C是"背信恶意第三人"时，B可以对抗C。②

二、争议问题：转得人

A将不动产转让给B，之后又转让给C，之前讨论的都是C是否属于"背信恶意第三人"的问题，但是如果C又将该不动产转让给D，D是否属于"背信恶意第三人"，对于案件的处理是否有影响呢？

1. 判例的立场

（1）当C是"背信恶意第三人"时，对于转得人D则当然适用"背信恶意第三人"排除规则。也就是说，B可以主张转得人D的"背信恶意"从而将其排除在日本民法典第177条的保护范围之外。③

（2）当C是"善意者"时，由于此时出现了"善意中间人"，问题

---

① 東京高判昭和60年4月23日判時1154号88頁.
② 大阪地判平成2年7月2日判時1411号96頁.
③ 東京高判昭和57年8月31日判時1055号47頁；大阪高判昭和56年9月10日訟月27巻12号2228頁.

就变得复杂起来。有主张认为当存在"善意中间人"时，"恶意"就被切断，对于转得人 D 没有"背信恶意第三人"排除规则的适用余地。但是判例否定了上述观点，认为："所谓背信恶意论应当理解为……基于诚实信用的理念将背信的恶意者从登记制度的庇护下排除出去的法理，应该在登记欠缺人和背信的恶意者（不管是一般的第三人还是转得人）之间相对地适用，即使存在善意的中间人也不应该受影响。之所以这样解释是因为，这样的适用结果（指的是转得人也适用背信恶意排除规则）对于善意中间人的法律关系、法的地位不会产生影响，相反……如果认为（转得人的）恶意可以被（善意中间人）切断，那么就相当于承认了这样一个不当的结果——背信的恶意者可以基于善意的中间人而免责。"①

因此，判例的立场是，无论是否存在善意的中间人，转得人都适用"背信恶意第三人"排除规则。

2. 学说的立场

学说的讨论则甚为复杂，以下借鉴濑川信久教授的梳理进行分类讨论②：

(1) 在 C 是"背信恶意第三人"的场合

在 C 是"背信恶意第三人"的场合，对 D 是否适用"背信恶意第三人排除"规则，则取决于对 C 的法律地位的认识。

如果认为作为"背信恶意第三人"的 C 是无权利人，那么 D 实际上就是从无权利人处受让标的物，此时应该是日本民法典第 94 条第 2 款（虚伪表示无效的例外）的类推适用（相对的公信力）或者日本民法典第 192 条（动产善意取得）的类推适用（不动产善意取得），而非日本民法典第 177 条（不动产登记对抗）。此时排除的第三人范围就并非"背信恶意第三人"，而是"恶意第三人"或者"善意但是有过失的第三人"。也就是说，如果认为作为"背信恶意第三人"的 C 是无权利人，那么对于 D 而言保护范围则更小，不仅"背信恶意第三人"不受保护，

---

① 東京高判昭和 57 年 8 月 31 日判時 1055 号 47 頁．

② 瀬川信久．民法 177 条の第三者の範囲（2）——背信的悪意者からの転得者．民法判例百選 Ⅰ総則・物権（第 6 版）．東京：有斐閣，2009：116 - 117．

一般的"恶意第三人"以及"善意但是有过失的第三人"也不在保护范围之内。

如果认为作为"背信恶意第三人"的C是有权利人，则要考虑C和D之间权利移转的内容以及B对C的权利主张的性质。如果认为D取得的权利与C享有的权利相同，则D只能援引C的权利内容，那么由于C是"背信恶意第三人"，其权利受限制，则D也要受到相同的限制，也就是说如果C是"背信恶意第三人"，则不论D是否存在"背信恶意"的事由，都不能取得标的物权利，这种学说被称为"绝对构成说"；如果认为D取得的权利内容与C的并不相同，并且B对C的权利主张并不及于D，那么D的权利取得就不受C的权利范围的制约，对于D应该直接适用日本民法典第177条，也就是说D也被视为不登记就不能对抗的第三人，从而在与B的关系上直接适用"背信恶意第三人"排除规则，这种学说被称为"相对构成说"（也就是前述判例所采取的观点）。

那么作为"背信恶意第三人"的C是否有处分权呢？这一问题又和两个因素相关：一是二重让与的理论模型（对抗的理论模型）；二是B和C的合同的效力，以下分别说明。

本书第2章详细探讨了二重让与的理论模型，并分为两个大类：无权处分构成和有权处分构成。为了避免混淆，值得说明的是，第3章说的有权处分构成和无权处分构成，指的是A到C的处分是有权处分还是无权处分，而下文将分析的是C到D的处分是有权处分还是无权处分，这是一对既不相同却又有紧密联系的问题。如果在理论模型上采取了有权处分构成，典型的如不完全物权变动说，出让人A将标的物让与给B后，A尚未丧失全部的物权权能，故仍然有权将物权再次转让给C，那么即使C是"背信恶意第三人"，C也取得了部分物权，只是出于法政策的考量认为"背信恶意第三人"不值得保护，所以让B即使不登记也可以对抗C，但是并没有直接剥夺C已经取得的部分物权，C仍然可以将物权再次让渡给D，至于D是否受C的权利的限制则是上文所述的"绝对构成说"和"相对构成说"的问题。如果在理论模型上采取的是无权处分构成，则要再进一步细分采取的是哪种学说。如果采取的是法定得权失权说或者公信力说，那么A将标的物让与B后，A就成为无权利人，C基于法律的规定（法定得权）或者基于不动产登记的公信力

（或者相对的公信力）获得权利。既然 C 获得权利的基础是法律的规定或者公信力，那么当不符合法律的规定或者不满足援引公信力的要件时，C 自然也就不能获得权利。因此，当 C 是"背信恶意第三人"时，C 不能获得标的物权利，C 到 D 的转让就是无权让与。但是，如果采取的是第三人主张说，虽然该说也认为 A 将标的物让与 B 后，A 就成了无权利人，但是该说并不认为第三人的主张以并非"背信恶意第三人"为条件，也就是说，即使第三人 C 是"背信恶意第三人"，C 也可以取得标的物权利，但是出于政策的考虑，由于 C 存在"背信恶意"事由，其权利不能对抗 B。那么，依据第三人主张说，C 仍然可以将物权再次让渡给 D，至于 D 是否受 C 的权利的限制则也是上文所述的"绝对构成说"和"相对构成说"的问题。

影响 C 的法律地位的另外一个因素则是 B 与 C 的合同效力问题。有学说认为当 C 是"背信恶意第三人"时，B 与 C 的合同就基于公序良俗违反而无效，因此 C 也就当然成为无权利人。但是正如前文论述的，大多数学说认为公序良俗虽然和"背信恶意"的判断有关联，但是并非所有的和"背信恶意第三人"订立的合同都能被评价为违反公序良俗的。一般而言，违反公序良俗的场合一般限于 A 和 C 订立合同时有加害于 B 的通谋或者意图的情形。[①] 而在其他情形，尽管 C 存在"背信恶意"的事由，但是 A 和 C 的合同仍然不能被评价为无效，C 是否是无权利人则仍然要取决于前述对于二重让与的理论模型的认识，而并不能当然将其认定为无权利人。

（2）在 C 并非"背信恶意第三人"的场合

从法律构造上而言，在 C 并非"背信恶意第三人"时，问题变得比较简单。无论采取什么法律构造或者学说，C 都是有权处分人。此时对于 D 采取"绝对构成说"还是"相对构成说"则是一个单纯的政策考量问题。对此问题，判例采取的仍然是"相对构成说"，认为即使 C 并非"背信恶意第三人"，当 D 对于 B 是"背信恶意第三人"时，D 的权利取得不能对抗 B。但是，学说上则存在反对意见，认为在第三人 C 善意的时候对转得人也适用"背信恶意第三人"排除规则，那么实际上就相当

---

① 最判昭和 36 年 4 月 27 日民集 15 卷 4 号 901 页.

于间接限制了善意的 C 的自由处分权,因此当存在"善意中间人"时,就不应该再考虑转得人的主观问题。

4.2.4 与"背信恶意第三人"排除规则相背离的学说与判例
一、学说的动向

随着"背信恶意第三人排除"的判例法规则的确立,学说之中该说也成为通说。① 但是与此同时,反对观点亦层出不穷。这些反对学说认为仅排除"背信恶意第三人"太过狭窄,至少应该排除"恶意第三人"。具体而言又细分为"恶意者排除说"、"恶意或者善意过失者排除说"以及"恶意或者善意重大过失者排除说"。而主张这些学说的出发点又有两种:一种出发点就是前文所述的公信力说,由于公信力说承认了不动产登记的公信力(日本民法典第 192 条②的类推适用)或者相对的公信力(日本民法典第 94 条③第 2 款的类推适用),基于这种公信力或者相对公信力的体系解释,"恶意第三人"等被排除在保护范围之外;而另一种出发点则是从法政策的角度考虑,认为"恶意第三人"等没有保护的必要,故将其排除在保护范围之外。以下具体探讨:

(1)"恶意第三人排除说"

基于公信力说中的限制的公信力说(半田说),在第一次的让与行为中,B 就取得了"有排他性而无对抗力的物权",A 也因此丧失了物权,但是当第三人 C 与 A 进行交易时,为了保护 C 的信赖,日本民法典第 177 条让 C 从 A 处原始取得了标的物物权。该说要区分 B 是否有可归责事由,当 B 有可归责事由时,只要 C 是"善意"的就可以受到保护,此时"恶意第三人"被排除在保护范围之外。④ 此外,也有学者单

---

① 鎌田薫.对抗問題と第三者//民法講座 2 物権(1).東京:有斐閣,1984:125.

② 日本民法典第 192 条(即时取得)规定:"因交易行为,平稳且公然开始动产之占有者,善意且无过失时,就该动产取得即时行使之权利。"

③ 日本民法典第 94 条(虚伪表示)规定:"与相对人通谋虚伪之意思表示,无效。因前款规定导致意思表示之无效,不得对抗善意第三人。"

④ 半田正夫.叢書民法総合判例研究第二巻 7·民法 177 条における第三者の範囲(改訂版).東京:一粒社,1977:112.

纯从法政策的角度出发，认为不动产登记制度的宗旨在于保护"善意"的第三人，故"恶意第三人"应该排除。①

(2) "恶意或者善意过失者排除说"

基于公信力说中的权利外观说（筱塚说），在二重让与中 A 将标的物出让给第一买受人 B 时，所有权就发生了转移，但是如果不进行移转登记，则 A 仍然拥有所有权人的权利外观，第二买受人 C 若"善意"且无过失地相信该权利外观，那么 C 就可以取得所有权。该说类比善意取得的情形，要求第二买受人 C 是"善意"且无过失的，C 若为"恶意或者善意但有过失"，则被排除在保护范围之外。② 而基于公信力说中的限制的公信力说（半田说），则要区分 B 是否有可归责事由，当 B 没有可归责事由时，C 必须是"善意"且无过失的才能受到保护，此时"恶意或者善意但有过失"的第三人则被排除在保护范围之外。③ 而在反对公信力说的学者中，也有少数学者主张"恶意或者善意过失者排除说"。例如，基于处分权拟制说，二重让与中，尽管 A 的第二次让与行为构成买卖他人之物，但是当符合某种条件时应该拟制出 A 的处分权。而对于这种条件，有的学者要求 C 是"善意"且无过失的，如果 C 是"恶意或者善意但有过失"，则应该被评价为违法，没有保护的必要。④ 而在主张不完全物权变动说的学者中，也有学者从法政策的角度考虑，主张"恶意或者善意过失者排除说"⑤。

(3) "恶意或者善意重大过失者排除说"

有的学者主张相对的公信力说，将日本民法典第 94 条第 2 款的类

---

① 石本雅男. 二重譲渡における対抗の問題——忘れられた根本の理論//末川博先生追悼論集・法と権利 (1). 1978：156.

② 筱塚昭次. 民法学Ⅰ東京：成文堂，1970：25；石田喜久夫. 物権変動論. 東京：有斐閣，1979：189.

③ 半田正夫. 叢書民法総合判例研究第二巻7・民法177条における第三者の範囲 (改訂版). 東京：一粒社，1977：112.

④ 松岡久和. 判例における背信的悪意者論の実相//奥田昌道ほか編. 林良平先生還暦記念論文集・現代私法学の課題と展望（中）. 東京：有斐閣，1982.

⑤ 内田貴. 民法Ⅰ総則・物権総論. 東京：東京大学出版会，2012：459.

推适用①作为公信力的理论依据（即相对的公信力）：A将标的物所有权转让给B后，A就已经成为无权利人，因此，当A再次将标的物所有权转让给C时，C本来是不能取得标的物所有权的，但是基于日本民法典第94条第2款的类推适用，由于B本来可以进行移转登记却怠于登记，C在"善意且无重大过失"时，就可以取得标的物所有权。② 也有学者站在反对公信力说的立场上，从法政策的角度主张"恶意或者善意重大过失者排除说"，认为二重让与中的"恶意"者不值得保护，这一结论也准用于当事人是善意但有重大过失的情形。③

  判例所确立的"背信恶意第三人排除"理论尽管受到了上述学说的批评，却一直沿袭至今，除了后文所述的极个别的情形，原则上"背信恶意第三人"排除说仍是实务界和学术界所共采的观点。

---

  ① 日本民法典第94条第1款规定的是"虚伪表示无效"，但是如果动辄将虚伪表示认定为无效，则会对信赖该虚伪表示的善意第三人带来无妄之灾。为了保护善意第三人，该条第2款规定了"该无效不得对抗善意第三人"。

  该条第2款原本适用的典型情形是：A、B间订立了虚假的土地买卖合同，第三人C误认为该合同有效，于是从B处购买了该土地。本来依据日本民法典第94条第1款，A、B间的买卖合同应该因虚伪表示而无效，C不能从无权利人B处取得所有权，但是依据第94条第2款，该无效不能对抗善意第三人C，故C仍然可以取得土地所有权。

  由于资本主义经济的发展，仅仅在典型的虚伪表示的情形保护善意第三人已不能满足社会对交易安全的需求。于是日本判例类推适用第94条第2款，在更多的情形下保护权利外观。比如，本来是A的土地，在登记簿上登记的却是B的名字，而A明明知道却不管不问，第三人C因信赖B的权利外观而向B买下了该土地。基于第94条第2款的类推适用，C可以取得该土地所有权。因此可以说日本民法虽然没有承认公信力，但是第94条第2款的类推适用在结果上实现了公信力的部分效果。

  但是相比真正的公信力，日本民法典第94条第2款的类推适用在保护范围上仍然要小很多。比如单纯的登记与真实权利不一致的情形就不能类推适用第94条第2款，只有在真实的权利人就前述权利与登记不一致的发生存在某种积极的行为时，才能类推适用第94条第2款。

  ② 米倉明．債権譲渡禁止特約の効力に関する一疑問（三）（完）．北大法学論集．1973. 23卷（3）：119．

  ③ 半田吉信．背信の悪意者排除論の再検討．ジュリスト，1984（813）：81－85．

二、判例的动向

前文已述,日本最高裁一直以来都坚持"背信恶意第三人"排除的立场,但是唯独在地役权的领域作出了一个出人意料的判决,这就是日本最高裁1998年2月13日判决。[①]

(1) 案件事实概要

A在1971年将自己所有的土地平整为东西各3块,共6块的住宅用地,并在中央修整了一条宽约4米南北贯通的通道。这条通道的北侧邻接一条东西方向的公路,西侧有一条宽不足1米的小道。A在1974年将通道西侧中央的那一块土地(以下简称甲地)卖给了X(原告、第二审被上诉人附带上诉人、第三审被上诉人),并且合意在从X买下的土地到北侧公路的这一段通道上(即相当于通道北侧这半段的土地,以下简称乙地),以甲地为需役地设定了无偿且无期限的通行地役权,但是没有登记。X此后一直持续地将乙地作为道路使用。此后A在1975年将3块土地连同乙地一并卖给了B。A和B在买卖时,默示地达成了B从A处承继前述通行地役权设定人的地位的合意。B在买受土地之后在除乙地之外的其他部分自建房屋,并在乙地上铺设了柏油路和排水渠,将乙地作为了从自建住宅到前述公路的通道使用。X于1983年在甲地上修建了大门朝东北方向的房屋,而且在东侧设置了停车位(也就是说大门和停车位都是朝向乙地的),并且一直将乙地作为往返于公路的通道,对此B没有提出任何异议。此后于1991年,B将从A处买得的全部土地(包括乙地)均让与给了Y(被告、第二审上诉人附带被上诉人、第三审上诉人),但是Y并未和B达成从B处承继前述通行地役权设定人的地位的合意。虽然Y在买受包括乙地在内的土地时,明知X一直将乙地作为往返于公路的通道在使用,但是却没有确认X对乙地是否有通行地役权。Y取得土地后不久,以X对乙地的权利没有登记为由,阻碍X在乙地上的通行。X遂以Y为被告提起诉讼,要求确认其通行地

---

① 以下案件事实概要和裁判要旨参见最判平成10年2月13民集52卷1号65页;村田大树.登记のない地役権と承役地の讓受人.民法判例百選Ⅰ総則·物権(第8版).東京:有斐閣,2018:128-129.

役权，而作为预备方案，至少要求确认其围绕地通行权。①

第一审认为由于 X 没有通行地役权的设定登记，另一方面 A 与 B 之间、B 与 Y 之间并没有关于通行地役权的设定者的地位承继关系的合意存在，在 Y 没有违背诚实信用的时候，就不能对抗 Y 的所有权。也就是说，否定了 X 关于通行地役权的诉讼请求。但是第一审承认了围绕地通行权的存在。第二审认为，Y 理所当然或者很容易就能知晓，就乙地的通行，X 被设定了某种权利，尽管如此，Y 在未确认 X 就乙地是否享有通行权的情况下，在购入土地后不久就主张 X 并不享有通行权，由此可见，Y 是"背信恶意第三人"，不是就主张欠缺地役权设定登记享有正当利益的第三人，从而承认了 X 的通行地役权即使不登记也可以对抗 Y。Y 以第二审将对地役权的设定并非"恶意"的人认定为"背信恶意者"是失当的为由，提起了上诉。

（2）最高裁裁判要旨

最高裁以如下理由驳回了 Y 的上诉：

通行地役权的供役地被转让时，供役地将由需役地的所有人继续作为道路使用这一点，从其位置、形状、构造等物理状况上看，在客观上是很明确的，而且受让人也认识到了这一点或者对这一点有认识的可能性时，即使受让人不知道通行地役权被设定了，只要没有特殊事由，该受让人就不是有正当利益可以主张欠缺地役权设定登记的第三人。理由如下。

没有正当利益主张登记欠缺的人不是民法第 177 条所谓的'第三人'（不登记的话，物权的得丧变更就不得对抗的第三人），这种第三人，除了存在不动产登记法第 4 条或者第 5 条（现不动产登记法第 5 条第 1 项、第 2 项）所规定的情形外，或者是存在主张登记欠缺会被认为违反诚实信用的事由的场合，否则这种第三人不属于有正当利益主张登记欠缺的第三人。

通行地役权的供役地被让与的时候，前述供役地将由需役地的所有

---

① 日本民法典第 210 条（为到达公路的其他土地通行权）第 1 款规定："土地被他人的土地所包围而无法通往公路的，其所有权人，为了到达公路，可以在包围其土地的其他土地上通行。"

人继续作为道路使用这一点,从其位置、形状、构造等物理状况上看,在客观上是很明确的而且受让人也认识到了这一点或者对这一点有认识的可能性时,受让人可以轻易地推断需役地的所有人对供役地拥有通行地役权或者某种其他通行的权利,而且可以通过向需役地的所有权人查询确认等手段轻易地调查到通行权的有无和内容。因此,前述受让人,即使是在不知道通行地役权被设定的前提下受让了供役地的情况下,也应该知道受让了附有某种通行权负担的东西,故可以说前述受让人对地役权人主张欠缺地役权设定登记,通常是有违诚信的。但是在存在以下特别事由时,(即使符合前述情形),也不应认定(供役地受让人)有违诚信:例如供役地的受让人以为(地役权人将供役地)作为道路使用是缺乏权源的,而且(供役地受让人)之所以会产生这种认识,地役权人的言行构成了一半的原因。

因此,前述受让人只要没有前述特别事由,就属于对地役权设定欠缺登记的主张并非有正当利益的第三人。而且,前述解释并不是因为受让人是所谓的背信恶意者,因此,也就不要求受让人在受让供役地时知道地役权已经被设定。

具体到本案中,上诉人Y在受让案涉土地时,案涉土地将由需役地的所有人继续作为道路使用这一点,从其位置、形状、构造等物理状况上看,在客观上是很明确的,而且可以说上诉人认识到了这一点。在本案中,由于不存在前述特别事由,所以,即便上诉人不知道通行地役权已被设定,其也不属于"有正当利益主张欠缺地役权设定登记的第三人"。

而对于原审(第二审)将供役地受让人认定为"背信恶意者",最高裁认为"不得不说在措辞上是欠缺妥当的",但是原审认定供役地受让人并非有"正当利益主张登记欠缺的第三人"的这一论断,最高裁认为在结论上是值得肯定的。

(3)本判决的意义

通行地役权也是物权,所以要对抗第三人也必须登记。但是通行地役权合同一般都是默示订立的,不可能登记,而且即使是明示订立的,将之登记也是少之又少的现象。此外,在大多数情况下,通行权的存在可以通过种种事由推知出来,因此,以供役地受让人的认识为媒介来保护地役权人的利益也就成为可能。上述地役权的特殊性已经反映在了下级裁判所的判例中，下级裁判所常常通过"恶意者排除""背信恶意者排除""诚实信用违反""权利滥用"等法律构造，在结论上否定供役地受让人所谓的"地役权不登记不能对抗第三人"的主张。本判决是最高裁首次肯定下级裁判所的处理方式，并且进一步在理论上将这一问题直接置于日本民法典第177条的"第三人"范围的大问题中，态度鲜明地表明在地役权的案件中，"恶意或者善意有过失"的第三人也被排除在日本民法典第177条的保护范围之外（不像下级法院采取迂回的方式）。

该案打破了"背信恶意者排除论"一统天下的局面，有的学者指出，该案是"背信恶意者排除论"的缓和，它承认了这样一种情形的存在：未登记的定限物权在与背信恶意人之外的第三人（善意有过失的第三人）权利的关系中，前者可对抗后者。[①] 也就是说，该判决指出，恶意未必是一个必要因素。基于此，显而易见，主张欠缺登记违反诚实信用者，不仅包括背信恶意者，除此之外还包括其他类型。[②] 但是对于该案的射程则存在不同的理解。有学者认为，假设可以将本判决所罗列的主张欠缺登记违反诚实信用的要件进一步抽象为权利行使的明确性（客观要件）和认识可能性（主观要件），那么本案的射程或许可以扩展到包括二重让与在内的对抗问题。不过，有观点反驳道：一方面，本判决的说理逻辑是限定性的。根据裁判要旨，如果满足前述要件，则受让人具有推测通行权存在的可能性以及调查可能性，也正因为受让人基于这种调查可能性本应知道存在某种通行权，因此，即使他对通行地役权的存在是善意的，也会被评价为承受了该通行地役权负担，主张登记欠缺根据禁反言原则也将成为违反诚实信用的行为。另一方面，在如同二重让与一样的、不能并存的物权之间的对抗关系中，无法设想（受让人应）承受这样的负担，应该解释为本案的射程并不及于这种情况。

在此基础上，有观点进/退一步指出：如果只着眼于两个有并存可能性的权利，射程似乎还可以扩大到其他的用益物权以及借地权等利用权的对抗问题。但是，对此，同样不乏反对之声，有学者提出，如果考虑到通行道路在日常生活中的不可或缺性这一特殊性的话，很难说本案

---

① 内田贵.民法Ⅰ第四版 总则·物权总论.东京：东京大学出版会，2012：459.
② 山野目章夫.物权法〔第5版〕.东京：日本评论社，2012：51.

可以超过通行地役权以及以通行为目的的租赁权的射程范围。在此基础上，如果再将地役权是不排斥供役地所有人的利用权的权利这一特性一并纳入考虑范围的话，那么可以说，本案的射程应当仅限于通行地役权。① 总之，大多数学者认为该案是出于地役权的特殊性所作的例外判决，仅限于地役权的场合适用"恶意或者善意有过失者排除论"，其他场合仍然适用"背信恶意者排除论"②。

考察最高裁后来的判例，最高裁显然采取的是将本判决射程限定在地役权的立场，最典型的判例是 2006 年 1 月 17 日判决。该案的事实是，一方面，A 对乙地享有所有权，但是不小心将临近的甲地（本案系争土地）也当成了乙地的一部分，从 1973 年开始将甲地作为通往公路的通道使用，并且后来在甲地上铺设了水泥路面。1991 年 Y 从 A 处受让了乙地，并继续将甲地作为通道使用。另一方面，1996 年 X 从 B 处受让了数笔土地其中包括甲地。X 提起诉讼，请求确认其对甲地的所有权并请求 Y 撤去甲地上铺设的水泥路面。对此，Y 主张基于取得时效取得了甲地的所有权。本案的争议问题在于，Y 基于取得时效取得了甲地的所有权，但是没有登记，能够对抗第三人 X 吗？本案原审（第二审）以类似于前述最高裁 1998 年 2 月 13 日判决的理由判决 Y 胜诉。原审法院认为，本案中乙地的使用状况是很容易知道的，X 只要调查就可以得知乙地的使用状况却怠于调查（有过失），故并非有正当利益主张登记欠缺的第三人。对此，X 不服，提起上诉。最高裁在该案中重新强调了"背信恶意第三人排除论"的观点，认为单纯的知道或者因过失而不知都不构成排除的理由，只有在还存在违背诚实信用的事由的时候才能排除这种第三人，从而将该案发回重审。③ 该判决的重要意义之一在于重申了一贯的"背信恶意第三人排除"的观点，将前述主张"恶意或者善意有过失者排除论"的最高裁 1998 年 2 月 13 日判决的射程局限于地役权领域。④

---

① 村田大樹．登記のない地役権と承役地の譲受人．民法判例百選 1 総則・物権（第 8 版）．東京：有斐閣，2018：129.
② 松尾弘，古積健三郎．物権・担保物権法．東京：弘文堂，2008：79.
③ 最判平成 18 年 1 月 17 日民集 60 巻 1 号 27 頁.
④ 除此以外，该判决也进一步明确了在取得时效领域"恶意"的判断标准，就这一点前文已述，此处不赘。

4.3 我国制度的建构

4.3.1 是否应该区分"善意""恶意"

在我国《物权法》出台之前，我国《担保法》第 43 条、《海商法》第 13 条和《民用航空法》第 16 条均规定，当事人未办理抵押登记的，不得对抗第三人。也就是说，当时的法律条文并不区分第三人的"善意""恶意"。与此同时，我国司法实践中的观点是"第三人范围无限制说"，认为未经登记的抵押权与普通债权的法律地位是平等的，也不区分第三人的"善意""恶意"①。

然而受学说的影响，我国《物权法》中的不登记不得对抗第三人的范围均明文规定为"善意第三人"，《民法典》也延续了这一做法。笔者认为尽管不保护恶意第三人对交易安全产生了一定的影响，但是由于我国的登记对抗主义的适用范围有限，在这几种有限的适用范围中，不保护恶意第三人反而是一种有效率的选择。详见本书第 2 章的经济分析部分。

4.3.2 "善意"的判断标准

"善意"和"恶意"这一对概念本身具有多义性。在德国法中，动产善意取得中的"善意"指的是非因重大过失而不知，"恶意"指的是知道或者因重大过失而不知；不动产公信力中的"善意"指的是不知，"恶意"指的是知道。日本法中"善意""恶意"的概念比较确定，"善意"就是指不知，"恶意"就是指知道。但是日本法中和"善意""恶意"相关的制度除了"善意"或者"恶意"之外，往往还附加有其他的条件，例如善意取得制度中的主观要件并非"善意"而已，还要求没有过失；而登记对抗制度中的主观要件，通说也认为并不限于"善意"

---

① 例如前文所述法函〔2006〕51 号明确指出未登记的抵押权"对抵押权人和抵押人有效，但此种抵押对抵押当事人之外的第三人不具有法律效力"，显然并不区分第三人的"善意""恶意"。

("恶意者排除"论),"恶意第三人"也受保护,唯独"背信的恶意第三人"被排除在外而已("背信恶意者排除"论)。因此,单纯地从"善意"或者"恶意"的概念入手分析"不登记不得对抗善意第三人"的范围是非常困难的,故下文将暂且抛开"善意"或者"恶意"的概念表述本身,直接从制度内涵入手进行分析。

抛开表达上的习惯不论,从比较法上看,"不登记不得对抗的第三人"的主观判断标准存在如下四种:

(1) 知情且存在违背诚信事由的第三人排除

该标准排除的第三人范围最少,单纯的知情第三人也在保护范围内,只有知情且存在特定的违背诚实信用等原则的事由的第三人才被排除在"不登记不得对抗的第三人"范围之外。

(2) 知情的第三人排除

相比前述标准(1),标准(2)在排除范围上有所扩大,对于知情第三人不再加以限制,只要知情就排除在"不登记不得对抗的第三人"范围之外。

(3) 知情或因重大过失而不知情的第三人排除

相比前述标准(2),标准(3)在排除范围上进一步扩大,不仅知情第三人排除,因重大过失而不知情的第三人也被排除在"不登记不得对抗的第三人"范围之外。

(4) 知情或因过失而不知情的第三人排除

相比前述标准(3),标准(4)进一步扩大了排除范围,对于第三人的过失不限于重大过失,因一般过失而不知情的第三人也被排除在"不登记不得对抗的第三人"范围之外。

日本目前的通说和判例采取的是标准(1),标准(2)(3)(4)都是少数说。但是有两点特别值得注意:一是标准(2)(3)(4)均和公信力说存在联系,采取公信力说中的某个学说必然对应这三种标准中的一个;二是在地役权的对抗问题中,日本的判例采取的是标准(4)。

实际上,按照(1)(2)(3)(4)的次序,这四种标准对于交易中的第三人的要求是逐步升高的,也就是说交易中的第三人的调查成本是逐渐升高的。在本书第2章中,笔者通过经济分析的方法分析了让不同的交易主体承担不同程度的调查义务的成本分配最优化选择。具体来说，法律设定的最佳调查深度，取决于四个量，并且和这四个量有如下关系：和登记的成本 C_0 以及登记查询费用 C_1 成正相关关系，和潜在交易人数 Q 以及调查的难度系数 a 成负相关关系。笔者认为日本的判例之所以唯独对地役权的对抗施以第四种标准，原因就在于一方面地役权的交易偏向于熟人社会，另一方面地役权具有较易辨识的外观，故调查难度会非常低（难度系数 a 会很小），故交易中的第三人的最佳调查深度就会很高，故没有尽到该种调查深度就被判定为过失。[①] 笔者还得出了如下三个定理：

定理 1：在登记制度越不完善的社会（登记的成本或者登记查询费用越高），就越应该让交易中的第三人负担较高的实质调查义务；反之则应该让第三人负担越低的实质调查义务。

定理 2：在交易越不频繁或者交易越受限制的领域（潜在交易人数越少），就越应该让交易中的第三人负担较高的实质调查义务；反之则应该让第三人负担越低的实质调查义务。

定理 3：越是在熟人社会中（实质调查的难度越小），就越应该让交易中的第三人负担较高的实质调查义务；反之则应该让第三人负担越低的实质调查义务。

那么下文开始考察我国法。

我国法中采取登记对抗主义的几种物权变动，如土地承包经营权的流转、宅基地使用权的流转，其共同特征为：由于对转让资质的限制，潜在交易人数 Q 受限；由于该种交易存在于熟人社会，调查的难度系数 a 受限。故这两种物权变动既符合定理 2 又符合定理 3，因此有必要对于交易中的第三人施以较高的调查义务。故在这两种物权变动中，善意的判断标准应定为标准（4）。

在涉及地役权的交易中，一方面由于该种交易主要存在于我国农村，一般是熟人社会中的交易；另一方面由于地役权本身具有较强的可识别性，因此调查的难度系数 a 会很小。综合比较法上日本判例的经验，笔者认为该种物权变动中，善意的判断标准也应该定为标准（4）。

---

① 参见本书 2.3.3。

第4章　不登记不得对抗第三人的主观要件

在动产担保交易中，由于这是典型的现代市场经济的产物，并没有定理 2 和定理 3 的适用余地。为优化营商环境，提高动产和权利担保融资效率，根据《动产和权利担保统一登记办法》（中国人民银行令〔2021〕第 7 号）和《中国人民银行征信中心动产融资统一登记公示系统操作规则》（2022 年修订），中国人民银行征信中心已依托互联网建立了以声明登记制为基础，电子化、面向所有债权人和债务人开放的动产融资统一登记公示系统。并且，根据《中国人民银行征信中心动产融资统一登记公示系统操作规则》，以及《中国人民银行国家市场监督管理总局公告》（〔2020〕第 23 号）、《关于四类动产抵押登记过渡期满后相关工作安排的公告》（2022 年 12 月 30 日发布）有关规定，自 2024 年 1 月 1 日起，中国人民银行征信中心还开放了原由市场监督管理部门提供的生产设备、原材料、半成品、产品抵押登记离线查询服务。这些举措大大降低了登记难度和登记成本。因此，一方面依据定理 1，在这几种权利中，赋予交易中的第三人的调查义务不能过高，以免有害交易安全。正如后文所述，动产担保交易中"不登记不得对抗第三人"的规则将受到限制，《民法典》第 414 条的适用将优先于第 403 条，第 404 条的适用将优先于第 403 条，也就是说"不登记不得对抗第三人"的规则将主要适用于非正常交易中的买受人的情形。另一方面，在动产抵押的物权变动中，善意的判断标准宜定为（3），即非正常交易中的买受人如果知道动产抵押权的存在，或者虽然不知情但是有重大过失的情形，则担保物权人即使不登记也可以对抗之。

而在特殊动产（机动车、船舶、航空器）的交易中，笔者分析不出让交易中的第三人承担调查义务的理由。从立法理由上看，我国之所以对特殊动产采取登记对抗主义的物权变动模式，是基于历史原因，《物权法》立法前，我国《担保法》第 43 条、《海商法》第 13 条和《民用航空法》第 16 条均采取登记对抗主义，这些规定"为民法学界普遍认可，实践中也没有什么问题"[①]，所以《物权法》中继续沿用了该规定，而《民法典》出于相同的立法理由，又继续沿用了《物权法》中的规定。但是值得注意的是，当时的法律条文并不区分第三人的"善意"

---

① 胡康生. 中华人民共和国物权法释义. 北京：法律出版社，2007：69.

"恶意"。也就是说，无论是从法经济的角度还是历史解释的角度出发，均找不出特殊动产交易中让第三人承担调查义务的理由。但是鉴于《民法典》已经明文规定"不登记不得对抗善意第三人"，笔者认为在特殊动产的物权变动中，应采取前述标准（1），对"善意"作扩大解释，只要不是明知且违反诚实信用原则的情形，都属于"善意"。

综上所述，对于"善意"的判断标准，笔者认为，在土地承包经营权、宅基地使用权、地役权的物权变动中，"善意"应解释为"非因过失而不知"；在动产抵押制度中，非正常交易中的买受人的"善意"的判断标准应定为"非因重大过失而不知"；特殊动产的物权变动中，"善意"应解释为"不知情或者虽然知情但无违反诚实信用原则的情形"。

4.3.3 "善意"的适用范围

我国《民法典》虽然明文规定在适用登记对抗主义的物权变动中，"不登记不得对抗善意第三人"。但是正如前文所述，笔者认为不登记不得对抗的第三人存在一个客观范围，对于在这个客观范围之外的第三人，当事人即使不登记也可以对抗之，而且不用考虑第三人的善意恶意。这种客观范围之外的第三人包括：以不正当手段妨碍登记的人、实质的无权利人、侵权人、继承人、交易的前手以及后手、狭义的"一般债权人"、特定物债权人、尚未取得租赁物占有的租赁权人等。

在不登记不得对抗的第三人客观范围之内，是否都要区分善意恶意呢？参考日本对于"背信恶意者排除"规则的适用①，笔者认为原则上回答应该是肯定的，但是存在如下例外：

（1）破产债权人

从比较法上看，美国《统一商法典》曾经区分破产债权人的善意恶意，但是由于这种区分造成实践操作过于烦琐，后来不考虑破产债权人的善意恶意，一旦进入破产程序，则未完备化（主要是登记）的担保物

---

① 日本通说和判例认为，原则上"背信恶意者排除"规则适用于所有不登记不得对抗的第三人范围。参见本书 4.2.3。

权都会被撤销。① 而日本虽然也有少数学说主张应该在破产程序中区分善意的破产债权人和恶意的破产债权人，但是这种区分将导致程序极为烦琐，因此未为通说和判例所采纳。② 笔者认为这一比较法上的经验值得借鉴，虽然并非不可能设计一种制度从而在破产程序中区分善意的破产债权人和恶意的破产债权人，但是这种制度必将极其烦琐，浪费大量的诉讼资源，因此不足取。

当然，对于这个问题的解答，除了比较法上的经验外，笔者认为还存在更深层次的理由，下文将从法经济学的角度进行分析。

在进行法经济学分析之前，有一个前提问题需要明确，即如果要区分破产债权人的善意或者恶意，应该在什么时点进行判断。从制度上看，有两种选择：第一种选择是债权合同订立时；第二种选择是破产程序开始时。笔者认为，区分破产债权人的善意和恶意的时点，不可能是指破产程序开始时。因为当破产程序开始时，债权人无论是善意还是恶意均无从选择，只能服从破产管理人的安排。如果此时认为恶意债权人不受保护，相当于对信息获取的更多的债权人进行了一个毫无道理的制

---

① 在1962年版的美国《统一商法典》中，还要区分 lien creditor 的善恶意，对于知道担保物权人存在的 lien creditor 而言，即使担保物权未公示，lien 也劣后于担保物权。于是，在破产程序当中，如果所有的破产债权人都知道担保物权存在时（尽管该担保物权未公示），破产管理人和担保物权人谁更优先就成了一个问题［参见1962年版美国《统一商法典》第9-301条（3）最后一句］。而从1972年版的美国《统一商法典》开始，在考察担保物权人和 lien creditor 的权利优先顺序时，将 lien creditor 是否善意从决定因素中剔除出了。

② 如何在破产程序中区分善意的债权人和恶意的债权人是一个操作上的难题。因为债权人在破产程序中本来应该是平等的，如果区分善意和恶意，认为未登记的物权可以对抗恶意的债权人，但是不能对抗善意的债权人，那么如何实现这种效力上的差异呢？对此，有的学者提出了这样一种观点，认为只要破产债权人中有一个是善意的，那么就视为破产管理人是善意的，于是未登记的物权人就不能对抗破产管理人，于是可以暂且忽视未登记的物权人的存在，按照债权比例对破产财产进行分配。但是当分配完成之后，未登记的物权人可以对恶意的债权人提起不当得利之诉。然而该观点受到学界批判，这种分配模式将提起无数的诉讼，结果难以收拾。参见［日］铃木禄弥. 物权的变动与对抗. 渠涛译. 北京：社会科学文献出版社，1999：40.

裁。因此，即使区分破产债权人的善意和恶意，也只能将判断善意或者恶意的时点回溯到债权人可以支配控制的时点，这个时点就是债权人与债务人订立债权合同时，只有这个时刻才是债权人可以左右自己命运的时刻，债权人有选择订立合同或者不订立合同的权利，即使要对恶意的债权人进行制裁，也只能将恶意的判断时点选择在合同订立时。下面分析在合同订立时，恶意的债权人是否值得保护的问题。

前文已述，恶意的债权人是否值得保护的问题表面上看是一个伦理问题，实质上是一个效率问题。原因在于恶意的范围不仅包括知情的情形，还包括因过失而不知情的情形。如果认为因过失而不知情的债权人不值得保护，相当于让交易中所有欲订立债权合同的人陷入一项风险之中，这一风险就是，即使信任登记簿的记载，相信债务人具有足够的责任财产偿还其债务，但是也有可能在这些责任财产上存在一些可以优先于债权人的债权获偿的"隐形的物权"，除非对于这一不知情债权人是没有过失的。这相当于对交易中所有想订立合同的人都赋予了一项实质调查义务，调查交易相对人的一般责任财产上是否存在"隐形的物权"，没有尽到这种实质调查义务就视为有过失，从而要承担前述风险。在本书第 2 章中，笔者分析了在我国的登记对抗主义中，赋予交易中的第三人实质调查义务的理由。那么这些理由能否适用到本节中呢？以下以土地承包经营权为例进行说明。

本书第 2 章说明了为何在土地承包经营权的交易中要赋予交易中的第三人实质调查义务。我们在这里做一个简单的回顾。一方面土地承包经营权的互换和转让是受限制的。依据《农村土地承包法》第 33 条及第 34 条规定，互换和转让仅能在同一集体经济组织内进行。[①] 这就决定了土地承包经营权的流转范围有限，因此依据定理 2，由于流转范围有限，潜在交易人数少，故赋予交易中的第三人一定的调查义务是合理的。另一方面，土地承包经营权仅适用于我国农村，而我国农村又是一

---

① 《农村土地承包法》第 33 条规定："承包方之间为方便耕种或者各自需要，可以对属于同一集体经济组织的土地的土地承包经营权进行互换，并向发包方备案。"《农村土地承包法》第 34 条规定："经发包方同意，承包方可以将全部或者部分的土地承包经营权转让给本集体经济组织的其他农户，由该农户同发包方确立新的承包关系，原承包方与发包方在该土地上的承包关系即行终止。"

个典型的熟人社会，在熟人社会中调查清楚权利的归属并不困难，而且我国土地承包经营权的互换需要在发包人处备案，转让还要经过发包人同意，所以实际上发包人对于土地的权利状况是非常了解的，因此通过询问发包人的方式也可以比较容易地获取土地的权属信息。依据定理3，由于熟人社会中调查真实权属信息的难度不大，故赋予土地承包经营权的交易中的第三人一定的调查义务是合理的。

  从上述分析中我们可以得知，上述两点理由的成立，都是以交易中的第三人以土地承包经营权作为交易对象为前提的。但是如果我们改变前提条件，第三人并非以土地承包经营权作为交易对象，而只是出于某种理由成为土地承包经营权人的金钱债权人，那么上述两点理由就不能成立了。因为任何交易都可能产生金钱债权，即使土地承包经营权的流转受到限制，但是土地承包经营权人的一般性的经济交易活动并不受限制，只要土地承包经营权人进行一般性的经济交易活动，都有可能产生金钱债务，因此对于土地承包经营权人而言，其潜在的金钱债权人的数量 Q 不会受到限制，而范围也不会局限于熟人社会中，故实质调查难度 a 也不会显著降低，也就没有了定理2或者定理3的适用余地。

  那么现在我们再来整理一遍思路，之所以在土地承包经营权的交易中认可不登记不得对抗的第三人主观上应限定为善意，是因为土地承包经营权交易的范围受到限制，而且发生在熟人社会，实质调查难度不大。但是当第三人的交易对象并不指向土地承包经营权，而是指向土地承包经营权人的一般责任财产时（如第三人只是单纯的金钱债权人时），则上述两个条件均不成立，如果此时仍然只保护善意的债权人，就是一种不效率的选择。因此，当第三人的债权标的并不指向土地承包经营权，而是指向债务人的一般责任财产时，对于这种第三人的保护就不应区分善意和恶意，而应该给予同等保护。值得说明的是，这种指向债务人的一般责任财产的债权人在进入破产程序之前（即前文所述"狭义的一般债权人"），和物权人的权利并不发生冲突，所以在进入破产程序之前，该债权人并不在"不登记就不得对抗的第三人"范围之内；但是当这种债权人进入破产程序之后，和物权人的权利发生冲突时，正如前文所述，基于效率的考虑，不应该区分这种债权人在当初订立合同时的善意或者恶意，而应该一体保护，承认其均为"不登记就不得对抗的第三人"。

(2) 转得人

A将物权转让给B，之后又转让给C，之前讨论的都是C的"善意"或者"恶意"的问题，但是如果C又将物权转让给D，那么D的"善意"或者"恶意"，对于案件的处理是否有影响呢？

这一问题的解决非常复杂，前文第4.2.3节论述了"背信恶意第三人"排除规则的适用范围问题，其中也论述了转得人是否适用"背信恶意第三人"排除规则。这里做一个简单的回顾。由于D是从C处受让的物权，需要考察C是有权处分还是无权处分，于是首先要区分C的主观。当C是"背信恶意第三人"（如果采取"恶意者排除说"则是"恶意第三人"）时，C的法律地位取决于A的法律地位，而A的法律地位又取决于本书第2章中所述的理论模型的选择。当选择第2章中的"有权处分构成"时，如依据"不完全物权变动说"，尽管A将物权让与给了B，但是A处仍然保有部分物权，那么A就是有权处分，而C尽管是"背信恶意第三人"，但是依据"不完全物权变动说"，C仍然可以取得部分物权，只是出于法政策的考量认为C属于"背信恶意第三人"不值得保护，所以让B即使不登记也可以对抗C，但是并没有直接剥夺C已经取得的部分物权，C仍然可以将物权再次让渡给D，那么此时是否考虑D的主观，就是一个法政策的问题。于是就有了"绝对构成说"和"相对构成说"的区分：依据"绝对构成说"，无论D是否是"背信恶意第三人"，只要C是"背信恶意第三人"，D就不能取得物权；而依据"相对构成说"，则仍然要考虑D的主观，D是"背信恶意第三人"就不能取得物权，反之则可以取得物权。当选择第2章中的"无权处分构成"时，如依据"权利外观说"，A将物权让与给了B，A就是无权处分人，A再对C的处分就是无权处分，当C是"恶意第三人"时，C就不能取得物权，于是C对D的处分也是无权处分，当D并不构成善意取得时，D就不能取得物权。当C并非"背信恶意第三人"（如果采取"恶意者排除说"则是"恶意第三人"）时，无论采取第2章中的何种理论模型，C都取得了完整的物权，那么C再向D的物权移转就是有权处分，于是从法政策的考虑出发，此时就有了两种选择，即"绝对构成说"和"相对构成说"。

值得说明的是，由于日本的判例采取的立场是，无论C是否是"背信恶意第三人"，都要考虑D是否是"背信恶意第三人"，从而决定D是否能够取得物权。所以日本的学说由判例的观点反推，可认为日本在理论模型上采取的是类似于"不完全物权变动说"的理论构造，而在法政策上又选择了"相对构成说"。但是正如本书第2章所述，笔者认为我国的登记对抗主义应该选择"权利外观说"，既然如此，我国就不能简单地照抄日本的经验，而应该在我国法背景下进行重构。

当C是"恶意第三人"时，在"权利外观说"的理论模型下，C就是无权利人，C再对D的处分就是无权处分，因此对D就没有了对抗规则的适用余地，对D应该适用善意取得制度；当C并非"恶意第三人"时（即C是"善意第三人"），C是有权处分人，此时就有了法政策的适用余地，笔者认为应采取"绝对构成说"。理由在于：如果采取"相对构成说"就相当于间接限制了善意的C的自由处分权，使C取得的物权的流转性受到了限制，故宜采取"绝对构成说"。因此，在我国的登记对抗体系中，转得人并不适用"不登记不得对抗善意第三人"规则。

除了上述破产债权人、转得人外，还有一些值得讨论的第三人，例如后顺位的动产抵押权人是否适用"恶意第三人排除规则"？正常交易中的买受人是否适用"恶意第三人排除规则"？但是，这两种第三人仅存在于动产担保交易中，而且涉及《民法典》第414条与第403条、第404条间的适用关系，以及《民法典》第404条所规定的"正常经营活动中的买受人"规则的理论渊源、适用范围、构成要件问题，因此对于这两种第三人的问题将在后文动产担保交易中的特殊问题部分详细讨论。

4.3.4 与善意取得制度的关系

从比较法上看，在日本，除了公信力说，在其他各种理论模型中，对抗规则和善意取得规则是完全不相干的两个制度。

首先，就理论基础而言：只有公信力说的理论基础和善意取得制度相同，即A之所以能够进行二重让与，是因为A处残留有物权的权利外观。但是若采其他学说，例如不完全物权变动说，A之所以能够进行二重让与，是因为A处仍然保有部分所有权，所以能够将标的物再次处分，和善意取得制度完全不相干。

其次，就适用范围而言：适用对抗规则的典型纠纷模式是二重买卖，A→B，A→C，即A将标的物转让给B，A又将标的物转让给C；而适用善意取得制度的典型纠纷模式是A→B→C，即A出于某种原因作出了标的物已经转让给B的权利外观，B基于该权利外观又将标的物转让给C。

再次，就适用要件而言：（1）通说认为不登记不得对抗第三人的主观要件是"背信恶意第三人排除"；善意取得制度中的主观要件是"恶意或者善意但是有过失者不保护"。（2）在对抗规则中，对第三人C的限制比较小，并不一定要求C是基于合同而取得标的物的人；而在善意取得制度中，C必须是依据合同而取得标的物的人。

最后，就法律效果而言：（1）在对抗规则中，并不要求C取得了登记或者占有，也就是说，当B或者C都没有取得登记或者占有时，B和C处于互相不能对抗的地位；在善意取得制度中，C必须取得了登记（在日本法中，不动产类推适用日本民法典第94条第2款，功能上类似于善意取得）或者占有，才受到保护。（2）在对抗规则中，不登记不得对抗的第三人范围包括破产债权人、扣押债权人等基于公权力执行程序而"取得某种物的支配的债权人"；而在善意取得制度中，前述基于公权力执行程序而取得某种"物的支配的债权人"不被视为受保护者。

但是正如本书第2章所述，笔者认为我国法体系中的登记对抗主义应该采取公信力说中的权利外观说，因此在我国法体系中，登记对抗制度和善意取得制度的关系就变得微妙起来。

首先，前述理论基础上的差异已经不存在，无论是登记对抗制度还是善意取得制度，都是权利外观保护理论中的一环。其次，前述适用要件差异中的（1）将不复存在，无论是登记对抗制度还是善意取得制度，均采取恶意者不保护的立场。最后，前述法律效果差异中的（1）将不复存在，权利外观说不承认存在两个"互相不能对抗的物权"，物权要么在B处，要么在C处，不会出现这种中间情形，在这一点上也和善意取得制度达成了统一。

但是，即使采取了权利外观说，登记对抗规则与善意取得制度也不能完全等同。正如我国有学者所言，"与善意取得规则相比，对抗规则能容纳更多的价值判断"①。笔者认为这体现在：首先，正如前述无论是登记对抗制度还是善意取得制度，均采取恶意者不保护的立场，但是正如本书 4.3.2 所述，在对抗制度中"善意""恶意"的判断标准呈现弹性化的特点，与善意取得制度中相对统一化的标准相比，对抗规则能够容纳更多的价值判断。其次，在对抗规则中，不登记不得对抗的第三人范围包括破产债权人、扣押债权人等基于公权力执行程序而"取得某种物的支配的债权人"；而在善意取得制度中，前述基于公权力执行程序而取得某种"物的支配的债权人"不被视为受保护者。也就是说，即使采取了权利外观说，对抗制度中保护的第三人范围仍然广于善意取得制度中的。

4.4 本章小结

我国《民法典》中的不登记不得对抗第三人的范围均明文规定为"善意第三人"，在我国有限的几种适用范围中，这种"善意""恶意"的区分是一种有效率的选择。

关于"善意"的判断标准：涉及让不同的交易主体承担不同程度的调查义务的成本分配问题，基于经济分析，笔者认为在土地承包经营权、宅基地使用权、地役权的物权变动中，"善意"应解释为"非因过失而不知"；在动产抵押制度中，非正常交易中的买受人的"善意"的判断标准应定为"非因重大过失而不知"；特殊动产的物权变动中，"善意"应解释为"不知情或者虽然知情但无违反诚实信用原则的情形"。

关于"善意"的适用范围：（1）本书第 3 章论述了"不登记不得对抗的第三人"的客观范围，对于在这个客观范围之外的第三人，不用考虑第三人的善意恶意，当事人即使不登记也可以对抗。（2）在"不登记不得对抗的第三人"的客观范围之内，原则上都要区分第三人的善意或者恶意，但是存在如下例外：

（1）就破产债权人而言：一方面，如果在破产程序中区分破产债权

---

① 王洪亮．动产抵押登记效力规则的独立性解析．法学，2009（11）：88-97.

人的"善意"或者"恶意",则这种制度必将极其烦琐,将浪费大量的诉讼资源,为比较法所不采(包括日本和美国),因此笔者认为我国法中亦不宜采纳区分破产债权人善恶意的方案;另一方面,基于效率的考虑,也不应该区分破产债权人在当初订立合同时的"善意"或者"恶意",而应该一体保护,无论善恶意,破产债权人均为"不登记就不得对抗的第三人"。故破产债权人属于"绝对不可对抗的第三人"。同理,一般与破产债权人并列的扣押债权人、参与分配债权人也应该属于"绝对不可对抗的第三人"。

(2)就转得人而言,是否适用"善意""恶意"区分标准则取决于登记对抗理论模型的选择。正如本书第2章所述,我国的登记对抗主义应该选择"权利外观说"。那么依据"权利外观说",当第三人C是"恶意第三人"时,C对于转得人D的处分是无权处分,对于D应该适用善意取得制度而非对抗制度;当C是"善意第三人"时,C对于转得人D的处分是有权处分,笔者认为应采取"绝对构成说",不论D的善意恶意,均为"不登记就不得对抗的第三人"。因此,在我国的登记对抗体系中,转得人并不适用"不登记不得对抗善意第三人"规则。故从"善意第三人"处受让标的物的转得人属于"绝对不可对抗的第三人"。

关于善意取得制度与"不登记不得对抗善意第三人"制度的关系,也取决于登记对抗理论模型的选择。日本的通说由于没有选择"权利外观理论",所以在日本的通说中,善意取得制度与"不登记不得对抗善意第三人"制度完全没有关系。但是正如本书第2章所述,我国的登记对抗主义应该选择"权利外观说",因此在我国的法体系中,这两个制度在理论基础层面形成了统一。但是即便如此,与善意取得规则相比,对抗规则仍然能容纳更多的价值判断,这主要体现在:对抗制度中"善意""恶意"的判断标准更加呈现弹性化的特点,对抗制度中保护的第三人范围仍然广于善意取得制度中的第三人范围。

第 5 章 动产担保中的特殊对抗规则

5.1 本章拟解决的问题

正如本书第 1 章所述，我国的登记对抗主义在实践层面遇到的难题是"不登记不得对抗善意第三人"的范围如何确定。对于这一问题，本书将分三个层次论述，本章讨论的就是其中的"动产担保中的特殊对抗规则"问题。

前文论述了我国"不登记不得对抗第三人"的客观范围和主观要件，讨论的是登记对抗主义的一般性规则。但是在动产担保领域，存在一些更加复杂的因素：首先，就"对抗"的含义而言，前文讨论的都是不登记不得对抗的情形，但是在动产担保领域，除了不登记不得对抗的范围之外，"对抗"一词还被用于登记亦不得对抗的情形①，也就是说我国动产担

---

① 《民法典》第 404 条规定："以动产抵押的，不得对抗正常经营活动中已经支付合理价款并取得抵押财产的买受人。"显然该规定并不区分抵押权登记与否。

保领域的"对抗规则"已经超出了前述"狭义对抗问题"的范畴①，甚至也超出了"广义对抗问题"的范畴。② 其次，就法条适用而言，动产担保领域不仅存在着"对抗规则"本身的问题，而且涉及《民法典》第414条与第403条、第404条的适用关系，以及《民法典》第404条所规定的"正常经营活动中的买受人"规则的理论渊源、适用范围、构成要件等问题。综合上述两点，在动产担保领域，不仅"对抗规则"本身呈现复杂化的特点，而且涉及"对抗规则"和其他效力顺位规则的适用关系问题，因此欲研究我国动产和权利担保领域的对抗规则，就必须将之放入我国动产担保的优先顺位规则体系中进行分析（值得说明的是，动产和权利担保中，以登记作为公示方式的动产担保都明文采取了登记对抗主义；而以登记作为公示方式的权利担保则不一定，如应收账款质押采取的是登记生效主义。因此本书讨论的登记对抗规则主要聚焦于动产担保中，权利担保的问题拟另书讨论。）。最后，就理论继受而言，我国动产担保交易制度很大程度上继受了美国《统一商法典》第9章的制度③，本来登记对抗主义就和我国的物权变动模式存在体系差异，现在在登记对抗主义内部又出现了跨越法系的多元继受，如何化解体系上的冲突成为一个重要问题。

基于上述动产担保领域对抗问题的特殊性，本章拟先厘清我国动产担保对抗制度的继受源——美国《统一商法典》第9章中的"对抗规则"，而后结合我国的理论和实践，并协调与前文所述的对抗一般规则的关系，从而构建我国的动产担保效力顺位规则体系。

---

① "狭义对抗问题"将对抗问题的讨论范围限于"不能并存的权利间的冲突关系"或者"具有物的支配关系的权利间的冲突关系"的情形，讨论的都是"不登记不得对抗"的问题。

② "广义对抗问题"将对抗问题的讨论范围扩大到了"权利保护资格要件"以及"责任免除资格要件"等问题，但是讨论的内容仍然是"不登记"的情况下"能不能对抗"的问题。

③ 全国人民代表大会常务委员会法制工作委员会民法室．中华人民共和国物权法条文说明、立法理由及相关规定．北京：北京大学出版社，2007：613以下．

5.2 比较法上的考察

近年来我国对于美国《统一商法典》第 9 章的研究逐步展开，但是目前的研究多局限于美国动产担保交易制度的历史、特点、制度的基本框架上，而对于该制度中的核心部分——优先顺位效力却缺乏系统性介绍。既往研究常常直接将大陆法系民法的一些思维模式纳入对于美国动产担保交易制度的理解之中，从而在某些问题上产生了误读。鉴于此，本节拟较系统地梳理一遍美国动产担保交易制度的效力顺位规则中的核心部分。

5.2.1 预备知识：设立与公示

美国动产担保物权的设定一般分为两步，一是设立（attachment）[①]，二是公示（perfection）。[②] 我们之所以常说美国《统一商法典》第 9 章采取了"登记对抗主义"，也是源于上述两步的区分：当担保物权被设立时，就具有了执行效力；但是若要取得对抗第三人的效力，那么在大多数情况下需要公示（登记是最重要的公示方式）。

担保物权的设立有三个要件：（1）已经给付对价，典型的情形如债权人向债务人提供了贷款；（2）债务人对担保物有所有权或者处分权；

[①] 有的中文译本将 attachment 翻译为"成立""附着"等。

[②] Perfection 的翻译最有难度，这是美国《统一商法典》第 9 章中的一个特有的制度。有的中文译本将 perfection 翻译为"生效""公示"等。而有的日文译本将 perfection 翻译为"具备对抗要件""公示"等。笔者认为这些翻译都是试图将 perfection 对应为自己国家法律体系中的一个近似的法律制度的译法，但是问题在于这一对应关系常常是不准确的。例如，如果将 perfection 翻译为"公示"，那么正如后文所述，当登记早于担保物权设定时，依据美国法，在担保物权设定时担保物权 perfection，但是此时表述为"担保物权设定时公示"则不恰当，因为在我们的理解中，公示指的应该是登记。因此，最严谨的翻译方式应该直译为"完备化"或者"完善"，但是考虑到如果采取直译的方式，很多问题解释起来会非常麻烦，所以尽管不是很准确，但是本书仍然采取"公示"这一翻译方式。

（3）订立了一个担保合同并且可以证明其存在。①

而担保物权的公示的方式依据担保物性质的不同大致分为四种：登记、占有、控制、自动公示②，其中登记是最为重要的公示方式。由于登记是公示方式的一种，所以对于采取登记作为公示方式的担保物权来说，登记和公示本来应该是同时发生的。但是登记这种公示的方式有一个特点在于，登记的时间既可以在担保物权设立之后也可以在担保物权设立之前。当登记的时间在担保物权设立之前时③，担保物权设立时才发生担保物权的公示。也就是说，此时出现了一种登记先于公示的情形。正是由于这种情形的存在，所以才造就了确定担保物权优先顺位的基本规则——"登记或者公示在先"规则④，后文详述。

5.2.2 "对抗"规则序说

我们常说美国《统一商法典》第9章采取了公示对抗主义，但是准确地说，美国《统一商法典》第9章中很难有哪一个条款能够翻译成"公示对抗"⑤。不可否认，美国动产担保物权的公示的效力和日本物权公示对抗的效力具有很大程度的相似性（这恐怕也是日本作这种翻译的

---

① 参见美国《统一商法典》第 9-203 条（a）（b）。

② 森田修. アメリカ法における動産担保権の公示と占有（1）——UCCファイリングの脱神話化のために. NBL, 2004. (781): 6-18.

③ 该种登记类似于大陆法系的预告登记，当然仅仅是类似而非等同。因为美国的该种登记一经登记就具备了优先效力，不用进行"本登记"。

④ 参见美国《统一商法典》第 9-322 条（a）。

⑤ 我国大陆一直以来认为美国《统一商法典》第9章采取了公示对抗主义，似乎是源自台湾地区学者的介绍［王泽鉴. 动产担保交易法上登记之对抗力、公信力和善意取得//王泽鉴. 民法学说与判例研究（第一册）. 北京：中国政法大学出版社, 2005: 228.］，台湾地区学者为何将美国《统一商法典》第9章总结为公示对抗主义，笔者未做考据。但是有意思的是，日本学者在早期介绍美国《统一商法典》第9章的时候，也将其诠释为公示对抗［如作为先驱研究的大河田实. 米国における動産担保法の形成（一）. 法学协会雑誌. 1978 (2): 369-411.］，但是随着对美国法研究的深入，近来的论著逐渐舍弃了这种翻译方式［森田修. アメリカ法における動産担保権の公示と占有（1）——UCCファイリングの脱神話化のために. NBL, 2004. (781): 6-18.］。

重要理由），但是仍有很多地方存在着重大的不同。比如美国《统一商法典》第9章的这种类似于"公示对抗"的模式仅限于美国《统一商法典》第9章，而不适用于一般的物品买卖的权利变动（美国《统一商法典》第2章），也就是说"公示对抗"并非美国物权变动的一般模式；再比如，在优先权的范围，以及一些特殊制度方面，也有别于大陆法系的公示对抗主义。不过考虑到我国的用语传统，一直将美国《统一商法典》第9章理解为公示对抗，而且在制度继受的时候也采取了"对抗"（《民法典》第403条、第404条）的表述，本书也将沿用这一表述习惯进行讨论。

美国《统一商法典》第9章的"对抗规则"的一个重要特征在于对于各种担保交易进行了类型化的区分，而针对不同的类型采取了不同的"对抗规则"，总体来说：

（一）区分被担保的主债权性质

美国《统一商法典》第9章区分被担保的主债权性质，当被担保的主债权的内容是担保物的购入价金时，则这种担保物权将被赋予种种优待。此时，这种担保物权就被称为"购买价金担保物权"（purchase money security interests），也被称为"超级优先权"（superpriority）。

比如A在其所有的（包括将来取得的）工业用机器上为B设定了一项担保物权，立即进行了登记。后来A为了扩大生产，又从机器经销商C处购入了新的机器，C为了担保其对A的价金债权，也在机器上设定了担保物权，并立即进行了登记。由于C在机器上设定的担保物权担保的主债权是价金债权，所以C的担保物权的性质就是"购买价金担保物权"。在上例中，尽管C的登记晚于B的登记，但是基于"购买价金担保物权优先"的规则，C的担保权优先于B的担保权（当然，这一优先也是有条件限制的，并非如我国有的学者介绍的那般不附加任何条件，具体后文详述）。[①]

那么，为什么美国《统一商法典》中会存在这种"购买价金担保物权优先"的特殊制度？

---

① 藤澤治奈. アメリカ動産担保法の生成と展開——購入代金担保権の優先の法理を中心として. 私法, 2010（72）: 177-184.

一个传统理由是,"购买价金担保物权优先"制度来源于所有权保留制度。在美国《统一商法典》出台之前,实践中常见的担保形式是,当事人约定机器(注意仅限于机器,存货不适用,后文详述)的所有权在移转占有时并不转移给买主(债务人),因此自然不会成为其他担保权人的担保权的标的,也就自然"优先于"其他担保权。美国《统一商法典》出台之后不再具体区分担保合同约定的具体形式,统一认定为"担保物权",也就不再有"所有权保留"这种独立的担保形式,但是上述优先效力仍然受到广泛认可,并规定进了第9-324条。①

此后,有学者从分析交易中当事人的意思的角度提出了更加实质性的理由。一方面,实际上价金担保物权人(上例中的C)丝毫没有放弃对于自己财产的权利,他之所以愿意放弃对于财产的物理性占有,是因为相信如果买主(上例中的A)怠于支付价款,自己可以取回该财产或者就该财产优先受偿,并且这一权利优先于其他权利人,否则他不会轻易放弃对财产的物理性占有。另一方面,其他担保物权人(上例中的B)对于债务人(上例中的A)提供的仅仅是金钱,并且在金钱上也没有保留或者设定任何权利。尽管其他担保物权人(上例中的B)也设定了担保,但是担保物却并非担保物权人自己的物,甚至在担保设定的时点也不是担保人(上例中的A)的物。比较C与B的风险,C的风险关乎是否失去属于自己的物,而B的风险仅仅关乎是否失去一项并不归属于自己的物的权利。两相比较,赋予前者以优待是值得肯定的。②

进一步而言,"购买价金担保物权人"不仅仅可以是担保标的物的卖方,为标的物买受人提供融资的第三人也可以在标的物上设定"购买价金担保物权",并享有前述优待。理由也类似,如果没有该第三人提供融资,那么债务人就不可能取得该标的财产。为了购买担保物提供融资的人相较于其他单纯的融资人自然享有更加优先的权利顺位。③

---

① Bradford Stone, Uniform Commercial Code in a Nutshell, 7th ed., Thomson/West, 2008, p. 482.

② Nelson & Whitman, Real Estate Finance Law §9.1, 2nd ed., West Pub. Co, 1985, pp. 677-678.

③ Nelson & Whitman, Real Estate Finance Law §9.1, 2nd ed., West Pub. Co, 1985, p. 680.

因此下文分析优先顺位规则时，也将区分购买价金担保物权和非购买价金担保物权分别讨论。

（二）区分不同的权利主体

美国《统一商法典》第 9 章另一个显著的特点是对不同的权利主体适用不同的优先顺位规则。其主要区分了三种权利主体：担保物权人、lien creditor[①]、担保物买受人，分别规定了担保物权人与担保物权人、担保物权人与 lien creditor、担保物权人与担保物买受人在不同情形下的优先顺位关系。我国目前介绍美国《统一商法典》第 9 章的论述常常忽视了这一点，表现为：（1）将担保物权人与担保物买受人混为一谈，常常笼统地论述某项担保物权是否可以对抗"善意第三人"，但是正如后文所述，实际上美国《统一商法典》第 9 章中，只有在讨论担保物权人与担保物买受人的优先顺位规则时才有讨论第三人"善意恶意"的余地，而在讨论担保物权人与担保物权人的优先顺位规则时完全不考虑第三人的"善意恶意"；（2）不重视 lien creditor，由于我国法中没有 lien creditor 的直接对应项，所以关于该种权利主体的规定常常被我国学者所忽视，或者只是简单地将其理解为留置权，但是实际上 lien creditor 在美国法中是一个极其重要的权利主体，正如后文所述，诸如破产管理人、扣押债权人等均被涵盖在这一范畴中，也就是说，我国学者经常困惑的"一般债权人"的规则中的主要部分实际上要从"lien creditor"的规则中寻求。

因此下文分析优先顺位规则时，也将区分担保物权人与担保物权人、担保物权人与 lien creditor、担保物权人与担保物买受人分别讨论。

（三）区分不同的担保标的物

美国《统一商法典》第 9 章不仅区分被担保债权以及权利主体，而且非常细致地区分不同的担保标的物，并且在很多情形下对不同的担保标的物适用不同的优先顺位规则。

---

① Lien creditor 很难翻译，在各种汉译本中有多种不同版本的译法，如"留置权人""质押债权人""lien 人""法定担保权人"等。原因在于该概念在美国法中的含义极为宽泛，在我国法中没有严格的对应项。孙新强教授（2011）指出，该概念大致相当于我国的担保物权和部分强制措施的集合体。鉴于此，本书对于该概念不再翻译，直接采用原文。

其中最重要的两种类型区分是机器和存货。因为在美国，机器设备的担保交易制度和存货的担保交易制度完全就是由两条不同的脉络发展而来：前者源自美国19世纪后半期的铁路公司破产案件的判例；后者源自信托收据（trust receipt）交易制度。虽然之后美国《统一商法典》对这两个制度加以统合，但是既然它们由完全不同的脉络发展而来，自然在诸多地方存在差异。

例如，前述"购买价金担保物权优先"的规则主要适用于担保物是"机器"的情形，当担保物是"存货"时，依据美国《统一商法典》第9-324条（b），购买价金担保物权优先的规则受到极其严苛的限制，几乎可以说购买价金担保物权优先的规则对于"存货"交易不适用（后文详述）。[①]

对比我国《民法典》，"机器"相当于第395条第4项、第396条规定的"生产设备"，"存货"相当于同条规定的"原材料、半成品、产品"，因此这两种制度对我国的借鉴意义较大。由于篇幅所限，本书在介绍美国制度时，仅截取"机器"和"存货"这两种基本类型进行探讨。

以下开始具体探讨。

5.2.3 非"购买价金担保物权"的对抗规则

首先讨论担保交易中没有"购买价金担保物权人"时，各种权利人之间的效力顺位规则。

1. 担保物权人之间的关系

（1）均已公示的担保物权

依据美国《统一商法典》第9-322条（a）(1)，均已公示的担保物权，依据公示或者登记两者之中的较早者的顺序确定其优先顺位关系。

前文已述，担保物权的最终成立要分为两步：设立和公示，在绝大

[①] 有的学者在我国引入"价金担保物权"制度时，就忽视了机器和存货的区别，在说明价金担保物权的优先效力的时候，所举的例子都是存货的例子［董学立.浮动抵押的财产变动与效力限制.法学研究，2010（1）：63-73.］这是不准确的。

多数情况下，只有经公示的担保物权才有担保效力。登记是最为重要的公示方式，一般情况下，登记和公示本来应该是同时发生的。但是登记这种公示的方式有一个特点在于，登记的时间既可以在担保物权设立之后也可以在担保物权设立之前。当登记的时间在担保物权设立之前时，担保物权设立时才发生担保物权的公示。也就是说，此时出现了一种登记先于公示的情形。正是由于这种情形的存在，所以才造就了似乎有点拗口的将第9-322（a）（1）规则。

其实将第9-322（a）（1）规则分解开来，可以理解为两种情形：一种情形是不存在登记先于担保物权设定的这种情况时，优先顺序取决于担保物权公示的时期（即登记、占有、控制、自动完备中的一种）；另一种情形是存在登记先于担保物权设定的情形时，则决定该项担保物权的优先顺位的时间就是登记的时间。以下举例说明：

例1：债务人A在其所有的同一动产上分别为其债权人B和债权人C设立了担保物权（设立时间先后无所谓），此后B先于C登记担保物权。在本案中，由于B的担保物权的公示（登记）先于C的担保物权的公示（登记），所以B的权利优先。[①]

例2：债务人A在其所有的同一动产上分别为其债权人B和债权人C设立了担保物权（设立时间先后无所谓），此后B取得了该动产的占有但是没有登记，再之后C将其融资声明登记。由于占有也是公示的一种方式，B的担保物权的公示（占有）先于C的担保物权的公示（登记），所以B的权利优先。[②]

例3：2月1日，B登记了一份融资声明，其中涉及债务人A的某项设备。3月1日，C登记了一份融资声明，其中涉及同一设备。4月1日，C向债务人A设立提供贷款合同并就该设备订立了担保协议。5月1日，B向债务人A发放贷款并就该设备订立了担保协议。在本案中，

[①] Bradford Stone, Uniform Commercial Code in a Nutshell, 7th ed., 2008, pp. 478-480. 需要说明的是，原著中分为机器或者面向消费者的产品和存货两大类别分别表述，但是在这个问题上结论是相同的（机器与存货的区分主要体现在价金担保物权的效力上），而且适用的法条均是美国《统一商法典》第9-322条（a）（1），所以为了简化表述，本书对原书第478页的例1和第480页的例1做了总结。

[②] 参见美国《统一商法典》第9-322条（a）（1）。

B 的担保物权公示的时间是 5 月 1 日，而 C 的担保物权公示的时间是 4 月 1 日，C 早于 B。但是，本案就出现了前文所述的登记早于担保物权公示的现象，因此在本案中确定优先顺位应该以登记的时间为准。由于本案中 B 登记的时间是 2 月 1 日，C 登记的时间是 3 月 1 日，B 早于 C，所以 B 的权利优先。①

上述规则也适用于嗣后取得财产上（相当于设定了浮动担保）的优先顺位。

例 4： 2 月 1 日债务人 A 与债权人 B 签订了一份担保合同，担保物范围包括 A 的"所有机器，既包括现在的又包括嗣后取得的"，合同订立后 B 立即向 A 提供了贷款，并且 B 马上将该担保的融资声明登记。4 月 1 日，A 的另外一个债权人 C 也就 A 的"所有机器，既包括现在的又包括嗣后取得的"订立了担保合同从而担保 C 尚未受清偿的贷款。5 月 1 日，债务人 A 取得了一项新机器。就该新机器，B 与 C 的担保物权何者优先呢？

在本案中，由于债务人 A 在 5 月 1 日才取得新机器，依据美国《统一商法典》第 9-203 条（b）（2），从 A 取得担保物的权利时即 5 月 1 日起，B 和 C 才同时在担保物上设立担保物权。而依据第 9-308（a），当登记早于担保物权设立时，从担保物权设立时起担保物权公示。因此，B 和 C 的权利在 5 月 1 日同时公示。但是依据前述第 9-322 条（a）（1），由于 B 和 C 的登记都在其担保物权公示之前，所以本案中要以 B 和 C 登记的时间作为确立优先顺位的标准。由于 B 的登记先于 C 的登记，所以 B 的权利优先。②

（2）已公示的担保物权与未公示的担保物权

依据美国《统一商法典》第 9-322 条（a）（2），已公示的担保物权优先于未公示的担保物权。

例 5： 债务人 A 为了债权人 B 设立了担保物权，但是没有进行任何

---

① ［美］ALI，NCCUSL. 美国《统一商法典》及其正式评注. 高圣平译. 北京：中国人民大学出版社，2006：218.

② ［美］ALI，NCCUSL. 美国《统一商法典》及其正式评注. 高圣平译. 北京：中国人民大学出版社，2006：220.

公示,此后A又为债权人C设立了担保物权,并且进行了登记。在本案中,尽管B的担保物权设立在前,但是由于没有公示,故劣后于后设立的已经公示的C的担保物权。

(3) 均未公示的担保物权

依据美国《统一商法典》第9-322条(a)(3),均未公示的担保物权依据设立时间的先后确定优先顺位。

例6:债务人A为了债权人B设立了担保物权,但是没有进行任何公示,此后A又为债权人C设立了担保物权,也没有进行任何公示。在本案中,B的权利优先于C的权利。

2. 担保物权人与 lien creditor

依据美国《统一商法典》第9-317条(a)(2)A,原则上取决于担保物权公示与lien成立的时间先后。

例7:债务人A为了债权人B设立了担保物权,在该担保物权登记之前,债权人C成为债务人A的lien creditor。本案中,由于C取得lien时,B的担保物权尚未公示(没有登记),所以C的权利优先。依据是第9-317条(a)(2)A的反对解释以及第9-201条(a)。①

例外的情形在于登记在担保物权设立之前的情形。此时,当美国《统一商法典》第9-203条(b)(3)的条件之一被满足,且融资声明被登记时,尽管担保物权尚未公示,仍然优先于lien。②

例8:债务人A与债权人B订立了担保合同,且将融资申明进行了登记,但是尚未发放贷款时,债权人C成为债务人A的lien creditor。B与C的权利何者优先呢?

本案中,尽管担保合同已经订立,但是贷款尚未发放,所以担保权尚未成立,自然也就没有公示。但是在担保权尚未成立时,融资申明已经进行了登记,而且担保合同也被A所确认〔第9-203条(b)(3)的条件之一被满足〕,所以B的权利仍然优先于后成立的C的lien。

3. 担保物权人与买受人

美国《统一商法典》中涉及担保物权人与买受人关系的规则非常复

---

① Bradford Stone, Uniform Commercial Code in a Nutshell, 7th ed., Thomson/West, 2008, p.478.

② 参见美国《统一商法典》第9-317条(a)(2)B。

杂，需要区分担保物的类型、用途。为了避免论述过于琐碎，这里将介绍范围局限于有体动产相关权利。

(1)"正常交易中的买受人"

依据美国《统一商法典》第9-320条（a），无论担保物权是否公示，"正常交易中的买受人"均优先于担保物权人。

所谓"正常交易中的买受人"指的是从"以出卖该类有体动产为业的人"处购买商品的买受人，但是从典当商处购买商品的买受人除外。从应用上看，正常交易中的买受人主要都是存货交易中的买受人[①]，例如：

例9：债务人A以经营某种商品为业，A在其仓库里的所有存货上为B设立了担保物权且进行了登记（公示），C在A的营业场所购得了仓库里的某件存货。在本案中，C所取得的权利不受B的担保物权的约束，无论C是否知道B的担保物权的存在都不影响前述结论。除非A与B在担保合同中约定了特别条款，约定如果A处分担保物属于侵犯担保权人B的行为，并且C知道A与B的这一约定时，C的权利才劣后于B。[②]

(2)非"正常交易中的买受人"

依据美国《统一商法典》第9-317条（b），担保物权人劣后于该担保物权公示之前出现的善意买受人（不知担保物上附有担保权且支付了对价且受领了担保物的买受人）。

这种交易一般而言存在两种情况：一种情况是企业为了周转资金而出卖机器设备的情形（这里的机器设备是生产设备，而非机器经销商本来就出卖的设备）；另一种情况是企业将其仓库内的存货概括转让的情形。

例10：A在其生产设备上为B设定了担保物权，但是没有登记，后来A为了周转资金将该生产设备卖给了不知情的第三人C，并且C支付

---

① Bradford Stone, Uniform Commercial Code in a Nutshell, 7th ed., Thomson/West, 2008, p. 479.

② ［美］ALI, NCCUSL. 2006. 美国《统一商法典》及其正式评注. 高圣平译. 北京：中国人民大学出版社. 212.

了价金，并取得了生产设备的占有。此后 B 将融资声明登记。B 能否对 C 主张其担保物权呢？

本案中，由于 C 是善意买受人，所以 C 的权利优先于未公示的担保权人 B。但是如果将该案的条件稍加改变，比如当 C 知道担保权的存在时，则 B 的担保物权优先；再比如在 C 支付价金或者占有标的物之前，B 进行了登记，则也是 B 的担保物权优先。依据是美国《统一商法典》第 9-317 条（b）的反对解释以及第 9-201 条（a）。①

5.2.4 "购买价金担保物权"的对抗规则

正如前文所述，当某项担保物权的被担保主债权是购买价金债权时，该担保物权被称为"购买价金担保物权"（purchase money security interests），被赋予了种种优待，也被称为"超级优先权"（superpriority）。以下开始讨论"购买价金担保物权人"与其他权利人之间的权利优劣关系。

1. 价金担保物权人与非价金担保物权人之间的关系

（1）一般规则

依据美国《统一商法典》第 9-324 条（a），如果债务人受领担保物的占有之时或者此后 20 日之内价金担保物权公示，则该价金担保物权优先于其他一切非价金担保物权。

例 11：5 月 1 日机器销售商 B 将一台机器卖给了 A，在同日完成了交付，并在同一台机器上为 B 设立了担保物权，担保该机器的购入价金，于 5 月 8 日将融资声明登记。5 月 5 日 C 向 A 提供了一笔贷款，并在同一台机器上为 C 设立了担保物权，并且在 5 月 6 日将融资声明登记。该案中 B 与 C 的担保物权何者优先呢？

本案中，B 的担保物权的公示的时间是 5 月 8 日，C 的担保物权的公示的时间是 5 月 6 日。如果 B 与 C 的担保物权担保的主债权都非购入价金债权，那么应该是 C 的权利优先于 B 的权利。但是，由于本案中 B 的担保物权担保的是购入价金债权，而且该担保物权在交付之日（5 月

---

① Bradford Stone, Uniform Commercial Code in a Nutshell, 7th ed., Thomson/West, 2008, p.479.

1日）起的20日内已经登记（公示），那么依据美国《统一商法典》第9-324条（a），B的权利优先于C的权利。①

（2）存货

存货上的价金担保物权与其他担保物权的关系比较复杂。当存货上的价金担保物权的登记或者公示的时间早于其他担保物权时，自然是存货上的价金担保物权优先。当存货上的价金担保物权的登记或者公示的时间晚于其他担保物权时，存货上的价金担保权人欲取得优先于时间在前的其他担保物权人的权利，价金担保物权人必须在债务人取得存货占有时使其担保物权公示（也就是说不适用前述非存货的20日宽限期的规定），不仅如此，价金担保物权人还附有一项通知义务，必须在债务人受领价金担保物的占有之前的5年内让其他担保物权人收到通知。②

之所以赋予存货上的价金担保物权人以通知义务，原因在于存货担保交易的特点。在典型的存货金融交易中，存货担保权人一般会和债务人签订一个特别约定，约定随着新货入库才定期发放贷款，或者随着新货入库才放弃在旧货上的担保物权（这种约定一般仅存于存货交易中）。经常出现的情况是，存货担保权人只有在入库的新货上没有任何负担时，才会继续发放贷款或者放弃旧有的担保权。如果对存货上的价金担保物权的效力和普通的（主要是机器上的）价金担保物权的效力作出相同的规定，那么很有可能将出现一种欺诈性的债务人，一方面债务人可以为价金债权人在存货上设定担保物权，另一方面债务人又可以对原本在存货上设定了担保物权（非价金担保物权）的债权人隐瞒上述事实，从而骗取新的贷款发放。为了保护原本在存货上设定了担保物权（非价金担保物权）的债权人的利益，因此规定了价金担保物权要取得"超级优先权"的效力，就必须通知竟存的担保物权人，从而让这一部分担保物权人自己决定是否继续发放贷款。③

例12：4月1日C给电视机经销商A提供了一笔贷款，A将仓库内

---

① Bradford Stone, Uniform Commercial Code in a Nutshell, 7th ed., Thomson/West, 2008, p.485.

② 参见美国《统一商法典》第9-324条（b）（c）。

③ [美] ALI, NCCUSL. 2006. 美国《统一商法典》及其正式评注. 高圣平译. 北京：中国人民大学出版社.233.

现在所有的以及将来所有的全部电视机为 C 设定了担保物权。C 在 4 月 2 日将融资声明登记。电视机生产商 B 与电视机销售商 A 订立了电视机买卖合同,为了担保该批电视机的购买价金,B 在该批电视机上为自己设定了担保物权。5 月 1 日 B 将融资声明登记。5 月 2 日 B 对 C 发出了一项通知,告知自己最近卖给了 A 一批电视机,并在该批电视机上设定了担保物权,而且具体并适当地说明了包括哪些电视机。5 月 3 日,C 收到了 B 发出的前项通知。5 月 5 日,B 将该批电视机交付给 A,A 于同日开始占有该批电视机。本案中,B 的担保物权与 C 的担保物权何者优先呢?

在本案中,C 的担保物权登记的时间是 4 月 2 日,B 的担保物权登记的时间是 5 月 1 日,如果 B 的担保物权不是价金担保物权,则当然是 C 的担保物权胜出。但是本案中 B 的担保物权是价金担保物权,依据美国《统一商法典》第 9 - 324 条(b)(c)的规定,当 B 在债务人 A 取得存货占有之时使其担保物权公示,并且通知其他担保物权人 C(C 必须在债务人 A 受领价金担保物的占有之前的 5 年内收到通知)时,则 B 的担保物权胜出。而本案的事实恰恰符合这一情况,B 在 A 受领担保物之前已经登记,也就是说从 A 受领担保物时起该担保物权公示,而且 C 收到通知也在 A 受领担保物权前的几天内,因此 B 的担保物权优先。[①]

2. 价金担保物权人与 lien creditor

价金担保物权人如果在债务人受领担保物的交付或者受领之后 20 日内登记了融资声明,则价金担保物权优先于价金担保物权有效成立至登记之间产生的 lien。[②]

该规定也体现了美国《统一商法典》对于价金担保物权人的优待,如前所述,普通的担保物权人要取得对于 lien creditor 的优先权利,原则上要在 lien 产生之前公示,但是对于价金担保物权则给予了一个 20 天的宽限期,只要在这 20 天内登记,则可以优先于担保物权登记之前(成立之后)的 lien。

---

① Bradford Stone, Uniform Commercial Code in a Nutshell, 7th ed., Thomson/West, 2008, pp. 489 - 490.

② 参见美国《统一商法典》第 917 条(e)。

例 13：担保物权人 C 在 5 月 1 日将机器卖给了债务人 A 并于当日交付，为了担保其购入资金而在机器上设定了担保物权。债务人 A 在 5 月 5 日申请破产，其所有财产均被破产管理人 B 接管。之后 5 月 8 日担保物权人 C 进行了登记。本案中破产管理人 B 可以撤销 C 的担保物权吗？

依据美国破产法第 544 条（a），破产管理人具有 lien creditor 的地位，可以撤销一切劣后于 lien 的权利。如果 C 不是价金担保权人，那么由于其登记晚于破产，其权利也就劣后于 lien creditor，因此在破产程序中其权利必然会被撤销。但是由于本案中的担保物权人 C 是购买价金担保物权人，只要在宽限期内进行了登记，那么其权利就优先于 lien creditor。所以在上例中，C 的权利优先于 lien creditor，破产管理人不能依据美国破产法第 544 条（a）撤销其担保物权。①

3. 担保物买受人

（1）"正常交易中的买受人"

依据美国《统一商法典》第 9-320 条（a），当买受人是"正常交易中的买受人"的场合，则无论被担保债权是否是"价金担保债权"，且无论担保物权是否公示，也无论担保物是机器还是存货，"正常交易中的买受人"的权利均优先于担保物权人的。

如前文所述，"正常交易中的买受人"主要是存货的买受人。

例 14：5 月 1 日，经销商 A 从生产商 B 处购买了一批商品，并在该批商品上设立了担保物权。5 月 8 日 B 将该担保权进行了登记（公示）。5 月 5 日，C 在 A 的营业场所购得了该批商品中的某件商品。

在本案中，由于 C 的身份是"正常交易中的买受人"，所以 C 所取得的权利不受 B 的担保物权的约束，无论 C 是否知道 B 的担保物权的存在都不影响前述结论。不仅如此，即使 C 是在 5 月 8 日之后购得该商品，其权利也优先于 B 的担保物权。②

---

① Bradford Stone, Uniform Commercial Code in a Nutshell, 7th ed., Thomson/West, 2008, p. 491.

② Bradford Stone, Uniform Commercial Code in a Nutshell, 7th ed., Thomson/West, 2008, p. 491.

(2) 非"正常交易中的买受人"

依据美国《统一商法典》第9-317条（e），当买受人并非"正常交易中的买受人"的场合，如果债务人受领担保物的交付之前或者受领后的20日之内，已就价金担保物权的融资声明进行了登记，那么该担保物权优先于所有担保物买受人的权利。

正如前文所述，非"正常交易中的买受人"主要是机器的买受人或者存货的概括受让人。

例 15：5月1日，A从B处购入了一台生产设备，并于当日移转了占有，并在该生产设备上为B设立了担保物权，5月8日将该担保物权的融资声明进行了登记。5月5日A将该生产设备卖给了不知情的第三人C并于当日移转占有。在本案中，由于价金担保物权人B在受领交付的20日之内进行了登记，所以B的权利优先于善意的担保物买受人C。[①]

5.2.5 难点问题：未公示的担保物权与"一般债权"

关于美国《统一商法典》第9章中未公示的担保物权是否具有物权效力的问题，不少学者基于第9-201条（a）[②]关于担保合同效力的原则性规定，得到一个推论：未公示的担保物权效力也优先于一般债权[③]，进而认为这是物权优先于债权的体现。[④] 然而果真如此吗？

综观美国《统一商法典》第9章就会发现，除了第9-201条（a），几乎没有关于债权人地位的一般性描述，而笔墨主要集中在如下三种主体：担保物权人、lien creditor、担保物买受人。为何如此呢？难道我们极重视的"一般债权人"问题在美国法中只要简简单单的一个原则性规定就解决了吗？

---

① Bradford Stone, Uniform Commercial Code in a Nutshell, 7th ed., Thomson/West, 2008, pp. 491-492.

② 该款规定担保契约对于担保物的购买者以及债权人具有当事人之间的效力。

③ 高圣平. 动产担保交易制度研究. 中国政法大学2002年博士学位论文：176；董学立. 美国动产担保制度研究. 山东大学2006年博士学位论文：150.

④ 董学立. 美国动产担保制度研究. 山东大学2006年博士学位论文：150.

答案是否定的。关于这个问题，旧版的美国《统一商法典》（如1987年版）说得更加明确。1987年版的美国《统一商法典》第9-301条（1）（b）明确规定了未公示的担保物权劣后于"担保物权公示前获得lien的债权人"，而第9-301条（3）又对lien债权人进行了列举，包括"通过查封、扣押或类似方法对有关财产取得lien的债权人、全体债权人利益所作财产总让与中的受让与人（从让与作出时起算）、破产程序中的受托人（从破产申请提出时起算）或衡平法中的财产接收人（从任命时起算）"。根据上述规定，我们可以非常清楚地了解到，未公示的担保物权不能对抗扣押债权人、破产债权人等。[①] 正因为如此，有的学者将美国动产担保交易的对抗规则总结为未公示的担保物权不能对抗一般债权人。[②]

现行美国《统一商法典》经过调整，原第9-301条（1）（b）的规则变为如今的第9-317条（a）（2）[③]，规定如下：

担保物权或者农业lien劣后于如下权利：

……

（2）除了（e）款所作的其他规定，比以下时期中较早的一个更早获得lien的人。

（A）担保物权或者农业担保权公示的时候；

（B）第9-203条（b）（3）所定的条件之一被满足，以该担保物为对象的融资说明书被登记的时候。

（以下略）

---

① 在1962年版的美国《统一商法典》中，还要区分lien creditor的善恶意，对于知道担保物权人存在的lien creditor而言，即使担保物权未公示，lien也劣后于担保物权。于是，在破产程序当中，如果所有的破产债权人都知道担保物权存在时（尽管该担保物权未公示），破产管理人和担保物权人谁更优先就成了一个问题［参见1962年版美国《统一商法典》第9-301条（3）最后一句］。而从1972年版的美国《统一商法典》开始，在考察担保物权人和lien creditor的权利优先顺序时，将lien creditor是否善意从决定因素中剔除出了。

② 渋谷年史．アメリカ统一商法典．東京：木鐸社，1994：446．

③ ［美］ALI，NCCUSL．．美国《统一商法典》及其正式评注．高圣平译．北京：中国人民大学出版社，2006：204．

根据该款规定，原则上来说 lien 仍优先于未公示的担保物权。①

但是原第 9-301 条（3）不见踪影，也就是说美国《统一商法典》不再采取列举的方式明确 lien creditor 的范围。但是这是否说前述破产债权人、扣押债权人等依据新的美国《统一商法典》就不再是 lien creditor 呢？答案是否定的。实际上关于 lien creditor 的范围问题，现行美国《统一商法典》将之交由特别法或者州法解决。而依据其他特别法或者大多数州的州法，旧版美国《统一商法典》中所列举的 lien creditor 的范围实际上没有大的变化。以下以我们最为关心的破产债权人为例进行阐明。

美国破产法中有一条著名的"强臂条款"，即第 544 条（a）②，该款赋予了破产管理人非常大限度的撤销权：

"破产管理人在破产程序开始时，不论破产管理人或者债权人是否知道，都有权利或者权力避免债务人的财产转移行为或者其他任何由债务人导致的义务，而这些转移行为或义务可被如下主体撤销：

"（1）在破产程序开始时，给债务人提供信用，这时就该信贷，依据一个简单的合同，就可以取得该所有财产的司法留置的债权人，无论这样的债权人是否真实存在；

"（2）在破产程序开始时，给债务人提供信用，这时就该信贷，对债务人进行了强制执行却未能完全受偿的债权人，无论这样的债权人是否真实存在；

"（3）从债务人那里购买州法上允许转让的不动产（而非附着物）的善意购买人，而且该财产在破产程序开始时就已经公示，无论这样的购买人是否真实存在。"（笔者自译）

该表述极为拗口，但是简单地说，就是赋予了破产管理人三种不同

---

① 与原第 9-301 条（1）（b）的区别是，增加了一种例外情况，即在第 9-203 条（b）（3）所规定的条件之一被满足且担保证明书被登记之后，即使该担保物权尚未公示，也可以对抗 lien。参见［美］ALI, NCCUSL. 美国《统一商法典》及其正式评注．高圣平译．北京：中国人民大学出版社，2006：205．

② 需要注意的是，该款有别于我们一般理解上的破产管理人对偏颇行为的撤销权，即美国破产法第 547 条。第 547 条撤销的主要是一些不当的财产转移行为；而第 544 条（a）撤销的范围更广，包含正当的交易行为。

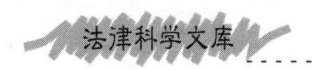

的地位：(1) 有司法 lien 的债权人；(2) 虽申请了强制执行但是其债权未完全受偿的债权人；(3) 善意购买不动产且完成了公示的受让人，从而使破产管理人可以行使如上三种主体本可以行使的撤销权，而且上述三种主体是否真实存在都不影响破产管理人的权利行使。

因此，基于美国破产法第 544 条（a）(1)，破产管理人获得了一个假设的 lien（hypothetical lien creditor）①，那么这又意味着什么呢？无担保的一般债权人在破产时，基于美国破产法第 544 条（a）获得了假设的 lien，从而可以撤销劣后于 lien 的权利，而依据美国《统一商法典》第 9-317 条（a）(2)，lien 原则上又优先于未公示的担保物权。因此，实际上在美国法律体系中，未公示的担保物权在破产程序中几乎肯定会被撤销。易言之，在破产程序中，未公示的担保物权人并没有优先于无担保债权人受偿的权利。

由此可见，尽管美国《统一商法典》第 9-201 条（a）规定了担保合同对一般债权人有效，但是由于"一般债权人"中最重要的部分——破产债权人、扣押债权人等已经被划入 lien creditor，因此可以说美国《统一商法典》第 9-201 条（a）基本上已经被美国《统一商法典》第 9-317 条（a）(2) 架空了。

写到这里，恐怕就会有人问：既然未公示的担保物权人并没有优先于无担保债权人受偿的权利，那么未公示的担保物权有什么意义呢？答案是在某些例外情况下有意义。

例外一：未进入执行阶段的一般债权人

上文已述，依据美国《统一商法典》第 9-317 条（a）(2)，未公示的担保物权并不能优先于破产债权人。但是如果债务人并没有进入破产阶段，担保物也没有被扣押，则未公示的担保物权人仍然能够行使其担保物权，而未进入执行阶段的一般债权人并不能对此提出异议。可见在这一点上，美国法和前文所述的日本的登记对抗主义规则形成了统一，未公示的担保物权可以对抗"狭义的一般债权人"。

---

① 有学者认为可以理解为从破产时起破产管理人就对债务人的全部财产进行了概括的扣押。See James Angell MacLachlan, Handbook of the Law of Bankruptcy, West Pub. Co., 1956, p. 183.

例外二："非正常交易中"的非善意买受人

前文已述，依据美国《统一商法典》第 9-320 条（a），"正常交易中的买受人"优先于公示的或者未公示的担保物权人。而依据美国《统一商法典》第 9-317（b），"非正常交易中"的善意买受人优先于未公示的担保物权人。依据第 9-317（b）的反对解释，"非正常交易中"的知情买受人或者尚未受领交付的买受人，就不能对抗未公示的担保物权。对照前文所述的大陆法系的用语，"非正常交易中"的非善意买受人相当于"特定物债权人"。

例外三：购买价金担保物权

美国《统一商法典》中有一项重要的原则，即购买价金担保优先的原则。该原则给予了购买资金的担保物权非常大的优待，在很多情况下，如果其担保物权的设立是为了担保购买价金，那么即使其公示晚于其他担保物权（或者 lien 或者买受人），也优先于其他担保物权（或者 lien 或者买受人）。①

如美国《统一商法典》第 9-317 条（e）就赋予了购买价金担保物权人一个 20 天的宽限期，只要在购买的标的物交付之后 20 天以内将融资声明登记，那么购买价金担保物权人就优先于其他担保物权人（或者 lien 或者买受人）。举例来说，担保物权人在 5 月 1 日将机器卖给了债务人并于当日交付，为了担保其购买价金而在机器上设定了担保物权。债务人在 5 月 5 日申请破产，之后 5 月 18 日担保物权人进行了登记。由于此时的担保物权人是购买价金担保物权人，只要在宽限期内进行了登记，那么其权利就优先于 lien creditor。所以在上例中，破产管理人就不能依据美国破产法第 544 条（a）撤销该担保物权。

例外四：自动对抗的担保物权

美国《统一商法典》规定了某些担保物权只要一成立，无须再践行其他手续，自动具备公示对抗效力。典型的如面向消费的物品的购买价金担保物权。②那么对于这些担保物权而言，即使不登记也可以优

---

① 参见美国《统一商法典》第 9-317 条（e）、第 9-324 条。
② 参见美国《统一商法典》第 9-309 条（1）。

先于 lien creditor。举例来说，销售商 5 月 1 日将一台机器卖给了债务人个人使用，并在机器上设定了担保物权担保其购入资金，但是没有登记，之后债务人在 5 月 15 日申请破产。由于此时的担保物权人是购入资金担保物权人，而且担保物是面向消费的物品（个人使用目的），故其权利无须其他公示方式自设立时起就优先于 lien creditor。所以在上例中，破产管理人也不能依据美国破产法第 544 条（a）撤销该担保物权。

基于上述分析，笔者认为美国动产担保制度中的未公示担保物权在大多数权利冲突中并没有显示出优先效力，只有在没有权利冲突发生时才有执行效力；而其在一小部分的权利冲突中虽然显示出优先效力，但是这种优先效力是暂时的，如果最终不公示，则这种暂时性的优先地位亦会丧失。从这种意义上说，未公示的担保物权有执行效力而无优先效力，有保全价值而无担保价值。

5.2.6 难点问题：购买价金担保物权优先效力的相对性

正如前文所述，美国动产担保交易中有一项重要制度——购买价金担保物权优先制度。该制度赋予了购买价金担保物权人种种优待。我国既有研究中，有学者将该制度绝对化了，实际上，美国法中购买价金担保物权的优先性远比我国学者想象得要小。

第一，依据美国《统一商法典》第 9-324 条（a）的"一般规则"，购买价金担保物权的优先性的取得是有一个前提条件的：购买价金担保物权人必须在债务人取得担保物的占有之后的 20 天以内公示（主要是登记）。然而在我国既有研究中，有学者直接忽视了该点，没有附加任何限制条件地认为购买价金担保物权人的权利优先。[①]

第二，购买价金担保物权优先的规则主要适用于担保物是"机器设备"的情形，当担保物是"存货"时，依据美国《统一商法典》第 9-324 条（b），购买价金担保物权优先的规则受到极其严苛的限制（参见本书 5.2.4），几乎可以说购买价金担保物权优先的规则不适用于"存

[①] 董学立. 浮动抵押的财产变动与效力限制. 法学研究，2010（1）：63-73.

货"交易。① 然而我国既有研究中，有学者谈及购买价金担保物权优先规则时，所举的示例却都是担保物是"存货"的情形。②

上述这两点误解是显而易见的，直接依据条文的表述就可以得知。但是可能会令我国学者感到困惑的问题是，为什么美国动产担保交易中会出现这种"奇怪"的规定？就该问题，下文拟根据藤泽治奈先生的研究成果，进行解答。

之所以会出现这种美国《统一商法典》第 9-324 条（a）的一般价金担保物权规则（实际上主要适用于担保物是"机器设备"的情形）和第 9-324 条（b）的存货价金担保物权规则分立的局面，是因为这两款规则原本就源自两种完全不同的制度，只是之后在担保物权统一化的运动中被统合进了《统一商法典》，以下对这两条规则的发展脉络进行梳理。

（一）机器设备担保交易中的价金担保物权

美国价金担保物权优先的规则生成于 19 世纪后半期，主要是在处理当时的美国铁路公司破产的判例中形成的。当时的美国铁路公司依赖于债权融资，尤其是附有担保物权的公司债，从而形成了以债权为主的资本构成。这种资本构成的公司应对风险的能力比较差③，再加上其他种种因素，当时大量的铁路公司破产。然而由于铁路公司的特殊性，采取清算式的破产处理方式是不现实的，于是当时大多采取了重整式的破产处理方式。在此背景下，美国的担保法律制度取得了长足发展，而购买价金担保物权优先的规则也在这一过程中确立。④

值得说明的是，"嗣后财产取得条款"（美式"浮动抵押"）的有效

---

① 藤澤治奈.アメリカ動産担保法の生成と展開——購入代金担保権の優先の法理を中心として. 私法，2010（72）：177-184.

② 董学立.浮动抵押的财产变动与效力限制. 法学研究，2010（1）：63-73.

③ 如果一个公司的资本构成以股权为主，那么公司应对风险的能力则比较强，因为股东要和公司共同承担经营亏损，共享经营收益；反之，如果一个公司的资本构成以债权为主，那么公司应对风险的能力则比较弱，因为债权人不用和公司共同承担经营亏损，一旦公司亏损过多则容易陷入资不抵债的境地。

④ 藤澤治奈.アメリカ動産担保法の生成と展開（1）——購入代金担保権の優先の法理を中心として. 法学協会雑誌. 2008. 125（1）：1-64.

性也在这一时期被法院所认可。之所以在这里提及"嗣后财产取得条款",是因为"嗣后财产取得条款"是购买价金担保物权的主要竞争对手,与购买价金担保物权发生冲突的权利基本上都是附有"嗣后财产取得条款"的担保物权。因为一般情况下,购买价金担保物权在标的物交付前或者交付同时就已经设定且公示,所以其他担保物权也很难有机会能够与购买价金担保物权形成竞争。但是附有"嗣后财产取得条款"的担保物权则不同,该种担保物权可以在很早之前就设定并公示,那么只要购买的标的物一交付就自动附着于标的物上,而且由于"嗣后财产取得条款"的担保物权的公示时间一般早于购买价金担保物权,故如果没有购买价金担保物权优先的规则,那么购买价金债权人的利益就无法得到保障。①

由于"嗣后财产取得条款"的有效性被承认,为了对抗"嗣后财产取得条款",购买价金担保物权优先的规则也逐步得到确认。但是在初期,购买价金担保物权优先的规则受到很多限制,其中最重要的限制就是"定着物规则"。依据"定着物规则",一旦动产(如铁轨)定着在土地上,则该动产就丧失了动产的独立性,其上附着的购买价金担保物权也就随之消灭。由于"定着物规则"的存在,铁路公司最重要的财产如铁轨等,在其上设定购买价金担保物权就几乎没有意义,只有在列车等不会附着于土地的动产上设定购买价金担保物权才有意义,于是购买价金担保物权优先规则的适用范围受到限制。②

随着担保交易的发展,上述情况逐渐发生了变化,这体现在两个方面。

首先,购买价金担保物权优先的规则不再局限于铁路公司破产案件。这主要是因为"嗣后财产取得条款"逐步走出铁路公司破产重整案件,在更多的交易类型中被判例所肯定。"嗣后财产取得条款"适用的扩张,必然导致附有"嗣后财产取得条款"的担保物权人和购买价金债权人

---

① 藤澤治奈. アメリカ動産担保法の生成と展開(2)——購入代金担保権の優先の法理を中心として. 法学協会雑誌. 2008. 125 (2): 392-453.

② 藤澤治奈. アメリカ動産担保法の生成と展開(3)——購入代金担保権の優先の法理を中心として. 法学協会雑誌. 2008. 125 (3): 541-613.

的冲突与日俱增，为了解决这一冲突，购买价金担保物权优先的规则也逐步走出了铁路公司破产重整案件，在更多的交易类型中被判例所肯定。①

其次，"定着物规则"逐渐衰退。判例也逐步改变了之前的立场，不再仅仅因为担保物定着在土地上就否定了购买价金担保物权的成立。相反，判例采取了新的标准判断价金担保物权是否还存在，如标的物是否是不动产"本质上不可缺的一部分"或者"可以不损坏地将之取出"，等等。因此，购买价金担保物权在越来越广泛的领域被认可，其作用也逐步走向实质化。②

此后随着一系列判例的发展，购买价金担保物权优先的规则在机器设备的担保交易的案件被确认。

（二）存货担保交易中的价金担保物权

美国早期的存货担保交易非常混乱，动产担保物权的有效性是否受承认也因州而异，处于非常不稳定的状态。但是当时却有一个变种的动产担保形式被广泛承认，这就是——信托收据（trust receipt）交易。③

早期的信托收据交易主要运用于从海外进口商品的场合。这一交易形式生成于一战之后。当时国际贸易剧增，美国的进口贸易繁盛。美国的进口商如果不能在国外的进口商那里获得信用（也就是赊销），那么就必须在进口的同时支付价金。但是美国的进口商一般只有在将商品卖出之后才能取得资金。于是在应该支付价金的时间和获得资金的时间之间就产生了一个"时间差"。为了填补该"时间差"，美国的进口商就必须获得融资，于是信托收据交易应运而生。④

信托收据的典型交易形式主要如下：美国的 A 公司向海外的 B 公司订货，采取信用证交易形式，由 C 银行作为信用证的发证行。B 公司以

---

① 藤澤治奈.アメリカ動産担保法の生成と展開（4）——購入代金担保権の優先の法理を中心として.法学協会雑誌.2008.125（4）：726-784.

② 藤澤治奈.アメリカ動産担保法の生成と展開（4）——購入代金担保権の優先の法理を中心として.法学協会雑誌.2008.125（4）：726-784.

③ 藤澤治奈.アメリカ動産担保法の生成と展開（5）——購入代金担保権の優先の法理を中心として.法学協会雑誌.2008.125（6）：1173-1249.

④ 藤澤治奈.アメリカ動産担保法の生成と展開（5）——購入代金担保権の優先の法理を中心として.法学協会雑誌.2008.125（6）：1173-1249.

A公司作为支付人开出票据，并且将票据和提单、保险证书等一起交给C银行。当商品到达美国后，A公司接到通知去提货。本来，A公司应该在支付了票据金额之后才能从C银行处领取提单。但是由于A公司只有在转卖了商品之后才有钱付款，于是就要采取信托收据的方式，约定商品所有权归C银行，但是由A公司信托保管，直到A公司清偿C银行的价金债权为止。①

信托收据的交易是美国进口贸易的常用形式，被美国判例广泛认可。值得注意的是，基于信托收据法律构造的特殊性，存货担保物权人和购买价金担保物权人就是同一人（上例中的开证行C）。因此在当时的信托收据交易中，不存在存货担保物权人和购买价金担保物权人竞存的问题。②

随着美国经济的发展，各行各业对于融资的需求都变得更加旺盛。而与此同时，被判例广为认可的动产担保形式却主要限于信托收据交易。于是，信托收据交易形式也被活用于美国的国内贸易中，最典型的就是汽车的销售商和生产商的贸易中。但是对于这种活用，美国的判例却没有形成同一的立场，有的州认可这种活用的有效性，而有的州却否认了这种活用的有效性。③

为了应对这一不稳定的状况，美国制定了《统一信托收据法》(Uniform Trust Receipt Act，简称UTRA)。《统一信托收据法》一方面明确了信托收据的要件，从而消除了判例的不稳定因素；另一方面也一改以往判例的暧昧态度，明确将信托收据的性质定义为"担保物权"。但是值得注意的是，《统一信托收据法》仍然维持了信托收据交易的基本构造，因此存货担保物权人和购买价金担保物权人仍然是同一人，存货担保物权与购买价金担保物权竞存的问题也就仍然没有出现。④

---

① 藤澤治奈. アメリカ動産担保法の生成と展開（5）——購入代金担保権の優先の法理を中心として. 法学協会雑誌. 2008. 125 (6): 1173-1249.

② 藤澤治奈. アメリカ動産担保法の生成と展開（5）——購入代金担保権の優先の法理を中心として. 法学協会雑誌. 2008. 125 (6): 1173-1249.

③ 藤澤治奈. アメリカ動産担保法の生成と展開（6）——購入代金担保権の優先の法理を中心として. 法学協会雑誌, 2008. 125 (7): 1532-1596.

④ 藤澤治奈. アメリカ動産担保法の生成と展開（6）——購入代金担保権の優先の法理を中心として. 法学協会雑誌, 2008. 125 (7): 1532-1596.

但是在《统一信托收据法》制定之后，信托收据的交易进一步扩展，信托收据的交易形式也就随之进一步发生变化。一方面，在旧车的交易中，"存货担保物权人＝购买价金担保物权人"的法律构造出现了崩溃瓦解的趋势，有的州开始承认存货上可以设置除购买价金担保物权外的其他担保物权。另一方面，在汽车销售商和汽车生产商之间，出现了在一定期间内反复交易的形式，于是对于担保物权也就产生了一种新的需求：设定一次担保物权就可以应对多次交易。而这些要求或者趋势最终都反映在了美国《统一商法典》的起草过程中。①

（三）美国《统一商法典》对上述两种规则的统合

美国《统一商法典》在制定初期，并没有对上述两种制度进行统合，而是将之分别规定于不同的章节之中。并且由于机器设备上的购买价金担保物权优先规则已经成形，所以《统一商法典》只是对判例的观点加以继承，并没有作出实质性修改。相比之下，美国《统一商法典》的起草者将注意力都集中在了存货担保物权上，对存货担保物权的有效性和对抗效力都作出了统一的规定。但是值得注意的是，早期的草案仍然维持了"存货担保物权人＝购买价金担保物权人"的基本模式，因此并没有规定购买价金担保物权与其他存货担保物权竞存时的处理规则。②

但是随着起草工作的进行，美国《统一商法典》第9章的章节构成也发生了变化，机器设备担保物权和存货担保物权被规定在了一章当中。而与此同时，存货担保物权的要件和机器设备担保物权的要件在一定程度上也发生了融合，美国《统一商法典》终于在观念上认可了，在存货交易中也存在购买价金担保物权与其他存货担保物权竞存的情形。于是在关于存货担保物权的规定中也出现了购买价金担保物权优先的规则。

但是即便如此，正如前文所述，机器设备担保物权和存货担保物权的历史沿革和融资的基本构造都是完全不同的。其中一个重要体现就在于：美国的交易实践尽量避免就同一批存货进行多次融资，从而出现多个竞存

---

① 藤澤治奈.アメリカ動産担保法の生成と展開（7）——購入代金担保権の優先の法理を中心として.法学協会雑誌.2009.126（1）：99-140.

② 藤澤治奈.アメリカ動産担保法の生成と展開——購入代金担保権の優先の法理を中心として.私法，2010（72）：177-184.

担保物权的情形（机器设备的场合则无此倾向）。因此，实践中出现的存货价金担保物权与存货浮动担保物权竞存的情形，基本上就只有一种可能性——债务人通过欺诈性的交易就同一批存货进行了多次融资。于是为了避免这种欺诈性的交易，美国《统一商法典》通过多次修改，最终制定出了如今这种规则——对存货的购买价金担保物权优先规则设置了极其严格的要件（参见本书5.2.4）——从而避免债务人的欺诈行为。[1]

综上所述，尽管"购买价金担保物权规则"是美国动产担保制度中的一项基石性的规则，但是该规则的适用是受到层层限制的，尤其是在存货上其适用余地更是限缩到了极点，本质上是因为美国的法律制度尽量避免就同一批存货进行多次融资。

5.3 我国制度的建构

5.3.1 《民法典》前审判实践中的乱象

我国司法实践中，一般肯定了未登记的动产抵押权具有执行效力，难点问题在于未登记的动产抵押权是否具有优先效力或者在哪些情况下具有优先效力。下文将以《民法典》出台前我国既有审判实践做法为例展开分析（为了方便阅读，本书中所引用的判决和案例中的主体皆以A、B、C等代称，若无特别说明，A是抵押人，B是抵押权人，C是与B的权利相冲突的第三人）：

判决一：未登记的动产抵押权人与质权人

A（宁波德隆车业有限公司）与B（宁波市鄞州德勤机械有限公司）之间存在配件加工业务，A欠B货款3万余元。A与B曾签订抵押协议一份，以A工厂的机器设备数台和轿车一辆作为抵押物，担保B对A的上述债权（并约定如果继续发生业务往来也包括今后发生的债权），但是没有登记。后来A一直未偿还欠款。B请求法院判令A偿还欠款，并确认B对A的上述抵押财产享有优先受偿权。审理过程中，上述抵押财产中的轿

---

[1] 藤泽治奈. アメリカ動産担保法の生成と展開——購入代金担保権の優先の法理を中心として. 私法, 2010 (72): 177-184.

车被 A 的债权人 C 质押。法院判决认为，上述 A 与 B 的动产抵押担保，因未办理抵押登记手续，不得对抗善意第三人。由于 B 未举证证明上述质押权人 C 非善意第三人，故 B 对于上述抵押财产无法行使优先受偿权。①

本案中，法院认为质权人属于"不登记就不能对抗的善意第三人"的范畴。②

判决二：未登记的抵押权人与抵押物买受人

B（广发行郑汴路支行）与 A（陆新公司）签订了抵押合同，由 A 提供其合法财产（工厂机器设备）作为抵押物，自愿为债权人 B 对债务人 C（泰丰公司）的债权提供抵押担保，并在县工商行政管理局办理抵押登记，领取了企业动产抵押物登记证。由于 C 未按期还款，B 请求法院判决其对上述抵押物享有优先受偿权。审理中查明，上述《企业动产抵押物登记证》并非县工商局出具。而且抵押机器设备在审理前已经转让他人。法院判决认为上述抵押合同系双方当事人的真实意思表示，该合同成立。但是由于抵押物未在工商行政管理局进行登记，B"在不对抗善意第三人的基础上，对该抵押物享有优先受偿权"。"鉴于 A 已将该抵押物转让他人，致使该抵押物灭失，B 丧失对该抵押物优先受偿的权利。"③

本判决有一个重大疑问，为何抵押物转让给他人，抵押权就灭失呢？处理抵押物转让的问题有两种模式：一种模式是承认抵押物的追及效力（大陆法系的多数模式）；另一种模式虽然不承认抵押权的追及效力，但是严格限制抵押物的转让（我国《物权法》第 191 条所采取的模式）。无论采取哪种模式，抵押权人都不会因为抵押人擅自处分抵押物而"丧失"优先受偿权。因此，以抵押物已经转让他人为由否定抵押权人的优先受偿权显然是有问题的。那么本案中的法官为什么会拿出这样一个显然有问题的判决理由呢？笔者推测，本判决中实际上存在一个"隐含"的逻辑：因为 B 的抵押权没有登记，买受人不得而知，故一旦抵押物转让给第三人，那么抵押权就灭失。但是，问题在于是否不用区分买受人的类型，是否需要

---

① 浙江省宁波市鄞州区人民法院（2010）甬鄞商外初字第 38 号民事判决书。

② 类似观点参见河南省濮阳市华龙区人民法院（2015）华法民初字第 3655 号民事判决书，黑龙江省高级人民法院（2016）黑民申字第 262 号民事裁定书，陕西省咸阳市中级人民法院（2016）陕 04 民终字第 689 号民事判决书。

③ 河南省郑州市中级人民法院（2009）郑民四初字第 70 号民事判决书。

区分善意买受人和恶意买受人，是否应当区分正常交易中的买受人和非正常交易中的买受人呢？对这些关键性的问题，本判决均采取了回避的态度。

判决三：登记的动产抵押权人与所有权保留人

B（富滇银行股份有限公司昆明江东支行住所）与A（芒市卓信硅业有限责任公司）约定用A拥有的机器设备担保A对B的债务，双方办理了抵押登记手续。后来A未履行债务，于是B诉至法院主张还款并请求"拍卖、变卖抵押物所得价款优先偿还被告所欠原告的上述全部债务"。A主张：用于抵押的部分机器设备，A尚未取得所有权，B无权就部分机器设备行使抵押权。并提供了购买该机器设备时，与机器设备销售商C、D等签订的合同中的所有权保留条款——未支付完价款前不能取得所有权。法院判决认为：首先，A虽认其未向C、D等付清货款，未取得货物所有权，但A未向本院提交充分证据证明该主张。其次，依据《物权法》第106条的规定，因用于抵押的机器设备属于动产，其权利归属的公示方式为占有，因A与B签订抵押合同时，已占有了该部分抵押物，具备了B善意相信被告是该部分抵押物所有权人的客观基础，且A也向原告承诺其对该部分抵押物享有所有权，故即使该部分抵押物的货款未付清，按照合同约定所有权未转移至被告，B亦因善意取得了抵押权。综上，B与A签订的抵押合同依法成立并生效，抵押权亦生效。因双方到工商行政部门办理了抵押登记手续，该抵押权取得对抗善意第三人的效力。[①]

前民法典时代担保物权设计理念是各自为政，缺乏跨类型的权利冲突制度设计，然而这是严重不符合商业实践逻辑的。实践中很有可能一套机器设备上同时存在着所有权保留、融资租赁、动产抵押，其中有的登记了，有的没有登记，甚至债务人还有可能又将机器设备交付给了第三人出质。当债务人陷入资不抵债时，前述这些竞争的权利如何排序呢？在本案中，就是动产抵押与所有权保留竞存于同一动产之上。而且在《民法典》出台前，由于所有权保留没有任何公示的方式，是一项

[①] 参见云南省昆明市中级人民法院（2010）昆民四初字第28号民事判决书；山东省泰安市中级人民法院（2019）鲁09执异69号民事裁定书；新疆维吾尔自治区高级人民法院（2019）新民终398号民事判决书。融资租赁与动产抵押竞存情形下，以"善意取得"思路进行裁判的。参见湖南省湘潭市中级人民法院（2018）湘03民终856号民事判决书。

"隐形担保权",其对交易安全的危害已经在本案中充分显现。本案法院试图采取"动产抵押权的善意取得"方式解决这一问题。但是动产抵押权适用"善意取得"制度的要件是什么,本案并未阐明。而且如果不加限定地适用"善意取得"制度,那么也就意味着一旦当事人设定了浮动抵押,就彻底堵住了当事人的再融资渠道(这一点本书5.3.4会详述)。这一方式究竟是权宜之计还是根本之策,似乎仍值商榷。

在《民法典》出台前,我国既有理论对于动产抵押权、浮动抵押权的效力缺乏明确认识,导致该领域的审判实践乱象纷呈。有鉴于此,《民法典》立法过程中参考了前述比较法上的经验,对我国动产抵押权、浮动抵押权的效力从解释论角度全面地、体系性地进行了设计。

5.3.2 民法典中的动产和权利担保改革

一方面,正如前文所述,我国司法实践中存在种种乱象;另一方面,中小企业融资难、融资贵是困扰我国经济发展的一大难题。原因之一在于中小企业不像大型国企有大量的不动产作为担保物,其能够提供的大多是动产或者权利。而接受这些担保物在我国目前的法律框架下存在极大的风险,所以银行等金融机构本不愿意接受,或者即使愿意接受,担保物的评估价格也非常低廉,从而导致融资难、融资贵的现状。在这一背景下,中国人民银行提出了一个非常强的诉求,要对我国的动产与权利的担保法律框架进行大修改。① 与此同时,我们知道世界银行在给各个国家的营商环境进行评估,其中12项是对担保法律制度框架的评估。而在这12项中,我国目前仅得4分,失分项全都集中在动产和权利担保相关制度。因此无论是为了发掘我国经济发展的内在动力,还是为了应对营商环境评估的外在压力,都有必要对我国的动产和权利

---

① 中国人民银行从2007年《物权法》出台开始,就通过制定并修订《应收账款质押登记办法》等部门规章,应对日益发展的实践需求,对《物权法》进行"法律漏洞填补":"银发〔2014〕93号"确立了融资租赁的登记;"中国人民银行令〔2017〕第3号"确立了"以融资为目的的应收账款转让登记";"中国人民银行令〔2019〕第4号"更是将登记范围扩展到"其他动产和权利担保登记",包括"具有担保性质的各类交易形式"。然而上述登记的效力为何现行法并无依据,因此中国人民银行曾迫切希望民法典在立法层面进行改革。

担保法律框架进行根本性的改革。

《民法典》为了应对上述难题，在第 403 条、第 404 条、第 414 条、第 415 条、第 416 条（物权编），以及第 641 条、第 745 条、第 768 条（合同编）等条文里对旧的规则进行了重大修改，初步形成了一个形散而神聚的体系，笔者称之为"动产和权利担保"体系。由于民法典编纂不宜对《物权法》《合同法》的篇章结构体系进行颠覆性修改，所以上述改革大都依托于既有条文进行，分散在民法典各处，没有专设一章集中规定，因此绝大多数人并没有意识到这一重大改革的存在。[①] 而参与了民法典编纂讨论的学者，也因为这一改革与我国目前流行的民法理论存在巨大差异，绝大多数产生抵触情绪，或认为存在重大的体系违反，或认为是不切实际的改革。[②] 因为这一改革的内容将成为民法典时代解释我国动产担保领域登记对抗规则的前提和基础，所以下文将首先介绍这一改革的宏观内容，在此基础上再分析动产担保中的登记对抗规则。

动产和权利担保改革主要包含消灭隐形担保、构建统一的人的编成主义登记系统、构建统一的优先顺位规则、扩张正常经营活动中买受人

[①] 原本我国在相关概念上都使用"动产担保"这一表述。在 2018 年 12 月 6-7 日中国人民银行组织的"动产担保融资制度改革和中小企业发展国际研讨会"上，中国人民银行征信中心的王晓蕾主任提出我国动产的范围太狭小了，仅包括有体动产，不能包括债权等权利，民法典立法应该与国际立法接轨，建议在物权编增加一条"动产包括权利"。笔者指出这一建议与我国既有的概念体系是矛盾的，并且如果采纳此建议，则"权利质权"这一节就要删除，显然超出了民法典编纂的改动幅度。笔者首次提出，与其改"动产"的概念，不如改"动产担保"这一表述，今后都称"动产和权利担保"，今后设立的统一的登记簿也称为"动产和权利担保登记簿"。王晓蕾主任表示这一建议非常可行，并让其秘书记下。此后，2019 年 11 月中国人民银行出台的《应收账款质押登记办法》以及 2019 年 10 月国务院出台的《优化营商环境条例》均使用"动产和权利担保""动产和权利担保登记"的表述。

[②] 在历次立法研讨会上，上述改革均会受到来自学者的质疑，甚至称之为对既有理论的"学术政变"。已经成文的质疑参见邹海林. 论《民法典各分编（草案）》"担保物权"的制度完善. 比较法研究，2019（2）：37；席志国. 民法典编纂视野下的动产担保物权效力优先体系再构建：兼评《民法典各分编（草案）二审稿》第205-207 条. 东方法学，2019（5）：48；汤文平. 法学实证主义：《民法典》物权编丛议. 清华法学，2020（3）：75.

规则的适用范围、合并动产抵押权和浮动抵押权的登记对抗规则、引入超级优先权这六个步骤，以下依此论述：

一、消灭隐形担保

我们首先要思考一个本质性的问题，担保到底是用来干什么的？到底解决的是谁和谁之间的利益冲突问题。假设债务人乙向债权人甲借款1 000万元，用自己的10台生产设备作为担保物为债权人甲提供担保。那么在这样一个简单的交易过程中，债务人乙为债权人甲所设担保的目的是为了解决甲和乙二者之间的矛盾冲突吗？可能表面上看是如此，但是仔细思考我们就会发现，其实无论债务人乙有没有为债权人甲提供担保，都要以全部责任财产对甲的债权承担无限责任。从这个意义上说，有担保没担保，对于甲乙二人之间的法律关系没有任何影响。所以设立担保的目的实际上在于解决债权人甲和债务人乙的其他的潜在的债权人，比如说丙、丁、戊等之间的权利冲突问题。正因如此，担保的设定必须要经过公示。对于第三人而言，也就有了一个合理的预期判断是否与相对人进行交易。但是如果法律框架内存在这么一种制度，可以纯由当事人之间的意思表示就设定出一种可以对第三人产生优先效力的担保性质的权利（无公示），或者虽然形式上要求公示但是这种公示却不可能为第三人所查知（伪公示），那么这种担保制度就是一种隐形担保。我国现行法中，典型的隐形担保包括所有权保留、融资租赁、担保性的债权让与（无公示），此外，如果承认以占有改定方式（伪公示）设定让与担保，那么这种让与担保也属于隐形担保。① 我国法对此是否承认有争议。

隐形担保除了前述无法给第三人产生合理预期这一直接危害外，还会导致如下风险：

首先，完全无法防范当事人通过倒签合同的方式虚构担保的道德风险。由于隐形担保缺乏真正的公示，所以除了当事人外，其他人无从得

---

① 以上四种制度，也是世界银行进行营商环境评估时点名的四个制度。营商环境评估中"获得信贷"的"合法权利力度指数"评价的12个指标中的第一个指标："经济体有整合或统一的担保交易法律框架，延伸到4个功能等同于动产担保权益的创设、公示及执行：所有权信托转让；融资租赁；应收款的分配或转让；保留所有权的销售。"并且这一指标具有决定性的意义，后续所有与动产和权利担保登记相关的指标都以这一指标为基础，如果这一指标不合格，即使后续的电子登记系统等做得再好也不能得分。

知当事人间是否真的设立了担保。这就导致只要债权人和债务人串通，就可以轻易地倒签合同从而虚设担保。而且对于这种虚设，法院也几乎无从审查。当债权人和债务人同时承认一个隐形担保存在并拿出合同证明时，法院究竟是认可还是不认可其效力呢？由于现行法没有要求这些隐形担保必须进行公示，所以只要拿出了合同就完成了举证责任，从这个意义上说似乎应该认可这种担保的效力；但是一旦认可这种担保，无异于变相鼓励通过倒签方式虚构担保。于是我国法院常陷入两难困境，对于同一类型的案件作出完全相反的判决。[1]

---

[1] 例如在融资租赁的所有权人与担保物权人的权利冲突案件中，判决所有权效力优先（承认隐形担保）的判决包括："威海市商业银行股份有限公司天津分行诉远东国际租赁有限公司融资租赁合同纠纷案"，上海市第一中级人民法院（2016）沪01民终605号民事判决书；"安徽信成融资租赁有限公司与乐山市沙湾中盛陶瓷有限公司、乐山市商业银行股份有限公司沙湾支行物权保护纠纷案"，四川省乐山市沙湾区人民法院（2015）沙湾民初字第850号民事判决书；"日立租赁（中国）有限公司、江门新会农村商业银行股份有限公司荷塘支行金融借款合同纠纷案"，广东省江门市蓬江区人民法院（2016）粤0703民再4号民事判决书，广东省江门市江海区人民法院（2015）江海法行初字第118号行政判决书，"万向租赁有限公司与浙江鑫得包装有限公司、浙江上虞农村合作银行金融借款合同纠纷案"，浙江省上虞市人民法院（2014）绍虞商初字第913号民事判决书；"中国民生银行股份有限公司温州龙湾支行与温州益丰印刷有限公司普通破产债权确认纠纷案"，浙江省温州市中级人民法院（2017）浙03民终4978号民事判决书。判决担保物权效力优先（不承认隐形担保）的判决包括："上海电气租赁有限公司、华融湘江银行股份有限公司湘潭分行第三人撤销之诉案"，湖南省湘潭市中级人民法院（2018）湘03民终856号民事判决书；"马尼托瓦克（中国）租赁有限公司因与中信银行股份有限公司大连分行、大连兆峰机电安装工程有限公司、关兆峰第三人撤销之诉案"，辽宁省高级人民法院（2014）辽民三终字第212号民事判决书；"中国建设银行股份有限公司长乐支行、福建中发织造有限公司金融借款合同纠纷案"，福建省长乐市人民法院（2016）闽0182民初2660号民事判决书，福建省福州市中级人民法院（2016）闽01民终5455号民事判决书；"永正（厦门）融资租赁有限公司、广发银行股份有限公司福州分行、厦门宏璟纸品包装有限责任公司等金融借款合同纠纷第三人撤销之诉案"，福建省福州市中级人民法院（2016）闽01民撤5号民事判决书；"仲利国际租赁有限公司因与潍坊市信用融资担保有限责任公司、潍坊多元电器设备有限公司案外人执行异议之诉案"，山东省潍坊市中级人民法院（2015）潍执异字第37号民事裁定书，山东省高级人民法院（2017）鲁民终849号民事判决书。

其次，前述道德风险会演化为系统性的金融风险。可能有人会认为前述风险是可以"防范"的，只要债权人不接受隐形担保就可以了。然而实际上，这种"防范"是没有任何意义的。因为你不接受隐形担保不代表其他人不接受隐形担保，即使你尽了最大的注意义务将自己的担保物权全部进行了公示，并且看起来都是第一顺位，但是仍然防不住一到执行时突然冒出来一群隐形担保权人，一看担保设立时间还在你之前。目前我国司法实践中，遭遇此窘境的往往是银行等金融机构，乃至于不少从业人员谈动产担保或者权利担保则色变（我国目前的隐形担保主要集中在这一领域）。但是我国当前的经济发展形势又要求银行等金融机构必须大规模接受以动产或者权利作为标的物的担保，因此如果不消灭隐形担保，未来我国可能会遭遇系统性的金融风险。

最后，并不限于民法典物权编规定的担保物权（以下称为"狭义的担保物权"），只要以优先效力作为担保功能基础的制度，都会存在前述风险。在立法讨论中，常有人认为只有狭义的担保物权需要严格符合公示原则，合同编的制度则没有必要强调公示。这种观点是错误的。只要与狭义的担保物权具有功能上替代性的制度，都必须强调公示，否则就防不住隐形担保。因为物权编和合同编的区分是立法上的区分或者学理上的区分，但是对于实践中的商人而言，无论这一制度规定在哪里或者在学理上的定位是什么，只要能够达到相同的效果，就具有可替代性。比如动产抵押和动产让与担保、所有权保留、融资租赁就具备功能替代性；债权质权和担保性的债权让与就具备功能替代性。总结起来，只要以对物或者权利产生的优先效力作为担保功能的制度，都与狭义的担保物权具备功能上的替代性。[1] 在这一系列具有功能替代性的制度中，只要存在一种隐形担保，那么就前功尽弃。比如我国物权法要求动产抵押只有登记后才有完整的对抗力，所以实践中银行在接受动产抵押时一般

---

[1] 值得说明的是这里并不是主张"泛担保化"，仍然要区分"具有担保作用"与"担保物权"。必须对标的物产生优先效力的制度，才是笔者所称的"广义担保物权"。看似具有"担保作用"的连带债务、并存的债务承担、履行抗辩权、债的保全、抵销等制度措施，仍然不是笔者所指"广义担保物权"。关于"具有担保作用"与"担保物权"的区分，参见崔建远."担保"辨：基于担保泛化弊端严重的思考.政治与法律，2015（12）：112-115.

会进行登记,然而合同法却没有要求融资租赁中的出租人的所有权需要登记,所以债务人仍然可以与第三人通过倒签售后回租协议的方式将银行已经登记的动产抵押权架空。

综上所述,动产和权利担保体系的现代化改造的第一步就是让隐形担保显形。并且这里的担保并不限于狭义的担保物权,而是要以穿透性的视角观察,只要在功能上与担保物权具备替代性的制度,都在需要显形之列。

从比较法上看,美国《统一商法典》第9编创造了一元化的动产担保概念[1]并以登记作为最重要的公示方式。这一模式下允许当事人自行约定各种法律结构的担保,法律不加干涉,看起来最"自由";然而正是因为有一个无比强大的功能性担保权概念,所以无论你用什么形式进行担保交易,最终都要进到"担保"的这个套子中来,除了消费领域,只要没有完成登记、占有、控制等公示方式,那么就没有优先效力,从而避免了一切隐形担保的发生可能性。[2] 从这个意义上说,美国《统一商法典》既是对担保形式要求最灵活的立法例,也是对隐形担保防范最严苛的立法例,最大限度地防范了交易主体间的一切规避行为。

美国的这种功能主义动产担保立法模式对大陆法系的动产担保立法也产生了深远影响。《欧洲示范民法典草案》单设第九卷"动产担保物权",开宗明义就强调本卷不只适用于狭义的担保物权,也适用于所有权保留、让与担保等各种因合意或者非合意产生的广义的担保物权[3],并且在第九卷第三章"对抗第三人的效力"部分明确了这些担保物权未

---

[1] 高圣平. 美国动产担保交易法与我国动产担保物权立法. 法学家,2006(5):84;董学立. 我国意定动产担保物权法的一元化. 法学研究,2014(6):99.

[2] 日本学者森田修认为美国《统一商法典》的思考方式,与大陆法系将担保物权看成所有权质的一部分适用共通规则的思考路径不相同,更多地从公示的角度统一思考担保物权规则的共性与个性。森田修. アメリカ法における動産担保権の公示と占有(1)——UCCファイリングの脱神話化のために. NBL,2004(781):6-18.

[3] 《欧洲示范民法典草案》第Ⅸ-1:101条。中译本参见[德]冯·巴尔、[英]埃里克·克莱夫主编. 欧洲私法的原则、定义与示范规则:欧洲示范民法典草案(第九卷). 徐强胜等译. 北京:法律出版社,2014:3.

经公示没有对抗第三人的效力,并将"登记"作为最重要的动产担保物权公示方式。① 值得说明的是,该草案打破了传统理论基于法律结构对各种非典型担保的束缚,规定了所有权保留交易也可以登记,且只有登记了才能取得对抗效力。② 2004年日本出台了《关于动产和债权让与对抗要件的民法特例法》。③ 此法最大的革新是,在动产让与担保这一逻辑上不可能要求登记的担保制度中导入了登记这一公示方式。④ 由于日本动产担保交易实践中最常采取的方式就是让与担保,所以此举相当于在日本动产担保交易的核心领域引入了登记制度。当然,动产登记与不动产登记有所不同,并非任何动产交易都有必要查询动产登记簿,所以即使登记了也不一定能阻却第三人善意取得动产。但是,至少在第三人是金融机构的场合,如果因没有查询该登记簿而不知在先的动产让与担保,则会被认定为有过失而不能构成善意取得。⑤ 因此,虽然日本的这一改革还不算彻底,但是登记手段的引入至少解决了多个金融机构作为动产担保权人时的权利冲突问题。而原本继受德国潘德克顿体系的我国台湾地区,也在制定"企业资产担保法草案",几乎全盘继受了美国《统一商法典》第9章的制度,也以登记作为动产担保最重要的公示方式。⑥

2017年出台的《联合国贸易法委员会担保交易示范法》也高度借鉴了美国《统一商法典》的方案,一方面规定调整范围为广义的动产担保

---

① 《欧洲示范民法典草案》第Ⅸ-1:104条、第Ⅸ-3:101条。中译本参见[德]冯·巴尔、[英]埃里克·克莱夫主编. 欧洲私法的原则、定义与示范规则:欧洲示范民法典草案(第九卷). 徐强胜等译. 北京:法律出版社,2014:13、77.

② 《欧洲示范民法典草案》第Ⅸ-3:303条。中译本参见[德]冯·巴尔、[英]埃里克·克莱夫主编. 欧洲私法的原则、定义与示范规则:欧洲示范民法典草案(第九卷). 徐强胜等译. 北京:法律出版社,2014:100.

③ 其全称为"動産及び債権の譲渡の対抗要件に関する民法の特例等に関する法律"。

④ 松尾弘,古积健三郎. 物权·担保物权. 和歌山:弘文堂,2008:408.

⑤ 内田贵. 债权总论·担保物权(民法Ⅲ). 东京:东京大学出版会,2005:534.

⑥ 谢在全. 浮动资产担保权之建立:以台湾地区"企业资产担保法草案"为中心. 交大法学,2007(04):72-96.

物权，包括担保性质的所有权①，另一方面也规定担保物权只有公示了才具有对抗第三人的效力，并将登记作为最重要的公示方式。② 相较于美国《统一商法典》而言，《联合国贸易法委员会担保交易示范法》消除了美国商法统一之前的各种历史遗留痕迹，在保持科学性的同时更加简洁。因此，世界银行在各国进行营商环境评估时首推的动产担保模板就是《联合国贸易法委员会担保交易示范法》，并以该模板为标准判断各经济体是否存在一个"整合或统一的担保交易法律框架"。

正是基于上述一系列考量，我国在编纂民法典时对动产和权利担保系统作了根本性的变革，第一步就是在隐形担保中引入登记对抗制度，从而使其显形，具体而言包括：（1）在《民法典》第 641 条规定的所有权保留买卖制度中增设第 2 款："出卖人对标的物保留的所有权，未经登记，不得对抗善意第三人。"（2）在《民法典》合同编融资租赁部分增设第 745 条："出租人对租赁物享有的所有权，未经登记，不得对抗善意第三人。"并删除《合同法》第 242 条："出租人享有租赁物的所有权。承租人破产的，租赁物不属于破产财产。"上述两处改动明确了所有权保留中出卖人的所有权和融资租赁中出租人的所有权本质上都是担保物权，只有登记了才有对抗效力。（3）在《民法典》合同编保理合同部分增设第 768 条，明确多重保理发生时也遵循"登记在先则权利优先"规则，从而与后述的担保物权的统一优先顺位规则相一致。③

当然略有遗憾的是，在立法过程中经过激烈讨论的让与担保制度没

---

① 2017 年版《联合国贸易法委员会担保交易示范法》第 1 条。理由详见 2018 年版《联合国贸易法委员会担保交易示范法颁布指南》第 22 - 34 段。

② 2017 年版《联合国贸易法委员会担保交易示范法》第 18 条。理由详见 2018 年版《联合国贸易法委员会担保交易示范法颁布指南》第 123 - 124 段。

③ 当然，考虑到应收账款的特殊性，除登记外还引入了让与通知作为辅助性的公示方式，当均未登记时，由最先到达应收账款债务人的转让通知中载明的保理人优先受偿。并且，正如李宇教授所批评的，该条写在保理合同一章，导致该条的适用范围限于保理合同是一大缺陷，笔者也更加赞同"一审稿"第 336 条的写法，该条应该广泛适用于债权让与中。参见李宇．民法典中债权让与和债权质押规范的统合．法学研究，2019（1）：67 - 68.

有能够全面纳入民法典之中。① 不少学者提出在构建动产让与担保登记制度的前提下，全面承认让与担保制度。② 如此则既能保证不出现隐形担保，也能充分发挥让与担保所特有的制度功能（如强制平仓等）。③ 可惜的是该方案未被采纳。当然从好的方面想，我国至少没有规定通过占有改定方式设定的动产让与担保，也就是说至少避免了我国法律体系中出现新的隐形担保。综合来看，民法典的这次担保改革实现了隐形担保的清零，这是构建现代化的动产和权利担保体系的第一步。

二、建立统一的人的编成主义登记系统

在立法讨论中，很多学者注意到了前述第一步的改革，却提出质疑，认为民法典中设计了不可能实行的制度：所有权保留和融资租赁去哪儿登记，登记什么？这一系列质疑也不是空穴来风：因为动产种类繁多，有的动产的登记部门非常明确，比如航空器、船舶、机动车都有专门的登记机关。这些特殊动产，无论是所有权变动还是担保物权变动，都在这些部门进行登记。但是我们知道，所有权保留交易或者融资租赁交易的标的物五花八门，远不限于前述的特殊动产。比如最为常见的机器设备和存货，我们不可能为每一个机器设备或者每一件存货都设立登记页，那么这些机器设备的物权变动如何登记？

这里就有必要讨论一个我国大多数物权法专著都会介绍却一般不展开的登记模式——"人的编成主义"，也就是登记簿以人为单位设立登记页并进行物权变动登记的模式。例如乙要在A设备上为甲设立一个担保物权，那么就在乙的登记页上记载，"某一时间在A设备上为甲设立了某个担保物权"。这种登记模式下，省去了专门为A设备建立一个登记页的程序，只要描述A设备是什么就可以了。

观察大陆法系的登记系统发展史会发现，其实最先出现的登记模式就是"人的编成主义"。法国早在民法典制定之前就有抵押制度，然而

---

① 《民法典》第766条规定的"有追索权的保理"在理论上可以解读为应收账款的让与担保，所以可以认为《民法典》部分承认了让与担保制度。并且由于第768条的存在，所以应收账款的让与担保并非隐形担保。

② 高圣平. 动产让与担保的立法论. 中外法学，2017（5）：1193-1213；龙俊. 民法典物权编中让与担保制度的进路. 法学，2019（1）：75-77.

③ 龙俊. 民法典物权编中让与担保制度的进路. 法学，2019（1）：75-77.

那个时候却没有对全国的土地进行登记造册,不可能以不动产为单位设立登记簿,因此只能按照人来编成登记簿。①当然这种登记模式也有明显的缺陷,那就是仅靠描述无法精确确定不动产的位置、四至,等等。所以从比较法上看,这种登记簿的编成方式逐渐被德国法所确立的"物的编成主义"所淘汰,以至于今天在我国谈登记簿时,几乎所有学者的第一反应就是"物的编成主义"登记簿。

不可否认,物的编成主义登记簿相较于人的编成主义登记簿在精确性上具有无可比拟的优势,因此在我国今天设立统一的不动产登记簿时,毫无疑问应该选择物的编成主义。然而,这种强大的物的编成主义登记系统在普通动产担保或者权利担保里却没法用。动产和权利的种类如此繁多,我们不可能为每一个动产、每一项权利都单设一个独立的登记页,否则成本太高。这时,人的编成主义登记簿就可以发挥作用,只要为担保人设立一个登记页,将他提供的所有动产或者权利担保都登记在这里就可以了,成本非常低廉。②并且这种登记模式下,只要标的物是可描述的,就是可以登记的,因此可以说万物皆可登记。这是非常重大的一个思想解放,意味着所有的东西只要有人可接受,就可以用来做担保并进行公示,这一下子就盘活了所有的资产。正是因为这种登记模式成本低且具有广泛的适用性,所以当今世界普通动产或者权利的担保的登记簿设计均采取这种模式。③

有不少学者质疑这种登记模式,认为它不够精确所以毫无意义。有学者设例,出卖人甲有10台相同的机器设备,将其中5台机器设备出售给乙并为自己保留了所有权,民法典草案中要求保留的所有权需要

---

① 滝沢聿代.フランス法.载舟橋諄一、德本鎮编.新版注释民法6.东京:有斐阁出版社,1997:35.

② 目前我国采取这种登记模式的代表是中国人民银行征信中心的应收账款质押登记,收费非常低:"经国家价格主管部门批准,应收账款质押和转让登记的收费标准为初始登记、展期登记每笔30元/年;变更登记、异议登记每笔10元;注销登记和查询不收费。"

③ 采取"声明登记"的登记簿均采取的是人的编成主义模式。关于"声明登记"的广泛适用,参见高圣平.统一动产融资登记公示制度的建构.环球法律评论,2017(6):68-72.

登记,但是即使登记了又如何确定登记的设备是哪 5 台?① 本书对此的回应是,比较一个制度的优劣时,必须选择一个合理的参照系。当我们讨论动产和权利担保登记制度时,参照的对象不应该是不动产登记制度,因为即使不动产登记制度再科学、再精确,也不可能大范围适用于动产担保或者权利担保之上。实际上,动产和权利担保登记制度取代的是传统非典型担保中的无公示方式。正如前文所述,这种登记至少解决了倒签合同虚构担保等问题,并且后文还会详述这种登记制度在担保物权冲突排序时的重大作用。至于不够精确的问题,其实这不是"人的编成主义"登记系统带来的新问题,而是动产和权利担保所固有的问题。比如在前述设例中,即使立法中没有规定所有权保留登记,那么传统模式下又如何确定是哪 5 台设备设立了所有权保留呢?这本身就是很困难的。因此,前述设例攻击的目标不是所有权保留登记的可行性,而是所有权保留制度本身的可行性。实际上,在所有的动产担保中都要当事人自己举证证明担保标的物是什么,这一点并不因为有了登记制度而改变。因此为了避免败诉风险,动产担保的当事人可以通过一些辅助手段将担保标的物精确确定,例如可以事先在标的物上做标记②或者记录下标的物编号(如果有),等等。并且,如果当事人采取的是浮动担保模式,那么即使在登记之初并不确定标的物有哪些也无妨,只要执行时可确定即可。

总而言之,我们需要注意的是,这种登记模式并非我国民法典立法中的"发明创造",不仅在比较法中早已经过了长年的检验,我国自物权法制定以来在动产抵押领域也实践了十多年。现在的问题是我国承担这种登记任务的部门过于分散,无谓增加了当事人的查询成本,有必要进行统一。③ 因此,与民法典编纂工作同步,我国相关部门也在就动产和权利担保统一登记工作进行协调,且地方试点已经开始。自 2019 年 4 月 25 日起,上海市市场监管部门就将动产抵押登记职能委托给中国人

---

① "民法典合同编(草案)"立法研讨会,金可可教授发言,2019 年 11 月 23 日,北京市怀柔区人民法院(北京)。

② 在日本被称为"明认方法"。

③ 高圣平. 统一动产融资登记公示制度的建构. 环球法律评论,2017(6):72-72.

民银行征信中心履行。① 2019 年 10 月 22 日国务院颁布《优化营商环境条例》，第 47 条第 2 款更是明确规定："国家推动建立统一的动产和权利担保登记公示系统，逐步实现市场主体在一个平台上办理动产和权利担保登记。纳入统一登记公示系统的动产和权利范围另行规定。"值得说明的是，我们需要统一的登记指的是只能采取人的编成主义的动产或者权利的登记，如果某些动产或者权利本身就有一个物的编成主义登记簿，那么其实这个登记簿是更加精确的，也就没有必要纳入不精确的登记簿中，典型的就是飞行器、船舶、机动车等特殊动产以及上市公司的股票等的登记簿。

民法典为了"发挥融资担保功能"，"考虑到统一登记的具体规则宜由国务院规定"，于是从一审稿开始就"删除了有关动产抵押和权利质押具体登记机构的内容"②，从而结束了我国目前法定的九龙治水局面，为建立统一的动产和权利担保登记制度"留下了空间"③。

三、构建统一的担保物权优先顺位规则

我国现行法中的担保物权设计理念各自为政，缺乏跨类型的权利冲突制度设计，然而这是严重不符合商业实践逻辑的。实践中很有可能一套机器设备上同时存在着所有权保留、融资租赁、动产抵押，其中有的登记了，有的没有登记，甚至债务人还有可能又将机器设备交付给了第三人出质。当债务人陷入资不抵债时，前述这些竞争的权利如何排序呢？

传统观点在解决这一问题时，常常诉诸善意取得制度。④ 例如甲从乙那里购买了机器 A，并为乙设立了所有权保留，此后甲又将该设备抵押给了丙并进行了登记，法院判决此时因为丙不知情故可以善意取得动

---

① 参见由上海市地方金融监督管理局、上海市市场监督管理局、中国人民银行上海分行联合出具的"沪金监〔2019〕45 号"。

② 具体而言，删除了《物权法》第 189 条、第 224 条、第 226 条、第 227 条、第 228 条对具体登记机构的规定。

③ 沈春耀：《关于〈民法典各分编（草案）〉的说明》，2018 年 8 月 27 日在第十三届全国人民代表大会常务委员会第五次会议上。

④ 席志国. 民法典编纂视野下的动产担保物权效力优先体系再构建：兼评《民法典各分编（草案）二审稿》第 205 - 207 条. 东方法学，2019（5）：56 - 57.

产抵押权。① 再比如甲和乙签订了融资租赁合同，出租人乙提供 B 设备给承租人甲使用，此后承租人甲与银行丙签订了贷款合同并将 B 设备抵押给丙，法院判决此时丙善意取得了动产抵押权。②

亦有学者提出通过解释"未经登记不得对抗善意第三人"制度解决这一问题③，认为如果在先设立的担保物权登记了，则可以对抗在后设立的担保物权；如果在先设立的担保物权没有登记，则要考虑在后设立的担保物权人的善恶意，不得对抗善意的担保物权人，但是可以对抗恶意的担保物权人。

然而，无论是采取善意取得构造还是登记对抗构造，在多重担保的问题上通过善恶意来决定优先顺位的模式是非常难以操作的：一方面，证明负担太重；另一方面，如果超过三个以上的担保物权人，甚至将引发逻辑上的悖论，以下分情况详述：（1）如果认为未登记的动产抵押权人可以对抗已登记的恶意抵押权人，我们可以假设一种情形：所有权人就其动产为甲设立了一项抵押权，但未登记；其后又在同一动产上依次为乙、丙设立了抵押权，均进行了登记；乙知道甲的抵押权在自己之前设定，但是丙不知道甲的抵押权的存在。在这种情形下，乙对于甲而言属于恶意第三人，故甲的权利应优先于乙的权利；丙对于甲而言属于善意第三人，故丙的权利应优先于甲的权利。由此可得，丙的权利应该优先于乙的权利。但是根据抵押权登记顺位效力规则，乙的抵押权先于丙的抵押权登记，因此乙的权利应该优先于丙的权利，和之前的推论形成了矛盾。（2）如果认为未登记的抵押权人可以对抗未登记的恶意抵押权人，我们可以假设这样一种情形：所有权人就其动产为甲、乙、丙依次设立了抵押权，均未登记；乙知道甲抵押权的存在，丙不知道甲抵押权的存在但是知道乙抵押权的存在。在这种情形下，乙对于甲而言属于恶意第三人，故甲的权利应优先于乙的权利；丙对于甲而言属于善意第三人，故丙的权利应同于甲的权利。由此可得，丙的权利应该优先于乙的

---

① "泰安点石资产管理有限公司、山东恒基新型材料有限公司追偿权纠纷案"，山东省泰安市中级人民法院（2019）鲁09执异69号民事裁定书。

② "上海电气租赁有限公司、华融湘江银行股份有限公司湘潭分行第三人撤销案"，湖南省湘潭市中级人民法院（2018）湘03民终856号民事判决书。

③ 董学立. 如何理解物权法第199条. 法学论坛，2009（2）：101-105.

权利。但是因为丙知道乙的权利存在，故丙对于乙而言属于恶意第三人，乙的权利应当优先于丙的权利，从而与前面的推论相矛盾。① 综上，在动产和权利担保交易不发达的时代，考虑善恶意的制度设计尚有操作可能性；在动产和权利担保交易发达的时代，动辄出现三人以上的权利纠纷，区分善恶意的制度将失灵。

从比较法上看，无论是美国《统一商法典》还是《欧洲示范民法典草案》抑或《联合国贸易法委员会担保交易示范法》，都确立了"公示在先则效力优先"的基本规则，并不考虑后顺位担保物权人的善恶意问题。② 我国现行法中虽然没有完全相对应的统一的担保物权优先顺位规则，但是《物权法》第199条对于抵押权的规定却与之核心意旨相符合：先登记的优先于后登记的；已登记的优先于未登记的；均未登记的平等受偿。③ 于是《民法典》第414条修改了《物权法》第199条，增加了第2款"其他可以登记的担保物权，清偿顺序参照适用前款规定"，从而将之改造为一切担保物权优先顺位的通用性规则。

对于《民法典》第414条的解释，本书认为有以下五点值得说明。

第一，这里的"担保物权"④ 应作广义理解，不仅包括《民法典》"担保物权"分编规定的抵押权和权利质权，也应该包括合同编中的所有权保留和融资租赁。正如前文所述，为了消灭隐形担保，《民法典》

---

① 龙俊.动产抵押对抗规则研究.法学家，2016（3）：44.

② 参见美国《统一商法典》第9-322条（a）；《欧洲示范民法典草案》第IX-4:101条；2017年版《联合国贸易法委员会担保交易示范法》第29条。

③ 与比较法的通行模式有些许差异的点是，均未登记的担保权，比较法上多是根据设立的先后顺序决定优先顺位，如美国《统一商法典》第9-322条（a）（3）；《欧洲示范民法典草案》第IX-4:101条（2）（b）。然而笔者认为我国现在的规定可以进一步弱化隐形担保的效力，并且还可以与不动产抵押权的效力相协调，因此笔者认为我国没有必要改成比较法的通行模式。

④ 在立法中，对于此处使用"担保物权"还是"担保权"的表述曾产生过较大争议。最高人民法院提交的草案以及笔者更加倾向于采取"担保权"的表述，如此则更加明确地涵盖广阔的范围。然而"担保权"的表述在我国法律体系中从未出现过，并且该条毕竟是"物权编·担保物权分编"的规定，所以最后仍然使用了"担保物权"这一表述。

在所有权保留和融资租赁制度中引入了登记制度，于是将之改造成了"可以登记的担保物权"。并且，未来我国法律体系中出现任何一种可以登记的担保制度，都要纳入这一条的适用范围。否则，如果仍然坚持狭义解释"担保物权"，则这一轮改革就毫无意义，不仅不符合营商环境优化的要求，反而会出现所有权保留和融资租赁登记后的效力不明这一新漏洞。①

第二，该条第2款没有采用"可以参照"或者"根据其性质参照"等柔性表述，也没有采用"参照……有关规定"这样具有解释空间的表述，而是直接表述为"参照"一个具体的规定，这就表明必须要参照。之所以用"参照适用"而非直接用"适用"表述，是因为毕竟第1款规定的是抵押权的优先顺位规则，其他担保物权不可能直接适用。

第三，在适用顺序上，该条的适用顺序应优先于第403条的"未经登记，不得对抗善意第三人"②。也就是说，当出现担保物权的效力冲突时，不用考虑善恶意，直接适用"登记在先权利优先"规则。正如前文所述，如此解释一方面能够降低交易成本，避免逻辑悖论的出现，另一方面也符合比较法上的通行模式。

第四，在适用范围上，该条仅适用于多个担保物权之间的权利冲突，不适用于担保物权人和担保物买受人、担保物承租人之间的权利冲突。后者应该适用第403条的"未经登记，不得对抗善意第三人"③。也就是说，只有在担保物权人和担保物买受人、担保物承租人发生权利冲

---

① 《民法典》第388条第1款规定设立担保物权应当订立担保合同，并言明这里的担保合同不仅包括抵押合同、质押合同，还包括"其他具有担保功能的合同"，表明了存在"广义担保物权"。并且立法草案说明中也明确了融资租赁、保理、所有权保留等制度的担保功能。参见王晨：《关于〈中华人民共和国民法典（草案）〉的说明》，2020年5月22日在十三届全国人民代表大会第三次会议上。

② 参见王洪亮．动产抵押登记效力规则的独立性解析．法学，2009（11）：53；龙俊．动产抵押对抗规则研究．法学家，2016（3）：43-45；庄加园．动产抵押的登记对抗原理．法学研究，2018（5）：87-89；高圣平．民法典动产担保权优先顺位规则的解释论．清华法学，2020（3）：105.

③ 参见龙俊．动产抵押对抗规则研究．法学家，2016（3）：47-50.

突时，才应该考虑买受人、承租人的善恶意。

第五，民法典编纂中常有人疑惑，该条前没有加任何限定语，表明该条既适用于动产抵押也适用于不动产抵押，然而动产抵押的物权变动模式是登记对抗，不动产抵押的物权变动模式是登记生效，将物权变动模式不同的抵押制度的优先顺位规则规定在一个条文里，是"不周延的"①。诚然，从立法技术的角度讲，如果能够分别规定不动产担保和动产担保自然更加科学，本书作者在立法阶段也曾提出在担保物权分编专设一章，集中地、统一地规定动产和权利担保相关内容。但是由于民法典编纂不宜对整体结构进行大改，所以只能依托现有框架通过修改具体条文解决问题，于是就有了第414条这样一个高度集成化的条文。其实如果仔细思考，因为不动产抵押采取的是登记生效模式，所以对于不动产而言未经登记的"抵押权"是不存在的，自然就只有可能适用第414条第1款第1项，不可能适用第2项和第3项。也就是说，严格说来该条第1款第1项和第2项、第3项的适用范围是不一样的。然而即便如此，这也只能说明该条在解释上会有点绕，但是逻辑上并不存在任何矛盾点。退一万步而言，即使有人因为该条比较绕，所以"误解"不动产抵押也要适用第1款第2项和第3项，其实在结果上也没有任何不合适的地方。因为依据物权的优先性和债权的平等性，也会得出"登记的优先于未登记的""均未登记的平等受偿"的结论。

综上所述，《民法典》第414条是适用于所有可以登记的广义担保物权的高度提取公因式的条文，称之为担保效力的"帝王条款"亦不为过。

当然，担保物权最重要的公示方式是登记，但是也不限于登记，占有（交付）也是公示方式之一。然而我国现行法效力体系中也缺乏以登记作为公示方式的担保物权和以占有作为公示方式的担保物权之间的优先顺位规则，这导致实务届和学界均莫衷一是。从比较法上看，无论是美国《统一商法典》还是《欧洲示范民法典草案》抑或《联合国贸易法

---

① 邹海林. 论《民法典各分编（草案）》"担保物权"的制度完善. 比较法研究，2019（2）：41.

委员会担保交易示范法》，都将占有（交付）作为和登记效力同等的公示方式，均适用"公示在先则效力优先"规则。①《民法典》第 415 条也遵循了这一规则。由于我国现行法中以交付作为公示方式的意定担保物权只有质权，所以第 415 条只用规定质权和可以登记的担保物权的效力冲突规则即可。并且依据《民法典》第 414 条，抵押权和其他可以登记的担保物权在效力上具有等价性，因此第 415 条只用规定质权和抵押权的效力冲突规则，就可以当然地解释出当质权和其他可以登记的担保物权发生效力冲突时，也适用"登记或者交付在先则效力优先"规则。此外值得注意的是，我们知道作为质权公示方式的交付不包含占有改定②，所以第 415 条的"交付"在解释上也不应该包括占有改定，从而避免隐形担保的出现。

四、扩张正常经营活动中的买受人规则的适用范围

根据前三步改革，我国将建立一个统一的人的编成主义登记系统，各种动产的担保登记都要在这个系统中公示，并适用统一的优先顺位规则。然而在立法中有不少学者担心，这样的制度设计固然满足了银行等金融资本降低风险的需求，却会造成我们普通大众的交易成本的急剧上升。毕竟这个登记系统是"不挑食"的，什么都可以登记。那么也就意味着，这一模式一旦推广，今后在任何交易中买到的任何标的物上都可能存在着担保物权。即使登记簿的查询成本再低，难道我们能够要求所有的交易（并不限于担保交易）都要去查询这个登记簿？甚至有学者戏言，是不是以后连买根葱都要去查卖方的登记簿？

上述担忧是不无道理的，正因如此，必须要有一项制度限制登记的效力，从而避免大量非担保交易受到担保交易的不当影响。美国《统一商法典》第 9-320 条（a）规定的"正常经营活动中的买受人"就是发挥此作用。依据该规定，当担保物的买受人是从"出售该有体动产"为业的人处（典当商除外）购买的标的物，即使标的物已经为第三人创设了担保物权并且已经公示，甚至即便买受人知悉了该担保物权的存在，

---

① 参见美国《统一商法典》第 9-322 条（a）；《欧洲示范民法典草案》第 IX-4：101 条；2017 年版《联合国贸易法委员会担保交易示范法》第 29 条。

② 崔建远. 物权法（第三版）. 北京：中国人民大学出版社，2014：526.

买受人也可以无负担地取得标的物所有权。①《欧洲示范民法典草案》第Ⅸ-6：102条（2）（a）和《联合国贸易法委员会担保交易示范法》第34条之4也作了相同规定。上述规定对担保物的买受人进行了区分，当买受人构成"正常经营活动中的买受人"时，则完全豁免了查询登记簿的义务。

"正常经营活动中的买受人"的制度设计正好和动产担保登记系统"不挑食"的属性是相辅相成的：一方面，让所有的东西都可以进入登记系统，从而可能成为金融担保品以盘活经济；然而另一方面，却并不要求所有的人在所有的交易中都要去查询这个登记簿，在正常经营活动中豁免了买受人的查询义务。如此，则避免了日常的非担保交易受到担保交易的侵蚀，为普通人的日常生活构筑了一道坚实的防线。

每次讨论到这里，也总有学者会提出质疑：即使担保物权已经登记，担保物也仍然可能被第三人无负担地买走，这样的制度设计不是又让担保登记的意义被架空了吗？不是与保护担保物权人的改革宗旨背道而驰了吗？②笔者认为有必要看到事物的两面性。诚然，"正常经营活动中的买受人"的制度设计会让担保物权人再次遭受到一定的风险，但是由于正常经营活动本身是可以预估的，所以这种风险是可控的。担保登记主要防范的是担保交易和非正常的买卖交易，避免的是不可控的风险。将不可控的风险变为可控的风险，对于担保物权人而言已经是非常重大的保护了；如果不设计"正常经营活动中的买受人"制度，固然对于担保物权人的保护更进了一步，却是以提高普通大众的日常交易成本为代价。理性的制度设计需要的是平衡取舍，而不能走极端。

考察我国法律的发展会发现，《物权法》其实已经规定了"正常经营活动中的买受人"制度。然而这一规定却仅出现在第189条第2款，

---

① ［美］ALI，NCCUSL. 美国《统一商法典》及其正式评注. 高圣平译. 北京：中国人民大学出版社，2006：212；The American Law Institute and National Conference of Commissioners of Uniform State Laws, Uniform Commercial Code: official text and comments, 2010－2011 edition, Thomson Reuters Business, 2010, p. 937.

② 民法典担保物权法律问题研讨会，袁志杰教授、吴香香教授发言，2019年4月27日，清华大学廖凯原楼（北京）.

意味着该制度仅适用于浮动抵押的情形。当初之所以如此规定，"主要因为：浮动抵押是现有的和将有的财产设定担保，抵押期间抵押人可以占有、使用、处分抵押财产，如果以全部或者部分动产抵押，又不让抵押人处分该财产，抵押人的经营活动就无法进行了。特别是浮动抵押的标的物通常是原材料、库存产成品，这些动产经常处于流动过程中……占有又是推定动产所有权的公示方法，那么对于浮动抵押财产的买受人就应给予一定的保护"①。上述立法理由虽然很有说服力，却有一个重大漏洞：原材料、库存等经常处于流动中的动产，虽然常常是浮动抵押的标的物，却也有可能成为其他担保交易的标的物，为何仅在浮动抵押中才对买受人进行特殊保护呢？笔者常举的一个例子是：假如沃尔玛超市将其现有的及将来所有的商品均为银行设定了抵押权并登记，你作为超市的顾客，在付款后可以依法无负担地取得商品的所有权，自不待言；但是假如沃尔玛超市只是仅就某一批商品为银行设定了一般动产抵押权并登记，那么你作为超市的顾客，难道在付款后就不能无负担地取得商品所有权吗？超市和银行采取的是浮动抵押模式还是一般动产抵押模式，与你何关？显然，将"正常经营活动中的买受人"规则困于浮动抵押制度中是不合理的，必须要扩张其适用范围。《民法典》第404条将"正常经营活动中的买受人"制度从浮动抵押中解放出来，适用于一切以动产作为标的物的抵押制度是科学合理的。

进一步而言，对于《民法典》第404条的理解与适用，笔者认为有以下几点需要把握：

首先，常有人混淆"正常经营活动中的买受人"规则和善意取得规则，笔者认为虽然二者有很多类似之处，但是却存在着以下几点重大差异：（1）从理论基础来看：虽然二者都是对交易中的信赖进行保护，但是传统的动产善意取得制度更多的是对出卖人占有状态的信赖，而"正常经营活动中的买受人"制度更多的是对交易过程的信赖。（2）从构成要件来看：大陆法系传统的善意取得制度并不要求有对价；我国的善意取得制度虽然要求"以合理的价格转让"，但是并不要求价款已经支

---

① 胡康生. 中华人民共和国物权法释义. 北京：法律出版社，2007：415.

付①；只有"正常经营活动中的买受人"制度构成要求最严格，必须"已支付合理价款"。（3）从法律效果来看：善意取得制度不能对抗已经登记的物权，任何人不能以不知晓登记簿的记载为由主张自己的善意；然而"正常经营活动中的买受人"的权利却可以凌驾于已经登记的担保物权之上，而这也正是该制度的核心功能。

其次，常有人认为《民法典》第 404 条和第 406 条矛盾：第 406 条明确规定"抵押人可以转让抵押财产"，未设任何要件，既然如此，第 404 条规定"以动产抵押的，不得对抗正常经营活动中已支付合理价款并取得抵押财产的买受人"，要件如此严格，有何必要？即使不满足这些要件，买受人还不是可以依据第 406 条获得抵押财产？② 笔者认为，解决这一疑问的关键是理解"对抗"二字的含义。第 406 条放开了抵押财产的转让，是以承认抵押权的追及效力为前提的，所以如果依据第 406 条取得抵押财产，取得的是一个附着有抵押权的财产。第 404 条"对抗"的含义是：如果构成了"正常经营活动中的买受人"，就可以无负担地取得抵押财产；反之，如果不构成"正常经营活动中的买受人"，那么虽然可以依据第 406 条取得抵押财产，但是抵押财产之上仍然存在抵押权。

再次，正如前文所述，《民法典》将"正常经营活动中的买受人"制度扩张适用于一切以动产作为标的物的抵押制度是合理的。但是在所有权保留中却没有写该制度，笔者认为是一大遗憾。如果在高度流通的产品上设立了所有权保留，即使登记了，消费者又如何知晓呢？笔者更加赞同法工委 2018 年 2 月 25 日在学者范围内征求意见的《中华人民共和国民法合同编（草案）（征求意见稿）》的写法，在确立所有权保留登记制度的同时也设计"正常经营活动中的买受人"制度。③ 笔者认为此点构成了法律漏洞，未来在法律适用时，所有权保留交易也要类推适用《民法典》第 404 条。

---

① 崔建远. 物权法（第三版）. 北京：中国人民大学出版社，2014：81.
② 邹海林. 论《民法典各分编（草案）》"担保物权"的制度完善. 比较法研究，2019（2）：37.
③ 《中华人民共和国民法合同编（草案）（征求意见稿）》第 185 条第 1 款规定："出卖人对买卖合同的标的物保留的所有权，不得对抗正常经营活动中已支付合理价款并取得标的物的买受人；未经所有权保留登记，不得对抗善意第三人。"

最后，对"正常经营活动中的买受人"的概念外延的精确界定也非常重要：外延如果界定小了，那么结果就是商业化的担保交易侵入了一般的民事消费领域；外延如果界定大了，那么结果就是担保的交易安全得不到保障。除了法条文义所直接表达的构成要件外，笔者认为比较法上的经验具有借鉴意义：(1) 担保交易不构成正常经营活动，担保交易要统一适用前述"登记在先则效力优先"规则。① (2) 大宗交易不构成正常经营活动，即当交易价值超过卖方存货的一半，并且购买方得知或经过合理询问后应当得知出卖方在该项买卖后不再继续从事相同或类似行业时，这一交易就不能构成正常经营活动。② (3) 正常经营活动仅存在于存货交易中，出卖人落魄到出卖生产设备显然非通常的商业行为。③ (4) 正常经营活动必须在卖方的通常营业地进行。④ (5) 出卖人与买受人关系不能过于密切，如公司与其董事的交易就不能构成正常经营活动。⑤

---

① 在 Mayor's Jewellers of Ft. Lauderdale, Inc. v. Levinson (1976) 案中，一对夫妻为了为律师代理费提供担保而将一对纪念戒指出售给了一名律师，但这对戒指同时也是珠宝商店的购买价金担保权的客体，法院依据美国《统一商法典》第 1-201 条 (9) 认定律师不构成正常交易中的买受人，因律师在本案中并不是"购买人"，其不存在购买的意图和行为。Mayor's Jewellers of Ft. Lauderdale, Inc. v Levinson 39 Ill App 3d 16, 349 NE2d 475, 19 UCC RS 1206 (1976).

② 美国《统一商法典》第 1-201 条 (9) 明确将大宗交易排除在"正常交易"的范畴之外。

③ [美] ALI, NCCUSL. 美国《统一商法典》及其正式评注. 高圣平译. 中国人民大学出版社，2006：212；The American Law Institute and National Conference of Commissioners of Uniform State Laws, Uniform Commercial Code: Official Text and Comments, 2010-2011 Edition, Thomson Reuters Business, 2010, p. 937.

④ 在 Al Maroone Ford Inc. v. Manheim Auto Inc. (1965) 案中，法官认定买受人不构成正常交易中的买受人的原因之一为汽车买卖交易发生的地点并非原告或被告的通常营业地点，而是在一个与其营业领域不相关的另一个州的空地内。Al Maroone Ford, Inc. v. Manheim Auto Auction, Inc., 205 Pa. Sup. 154, 208 A. 2d 290, 2 UCC RS 595 (1965).

⑤ 在 Morey Machinery Co. v. Great Western Industrial Machinery Co. (1975) 案中，出卖人将 36 台机床为第三人设定了抵押权随后又将机床出售给公司的连锁董事，法院认为基于买受人与出卖人几乎只有"一臂之长"的距离，该交易不能被认定为正常交易。Morey Machinery Co., Inc. v. Great Western Industrial Machinery Co., 507 F. 2d 987, 16 UCC RS 489 (1975).

五、合并一般动产抵押与浮动抵押的对抗规则

我国《物权法》第 189 条第 1 款对浮动抵押的物权变动模式采取了登记对抗主义,与第 188 条的一般动产抵押同样规定"未经登记,不得对抗善意第三人"。然而在解释上,对于这两条的关系却有两种截然不同的观点:第一种观点认为,第 189 条第 1 款虽然在表述上与第 188 条一致,但是由于浮动抵押设定时标的物尚未特定化,所以不可能在此时就产生优先效力,只有等到"抵押财产确定"(结晶)事由出现时才特定化,在此之前浮动抵押权不具有优先效力,故即使浮动抵押设立并登记在前,其效力也劣后于后登记的一般动产抵押。① 第二种观点认为,第 188 条和第 189 条第 1 款采取相同表述,表明二者具有相同的效力等级,当发生二者竞存时,应该统一适用第 199 条,无论是一般动产抵押还是浮动抵押,先登记的优先于后登记的。② 而上述两种观点在比较法上都能找到原型:第一种观点源自"英式浮动抵押",第二种观点源自"美式浮动抵押"③。因此,学术界常见的正本清源的研究方式在这一问题上也失灵了,毕竟两种观点都有源头,很难笼统地说"英式""美式"谁更高明。这两种观点的争议也从理论界蔓延到实务届,最高人民法院《全国法院民商事审判工作会议纪要》(以下简称《九民会议纪要》)在 2019 年 7 月公布的"征求意见稿"中,也将上述两种观点作为平行方案罗列在第 68 条。④ 在民法典编纂过程中,这一问题自然也变成了不可回

---

① 朱岩、高圣平、陈鑫. 中国物权法评注. 北京:北京大学出版社,2007:669-671.

② 王洪亮. 动产抵押登记效力规则的独立性解析. 法学,2009 (11):97.

③ 实际上,"美式浮动抵押"并不算真正的浮动担保,只是在现有担保品的前提下增加了"嗣后财产取得条款",在效果上类似于浮动担保。但是为了行文方便,笔者使用"美式浮动抵押"的表述。

④ 2019 年 7 月最高人民法院哈尔滨会议公布的《〈九民会议纪要〉征求意见稿》第 68 条规定:"企业将其现有的以及将有的生产设备、原材料、半成品及产品等财产设定浮动抵押后,又将其中的生产设备等部分财产设定了动产抵押,两个抵押都办理了登记的,根据《物权法》第一百九十九条的规定,登记在先的浮动抵押优先于登记在后的动产抵押受偿。"另一种观点:"根据《物权法》第一百九十六条之规定,浮动抵押只有在'抵押财产确定'事由出现时才确定,在此之前浮动抵押权不具有优先效力,故浮动抵押尽管设立在前,但效力却劣后于动产抵押。"

避的焦点争议问题，应如何抉择？

分析这两种模式会发现，二者对于抵押权人的保护力度可谓天差地别。"英式浮动抵押"下，浮动抵押权人对于抵押物的优先效力，直到"结晶"时才产生，在"结晶"之前，任何特定物的买受人或者担保物权人，其权利均优先于浮动抵押权人。可以说，浮动抵押权人的权利只有可能优先于无担保债权人，也就是永远的"倒数第二"，后文称这种担保效力为"弱浮动担保"。相反，"美式浮动抵押"下，"浮动"抵押权人的权利在登记伊始就进入了权利顺位系统的排序，并且由于担保物范围包括未来获得的标的物，所以在这些标的物上，"浮动"抵押权人的权利必然是最早登记的，该权利顺位也会溯及既往到登记时确定。如果暂且不考虑后文将述的超级优先权，那么"美式浮动抵押"下"浮动"抵押权人的权利顺位通常是"正数第一"，后文称这种担保效力为"强浮动担保"。显然，如果让金融机构选一种担保方式，其自然愿意选"强浮动担保"。这亦与笔者在多次立法研讨会上向各个金融机构咨询的结论相一致。甚至有不少金融机构表示，目前差异如此之大的两种方案争执不下的现状，也正是它们不敢轻易接受浮动抵押这种担保方式的重要原因，毕竟没人愿意费了那么多力设定了担保，结果只当个"倒数第二"。

当然论述至此，尚不足以证成立法中应该选择"强浮动担保"模式，毕竟也有可能实践中并无太多浮动性担保的需求，故没有必要设计如此之强的浮动抵押制度，更何况学术界也有希望物权编删除浮动抵押制度的声音。[①]为了厘清上述问题，我们有必要先暂时将视角从浮动抵押制度上移开。

在民法典立法中，中国法学会提交的《中华人民共和国民法典物权法编修订条文及立法理由》[②] 以及有不少学者[③]均提出应该在民法典物

---

① 侯国跃.浮动抵押逸出担保物权体系的理论证成.现代法学，2020（1）：72-83.

② 《中华人民共和国民法典物权法编修订条文及立法理由》建议在《物权法》第 212 条的基础上增加第 2 款："企业、个体工商户、农业生产经营者可以以替代的生产设备、原材料、半成品、产品出质后，又以同种类物替代原质押财产的，质权的设立时间不受影响。"

③ 刘保玉.民法典物权编（草案）担保物权部分的修改建议.法学杂志，2019（3）：19-20；常鹏翱.论存货质押设立的法理.中外法学，2019（6）：1531-1551.

权编中确立一项新的担保物权制度——动态质押。动态质押与浮动抵押类似，允许担保物浮动，当旧货被提取后就不再属于担保物，当新货补入则纳入担保物范围。并且动态质押模式的一个核心特征在于，质权的优先顺位以第一次质权设定的时间为准，后续的进货出货不影响质权的设立时间。否则如果每一次进货都更新一次质权的设立时间，那么这种交易模式也就成了多个独立的质权的集合体，也就无所谓动态不动态，算不上一种新的担保物权了。这种交易模式在实践中已经非常普遍，因此有强有力的声音希望将之纳入民法典中。我们分析动态质押的特征不难发现，该制度在效力上与前述的"美式浮动抵押"可谓异曲同工，都是在交易伊始就确立了浮动担保的优先顺位。由此可见，我国实践对"强浮动担保"的需求还是很大的。

当然，论述至此也有很多人会认为，虽然对"强浮动担保"的需求很大，但是既然实践中用的更多的是动态质押而非浮动抵押，那么是否存在这么一种可能：实践的需求不仅仅是效力要强，而且动态质押采取交付这种公示方式也是其优势呢？分析动态质押的公示方式会发现，为了降低存货的转运、储存、保管等成本，动态质押的债权人并不实际占有这些标的物，而主要是由物流企业作为监管人，来替代债权人占有、管理标的物[①]，也就是说动态质押是通过指示交付这种方式完成公示。这种公示方式固然非常简便，但是回顾前些年发生的钢贸危机会发现，这种公示方式也为债务人偷偷地重复质押担保物大开方便之门。债务人只要买通了仓库管理员，就可以将一个仓库的货物反复进行动态质押，并且由于货物一直在进出，仓单一直在更新，所以每个质权人都很难发现其他质权人的存在。一旦事发，多个质权人都要执行质押财产，说不清楚谁才是第一个设定质权的人（也就是真正的质权人），还得去问仓库管理员。也就是说，这一模式将担保物权的公示和效力顺位这么重大的事项都寄托在仓库管理员身上，显然难谓安全的设计，已经成为我国供应链金融发展的重大隐患。

我国众多金融机构遭受了重大损失后，中国人民银行也意识到必须要改变动态质押的公示方式，于是修订《应收账款质押登记办法》（中

---

① 常鹏翱. 论存货质押设立的法理. 中外法学，2019（6）：1532.

国人民银行令〔2019〕第 4 号），明确将"存货和仓单质押"纳入登记系统中。这不就又绕回了到了浮动抵押吗？当然也有学者认为动态质押的登记与浮动抵押的登记有所不同①：前者的主导机构是中国人民银行征信中心，后者的主导机构是工商行政管理部门（现在是市场监督管理部门），且登记系统设计是否电子化、登记信息的详略程度、登记程序等诸多方面都有区别，从而主张二者仍然是不同的制度。然而正如前文所述，这些区别都是暂时的，未来我国会建立一个统一的"人的编成主义"的动产和权利担保登记系统，上述区别都会消弭。既然如此，民法典编纂对于这两种制度自然只应二选一。考虑到浮动抵押是我国《物权法》的既有制度，且动态质押还有钢贸危机等一系列"前科"（改造后倒没什么问题，主要是给人观感不好），自然选择改造浮动抵押。

浮动抵押的问题在于效力不明，如果解释为"弱浮动担保"则无法满足实践需求，所以改造的目标在于明确其效力为"强浮动担保"，在登记伊始就确定其优先顺位，无须等待"结晶"。具体而言，《民法典》选择的修改方案是：（1）将浮动抵押与一般动产抵押的对抗效力规则（《物权法》第 189 条第 1 款和第 188 条）合并为《民法典》第 403 条。既然合并为了一条，自然就不可能解释出两种效力。因为动产抵押毫无争议地以登记的时间点确定优先顺位，所以浮动抵押也只能作此解释。（2）将《物权法》第 181 条的"债权人有权就实现抵押权时的动产优先受偿"的表述改为《民法典》第 396 条"债权人有权就抵押财产确定时的动产优先受偿"的表述，从而与《民法典》第 411 条的"抵押财产自下列情形之一发生时确定"的表述相统一，进而明确第 411 条的意义仅在于划定第 396 条的抵押财产执行范围，避免对第 411 条过度解读出"结晶"效力的可能性。

最高人民法院的《九民会议纪要》也提前与《民法典》对接，在 2019 年 11 月 8 日公布的正式稿（法〔2019〕254 号）中删除了平行方案，在第 64 条明确采取"强浮动担保"效力。

六、引入超级优先权规则

上述第五步改革采取了"强浮动担保"效力，固然满足了实践的需

---

① 常鹏翱. 论存货质押设立的法理. 中外法学，2019 (6)：1535.

求，却也产生了新的风险：如果债权人竭泽而渔，就债务人的所有动产都设定了浮动抵押，那么债务人再购进任何动产，上面就会自动附着有浮动抵押。并且由于浮动抵押早在债务人购进动产前就已经登记，在"强浮动担保"效力下其优先顺位也于此时就确立了，所以债务人不可能在标的物上再为出卖人设定任何更加优先的担保物权（包括所有权保留①），于是债务人的再融资渠道被全部堵死，没有人再愿意为其提供赊销或者贷款。为了避免上述情形的发生，为债务人再留一条活路，《民法典》引入了超级优先权规则，从而平衡"强浮动担保"。

依据《民法典》第 416 条，标的物的买受人甲在标的物上为出卖人乙设定抵押权，担保购买该标的物的价金债权，只要出卖人乙的抵押权在标的物交付后的 10 天内登记，那么出卖人乙的抵押权的效力就会优先于甲在该标的物上为其他债权人设定的担保物权的效力，即使其他担保物权人的权利公示在先也是如此。也就是说，超级优先权就是一项"插队"的权利，是前述《民法典》第 414 条和第 415 条的例外。当然，只要买受人甲在拿到标的物后第一时间就为出卖人乙进行了抵押登记，那么在绝大多数情况下即使存在其他担保物权人，这些担保物权人的公示也一般不会比出卖人乙的早，也就是说大多数情况下即使不插队，出卖人乙的权利也是最优先的。例外的情况有两种：第一种就是浮动抵押。如果买受人甲早在买受标的物之前就为丙设定了浮动抵押并登记，那么出卖人乙的标的物一进入浮动抵押指定的仓库就自动变为浮动抵押的标的，而且优先效力从登记时起算。此时如果不赋予出卖人插队的权利，那么出卖人的权利无论如何都会弱于浮动抵押权人。因此可以说超级优先权主要针对的就是浮动抵押权。② 第二种是抢先公示的情形。也就是买受人甲拿到标的物立即就为第三人设定了抵押权或者质权，从而

---

① 根据笔者所述的前三步改革，所有权保留中的所有权被担保物权化，进入统一的登记系统进行优先顺位排序，所以尽管出卖人在形式上仍享有该标的物的所有权，但是只要标的物属于浮动抵押登记所描述的范围（比如放入指定的仓库或者属于登记描述中的某一通类标的物），一旦交付就会成为浮动抵押的财产客体，如果没有超级优先权规则，那么由于浮动抵押肯定登记在先，故所有权保留就会必然劣后于浮动抵押权。

② 董学立. 浮动抵押的财产变动与效力限制. 法学研究，2010（1）：65 - 69.

导致出卖人乙没来得及登记，权利顺位就被抢先。超级优先权的存在也可以避免此种背信情形的发生。

在超级优先权的制度设计中，"十天内办理抵押登记"是一项非常关键的时间限制。如果没有这一时间限制，那么也就意味着出卖人可以在任何时间点去登记从而直接插队到优先顺位的第一顺位，登记就成为权利主张的程序而丧失了公示的功能，超级优先权也就沦为一种隐形担保。因此为了保护交易安全，必须要设计登记宽限期，并且该期限应该在合理的范围内越短越好。关于宽限期的设计，《联合国贸易法委员会担保交易示范法》提供了两种建议模式：第一种模式区分标的物的流动性，只在流动性较弱的资产比如机器设备上根据各国情况设计一个较短的登记宽限期（比如美国《统一商法典》设计的是 20 天），而在流动性较强的资产比如存货上不设计登记宽限期（不是指可以任何时候登记，而是指必须在交付前登记，可以理解为宽限期为 0 天）。第二种模式不区分标的物的流动性，统一设计一个固定的较短的宽限期。① 我国民法典采取了第二种模式。

对于《民法典》第 416 条的解释，应该注意以下几个方面：（1）对于超级优先权的主体，前文为了方便举例一直都用的是出卖人的表述，但是实际上提供价款融资的主体不限于出卖人，还包括为买受人购买标的物提供贷款融资的人。②（2）超级优先权可以插队的对象仅指标的物买受人的其他担保物权人，而不包括出卖人的其他担保物权人，否则就与前述制度目的相违背。③ 这一点也是民法典草案"二审稿"所明确的，避免了"一审稿"的表述带来的歧义。④（3）超出宽限期才登记，不代表担保物权无效，仅仅意味着没有超级优先效力，但是根据登记时间产生的正常优先顺位不受影响，也就是说此时可以直接适用《民法典》第

---

① 2017 年版《联合国贸易法委员会担保交易示范法》第 38 条提供了上述备选案文 A 和备选案文 B 两个选项。

② 董学立. 浮动抵押的财产变动与效力限制. 法学研究, 2010 (1): 66-67.

③ [德] 冯·巴尔、[英] 克莱夫. 欧洲私法的原则、定义与示范规则：欧洲示范民法典草案（全译本）（第九卷）. 徐强胜等译. 北京：法律出版社, 2014: 147.

④ "一审稿"第 207 条的表述是"该抵押权优先于其他担保物权受偿"，从"二审稿"开始修改为"该抵押权人优先于抵押物买受人的其他担保物权人受偿"。

414条和第415条。

5.3.3 动产担保对一般对抗规则的适用

本书第3章和第4章论述了"不登记不得对抗第三人"的一般规则，本节将分析这些一般规则中，哪些也适用于动产担保领域。

本书第3章论述了不登记不得对抗第三人的客观范围，认为以下第三人不属于"不登记不能对抗的第三人"（即使不登记也可以对抗）应该没有争议，包括：以不正当手段妨碍登记的人、实质的无权利人、侵权人、继承人、交易的前手以及后手。对于这些第三人，美国的动产担保交易制度中并未提及，但是笔者认为基于法感情的考虑，这些第三人在我国的动产担保制度中也当然应该排除，属于不登记也可以对抗的第三人。例如：即使动产抵押权人没有登记，也当然可以对抗抵押物的不法占有人。

除了上述没有争议的情形，本书第3章着重讨论了"一般债权人""特定物债权人""租赁权人"是否属于"不登记不能对抗的第三人"的客观范围。就"一般债权人"的问题而言，本书第3章认为仅仅"狭义的一般债权人"属于不登记也可以对抗的第三人，破产债权人、扣押债权人、参与分配债权人属于不登记就不能对抗的第三人。由于该结论的得出本身就参考了美国《统一商法典》第9章的处理模式，所以该结论也当然应该适用于本章讨论的动产担保制度中的对抗规则。就"特定物债权人"的问题而言，本书第3章认为"特定物债权人"不属于"不登记不得对抗的第三人"范围，并且本书第3章做了一个提示，也就是该结论和美国《统一商法典》第9章的规则形成了统一，就此点后文在论述"动产抵押权人、浮动抵押权人与买受人"的优先顺位时将详细论述。而就"租赁权人"的问题而言，由于我国不仅存在"买卖不破租赁规则"，也存在"抵押不破租赁规则"，所以第3章的规则也适用于本章：（1）抵押合同签订（抵押权设立）前，抵押财产已经出租并转移占有的，原租赁关系不受该抵押权的影响。（2）抵押合同签订（抵押权设立）后抵押权未登记，或者虽然抵押权登记但是登记时间在抵押财产已经出租并转移占有之后的，要区分承租人的善恶意：如果承租人不知道且不应当知道存在在先的动产抵押权（承租人善意），则原租赁关系不受该抵押权的影响；如果承租人知道或者应当知道存在在先的动产抵押权（承租人恶意），则该租赁关系不得对抗抵押权。（3）抵押权登记后，抵押财产才移交承租人占有的，该租赁关系不得对抗抵押权。（4）抵押财产已经出租但并未转移占有的，承租人也未申请法院保全或者执行的，无论抵押权是否登记，该租赁关系均不得对抗抵押权。①

本书第 4 章讨论了"善意"规则的判断标准和适用范围。在动产抵押、浮动抵押制度中，是否适用"恶意排除规则"，第 4 章做了一个提示，本章讨论"动产抵押权、浮动抵押权与买受人"的优先顺位时将详细论述。而就判断标准而言，非正常交易中的买受人的"善意"的判断标准应定为"非因重大过失而不知"，这一个规则就是为动产抵押、浮动抵押制度量身定作的，所以本章当然适用。

因此，本书第 3 章和第 4 章论述了"不登记不得对抗第三人"的一般规则，这些一般规则的大部分都适用于本章所讨论的动产担保领域。具体而言：（1）不登记也可以对抗的第三人包括：以不正当手段妨碍登记的人、实质的无权利人、侵权人、继承人、交易的前手以及后手、"狭义的一般债权人"；（2）不登记就不能对抗的第三人主要指的就是"取得了某种物的支配关系"的债权人：包括破产债权人、扣押债权人、参与分配债权人、取得了租赁物占有的租赁权人等。

但是在特定物债权人、所有权取得人、他物权取得人的问题上，动产担保领域有自己特殊的对抗规则：其中特定物债权人、所有权取得人的问题在动产担保领域体现为动产抵押权、浮动抵押权和担保物买受人的优先顺位，而他物权取得人的问题在动产担保领域体现为各种担保物权的优先顺位关系，以下详细展开分析。

5.3.4 动产担保权之间的优先顺位

一、动产抵押权人之间的优先顺位

对此问题而言，我国曾经存在的争论点包含两个：第一个争论点

---

① 值得说明的是，这一解释与我国《民法典》第 405 条并不矛盾。《民法典》第 405 条讨论的是抵押合同订立前抵押财产出租的情形，但是没有说明抵押权设立但是并未登记时抵押财产出租的情形应该如何处理。

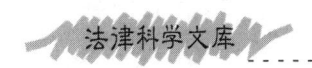

是：是否应该在效力上区分一般动产抵押权和浮动抵押权，二者是否具有同等地位，也就是说浮动抵押权是否弱于动产抵押权。第二个争论点是：动产抵押权（包括一般动产抵押权人和浮动抵押权人）之间的优先顺位是适用对抗规则还是一般性的抵押权优先顺位规则？也就是说是适用《民法典》第 403 条，还是适用《民法典》第 414 条。以下分别阐述。

这两个问题本章 5.3.2 部分在介绍民法典的动产和权利担保制度的核心改革内容时已有完整论述，为了便于阅读后文，这里只归纳结论，理由不赘：我国民法典中的一般动产抵押权和浮动抵押权是效力相当的两种担保物权，我国的浮动抵押权并不适用"结晶"等制度，也不适用"普通抵押权优先于浮动抵押权"的规则。当发生动产抵押权或者浮动抵押权的竞存时，不应适用《民法典》第 403 条的"不登记不得对抗善意第三人"的规则，而应该直接适用《民法典》第 414 条的规则，即完全不区分"善意恶意"，已登记的抵押权依照登记的先后确定优先顺位；已登记的抵押权优先于未登记的抵押权；均未登记的抵押权具有相同的优先顺位。

二、动产抵押权和留置权的优先顺位

我国《民法典》第 456 条明确规定："同一动产上已经设立抵押权或者质权，该动产又被留置的，留置权人优先受偿。"可见该条并不区分留置权人的善意恶意，也不区分其与抵押权、质权的设立先后顺序，一律是留置权优先。该条的立法理由主要包括：（1）反映了立法经验和司法实践经验。我国的一些立法，如《海商法》第 25 条，已经明文规定了留置权优先于抵押权；而我国的审判实践也长期坚持了这一规则，如《担保法解释》第 79 条第 2 款就规定留置权优先于抵押权受偿。（2）符合国际上的立法经验，很多国家均承认留置权的效力优先于抵押权或者质权的效力。（3）从法理上看，留置权属于法定担保物权，抵押权属于约定担保物权，法定担保物权优先于约定担保物权。[①] 留置权产

[①] 胡康生．中华人民共和国物权法释义．北京：法律出版社，2007：508；黄薇．中华人民共和国民法典释义（上）：总则编·物权编．北京：法律出版社，2020：870.

生的基础是公平原则，留置权人一般对被留置动产进行了价值保全行为，且留置权人的债权价值往往远小于被留置动产的价值。此时，仅以留置权人"恶意"，即知道或者应当知道该动产上存在抵押权或者质权就否定留置权的优先效力，显然对留置权人不公。而且，实践中，留置权人留置某一动产时往往是"恶意"的——知道该动产上存在抵押权或者质权。① 然而，留置权人在对动产抵押物进行加工、维修等行为后，该动产在一定程度上已经具备动产所有权人和留置权人共有的特性，尤其是考虑留置权人的工资债权的特殊保护等问题，即使留置权人属于恶意第三人也应该优先保护。②

对于上述理由，笔者亦持赞同意见，因此，本书亦认为当动产抵押权、浮动抵押权与留置权发生竞存时，不适用对抗规则，而直接适用《民法典》第 456 条，留置权不论设立先后，也不论"善意恶意"，均优先于动产抵押权、浮动抵押权。

三、质权与动产抵押权的优先顺位

对于质权与动产抵押权竞存时的优先顺位，我国《物权法》没有明文规定。而我国《担保法解释》第 79 条规定："同一财产法定登记的抵押权与质权并存时，抵押权人优先于质权人受偿。"该规定表明，当出现"法定登记的抵押权"与质权竞存时，无论设立先后，也无论"善意恶意"，均为法定登记的抵押权优先。但是我国《物权法》对于动产抵押权、浮动抵押权实行的是登记对抗主义，也就是说即使不登记抵押权也成立了，这就表明我国的动产抵押权、浮动抵押权并非"法定登记"的，故并无《担保法解释》第 79 条的适用余地。③ 因此，我国原法律体系中缺乏以登记作为公示方式的担保物权和以占有作为公示方式的担保物权之间的优先顺位规则，这导致实务届和学界均莫衷一是。从比较法上看，无论是美国《统一商法典》还是《欧洲示范民法典草案》抑或《联合国贸易法委员会担保交易示范法》，都将占有（交付）作为和登记

---

① 黄薇. 中华人民共和国民法典释义（上）：总则编·物权编. 北京：法律出版社，2020：871.

② 李国光. 最高人民法院《关于适用〈中华人民共和国担保法〉若干问题的解释》理解与适用. 长春：吉林人民出版社，2000：283 以下.

③ 王利明. 物权法研究：下卷. 北京：中国人民大学出版社，2007：586.

效力同等的公示方式，均适用"公示在先则效力优先"规则。① 《民法典》第 415 条也遵循了这一规则。由于我国现行法中采取交付作为公示方式的意定担保物权只有质权，所以第 415 条只用规定质权和可以登记的担保物权的效力冲突规则即可。并且依据《民法典》第 414 条，抵押权和其他可以登记的担保物权在效力上具有等价性，因此第 415 条只用规定质权和抵押权的效力冲突规则，就可以当然地解释出当质权和其他可以登记的担保物权发生效力冲突时，也适用"登记或者交付在先则效力优先"规则。此外值得注意的是，我们知道作为质权公示方式的交付不包含占有改定②，所以第 415 条的"交付"在解释上也不应该包括占有改定，从而避免隐形担保的出现。

四、所有权保留、融资租赁中的所有权与动产抵押权的优先顺位

所有权保留的条件在于"买受人未履行支付价款或者其他义务"，也就是说，所有权保留担保的是价金债权，因此从功能上看，我国的所有权保留制度发挥的是美国动产担保交易制度中"价金担保物权"的功能。同理，融资租赁中的出租人也发挥着为购置租赁物提供融资的作用（售后回租交易除外），因此融资租赁中出租人享有的所有权也属于这里的"价金担保物权"。

提到"价金担保物权"，值得说明的是：在《物权法》时代，董学立教授认为我国物权法中没有规定"价金担保物权"，并论及"价金担保物权"作为"超级优先权"的种种好处，进而认为我国物权法中存在重大制度缺失，应该引进"价金担保物权"，并规定价金担保物权"优先于在先设定的浮动抵押权而受偿"③。

然而正如前文所述，即便是在《物权法》时代，我国也是存在"价金担保物权"制度的，这就是《合同法》中的所有权保留制度和融资租赁制度，而且笔者认为，这一制度的问题并不在于对于价金债权的保护"不够超级"，恰恰相反，我国的问题正好在于其效力"过于超级"，从而

---

① 参见美国《统一商法典》第 9-322 条（a）；《欧洲示范民法典草案》第Ⅸ-4：101 条；2017 年版《联合国贸易法委员会担保交易示范法》第 29 条。

② 崔建远. 物权法（第三版）. 北京：中国人民大学出版社，2014：526.

③ 董学立. 浮动抵押的财产变动与效力限制. 法学研究，2010（1）：63-73.

有害于交易安全。下文将对比所有权保留的效力和美国"价金担保物权"的效力（融资租赁同理，故不赘述），论证上述观点，并提出解决方案。

通常认为所有权保留制度是附停止条件的所有权移转[①]，在停止条件成就前所有权不发生转移。那么从逻辑上看，所有权尚未发生转移时，买受人自然不能在他人的财产上设定担保物权，否则将构成无权处分，因此从逻辑上讲，所有权保留应该优先于其他一切动产担保权。然而，问题也就出在这一"逻辑"上。如果依照上述"逻辑"解释所有权保留的效力，将造成一个严重的问题，由于传统模式下的所有权保留没有任何公示方式，其结果就是一项没有任何公示方式的担保权成为效力最强的担保权，有害于交易安全。

论述至此，可能有论者会反驳道，既然所有权保留担保的是价金债权，那么参照美国动产担保交易制度中的"价金担保权优先"法理，是否赋予所有权保留以最强的优先效力是一种合理的选择呢？这也就是笔者接下来要详细论证的问题。确实，美国动产担保交易制度中存在"价金担保权优先"制度，而且确实该制度有相当的合理性。然而，在我国学者既有的论述中，该制度一度被过于夸大了，实际上在美国《统一商法典》第9章中，价金担保物权被赋予了某些优待，但是在大多数情况下这些优待是受到重重限制的。

首先，就一般规则而言（主要是指企业在购入的机器等生产设备上设定价金担保物权的情形），价金担保物权也是需要公示的。只是相对于普通的担保物权而言，价金担保物权的公示有一个20日的宽限期，只要在这个宽限期内公示，即使公示的时间晚于其他竞存的担保物权[②]，

[①] 当然，究竟是在债权合意上附条件（崔建远，申卫星. 我国物权立法难点问题研究. 北京：清华大学出版社，2005：318）还是在物权合意上附条件（王轶. 物权变动论. 北京：中国人民大学出版社，2001：68-69），存在争论，分歧在于是否承认独立的物权行为。

[②] 常见的情形是其他担保物权是浮动抵押权（嗣后财产取得条款）的情形，浮动抵押权人在卖主和买主交易之前就已经进行了登记，故一旦标的物交付给买主，则浮动抵押权就自动附着在标的物上，并公示。如果没有购买价金担保物权优先制度，则购买价金担保物权就肯定要劣后于浮动抵押权，这显然对于卖主不公平。故美国《统一商法典》给了卖主一个扳回劣势的机会，但是这个机会是附期限的，只有20天。

价金担保物权也优先于其他担保物权。①

其次，当价金担保物权设置在购入的存货上时，限制更加严格：一方面，相比前述一般规则，20 日的宽限期不存在了，也就是说，存货的卖主（价金担保物权人）必须在存货进入买主（债务人）的仓库前就将融资声明登记，否则就不能取得"超级优先权"的效果从而对抗在先登记的担保物权；另一方面，存货的卖主（价金担保物权人）欲取得"超级优先权"的效果，还附有一项通知义务，即必须在规定期限内通知债务人的其他担保物权人（必须在债务人受领价金担保物的占有之前的 5 年内让其他担保物权人收到通知）。②

最后，只有在面向消费者的商品上设定价金担保物权时，才未加任何限制，一旦有效成立就取得"超级优先权"的效力。③ 例如，5 月 1 日，机器销售商 A 将一台机器出售给 B 作为个人使用（面向消费者的商品），并且为了担保价金而进行了所有权保留，但是并未登记。5 月 5 日，B 为了向 C 融资而在该机器上为 C 设定了担保物权，5 月 6 日 C 将融资声明登记。在本案中，C 的担保物权进行了登记而 B 的担保物权没有登记，如果 B 的担保物权是普通的担保物权，那么就是 C 的担保物权优先。但是，本案中 B 的担保物权是在面向消费者的商品上设定的价金担保物权，所以从该担保物权设定的时候开始，该担保物权就优先于一切其他担保物权。因此 B 的担保物权优先。

由此可见，美国《统一商法典》第 9 章中，价金担保物权被赋予的优待是有限的。而且仔细分析不难发现，美国的上述制度具有相当的合理性。

该制度区分面向消费者的商品和非面向消费者的商品，在面向消费者的商品上设定的价金担保物权不受限制，直接获得"超级优先权"的

---

① 参见美国《统一商法典》第 9-324 条（a）。
② 参见美国《统一商法典》第 9-324 条（b）（c）。
③ 依据美国《统一商法典》第 9-309 条，面向消费者的商品上的价金担保物权，一经有效成立就自动公示。而依据美国《统一商法典》第 9-324 条（a），在交付之时或者交付之后 20 日内已经公示的价金担保物权优先于其他一切担保物权。因此，面向消费者的商品上的价金担保物权，一经有效成立就自动优先于其他一切担保物权。

效力，是因为一方面消费者为了个人使用目的而购买商品，该商品再次流通的可能性较小，没有必要去登记；另一方面，让每一个商家向每一个消费者以所有权保留的方式出售一件商品时都要去登记，也是一件不现实的事情，浪费资源。

该制度区分机器和存货，并对存货的"超级优先权"加以更强的限制也是合理的。存货的价值相对较低，其担保价值有限，实践中也很少有人愿意在存货上进行多次融资，因此存货上出现多次融资从而产生竞存担保物权的情形，一般都是由债务人隐瞒事实所引起的。为了避免这种欺诈性的交易，对存货的"超级优先权"加以更强的限制也是合理的。①

反观我国，《物权法》时代的所有权保留制度，没有任何公示方式，相当于对所有的价金担保物权都适用了类似于美国动产担保交易之中的消费品担保的规则。这在商业交易中是非常危险的，"隐形担保物权"的存在将导致交易中的第三人遭受不测风险，最终将有碍于其他动产担保制度的运用。然而，如果对所有权保留制度在商事交易中的运用加以限制，或者对所有权保留制度的效力加以限制（如认为所有权保留作为无公示的担保劣后于公示的担保物权），也会产生新的问题。因为这就相当于取消了当时我国法律体系中唯一的价金担保物权，从而导致浮动抵押权效力的无限扩张。例如B在A的所有机器设备上设定了浮动抵押权，并且进行了登记，如果没有价金担保物权优先制度，那么B的浮动抵押权就会自动及于每一件新购入的设备，并且由于其提前进行了登记而具备了对抗效力，从而可以优先于晚于其登记的其他担保物权。假设设备生产商C想在卖给A的机器设备上设定一项担保物权担保其价金债权，此时就会遭遇难题。一旦C将设备所有权转移给A，则该设备上就会自动附着B的浮动抵押权，而且由于浮动抵押权已经登记，故A找不到办法设定一项优先于B的担保物权。于是最终的结果就是，一旦A在其所有设备上为他人设定了浮动抵押权，则没有人再愿意为A提供生产设备。从这个意义上说，一套合理的价金担保物权优先制度和"美式浮动抵押权"制度是相辅相成的。

---

① 参见本书5.2.4和5.2.6。

因此,《物权法》时代,在所有权保留的问题上,我国法律陷入了两难境地,无论怎么解释都难以与其他动产担保制度相协调,尤其是浮动抵押权制度。究其根源在于我国没有建立起所有权保留的公示制度,从而导致解释论上的难题。有鉴于此,我国在编纂民法典时对动产和权利担保系统做了根本性的变革,第一步就是在隐形担保中引入登记对抗制度,从而使其显形,其中就包括在《民法典》第641条规定的所有权保留买卖制度中增设第2款,明确了所有权保留中出卖人的所有权本质上是担保物权,只有登记了才有对抗效力(同理,融资租赁的相似内容规定在《民法典》第745条)。此外,为配合动产和权利担保系统第五步改革所采取的"强浮动担保"效力方案,避免债权人竭泽而渔,就债务人的所有动产都设定浮动抵押,那么债务人再购进任何动产,上面就会自动附着有浮动抵押,于是债务人的再融资渠道被全部堵死,没有人再愿意为其提供赊销或者贷款。为了给债务人再留一条活路,《民法典》引入了超级优先权规则,从而平衡"强浮动担保"。

值得说明的是,《民法典》引入的超级优先权规定在抵押权部分,但是实际上所有权保留和融资租赁中的所有权同样发挥着"价金担保物权"的作用,也应该享有超级优先权。因此,《担保制度解释》(法释〔2020〕28号)弥补了这一漏洞,在第57条明文将超级优先权的适用范围扩张到了所有权保留和融资租赁制度:

> 担保人在设立动产浮动抵押并办理抵押登记后又购入或者以融资租赁方式承租新的动产,下列权利人为担保价款债权或者租金的实现而订立担保合同,并在该动产交付后十日内办理登记,主张其权利优先于在先设立的浮动抵押权的,人民法院应予支持:
> (一)在该动产上设立抵押权或者保留所有权的出卖人;
> (二)为价款支付提供融资而在该动产上设立抵押权的债权人;
> (三)以融资租赁方式出租该动产的出租人。
> 买受人取得动产但未付清价款或者承租人以融资租赁方式占有租赁物但是未付清全部租金,又以标的物为他人设立担保物权,前款所列权利人为担保价款债权或者租金的实现而订立担保合同,并在该动产交付后十日内办理登记,主张其权利优先于买受人为他人设立的担保物权的,人民法院应予支持。

同一动产上存在多个价款优先权的，人民法院应当按照登记的时间先后确定清偿顺序。

5.3.5 动产担保权人与担保物买受人的优先顺位

我国《物权法》第 189 条第 2 款规定："依照本法第一百八十一条规定抵押的，不得对抗正常经营活动中已支付合理价款并取得抵押财产的买受人。"该条规定了浮动抵押财产适用"正常经营活动中的买受人"规则，也即将"正常经营活动中的买受人"制度仅适用于浮动抵押的情形。当初之所以如此规定，"主要因为：浮动抵押是现有的和将有的财产设定担保，抵押期间抵押人可以占有、使用、处分抵押财产，如果以全部或者部分动产抵押，又不让抵押人处分该财产，抵押人的经营活动就无法进行了。特别是浮动抵押的标的物通常是原材料、库存产成品，这些动产经常处于流动过程中……占有又是推定动产所有权的公示方法，那么对于浮动抵押财产的买受人就应对给予一定的保护"[①]。上述立法理由虽然很有说服力，却有一个重大漏洞：原材料、库存等经常处于流动中的动产，虽然常常是浮动抵押的标的物，却也有可能成为其他担保交易的标的物，为何仅在浮动抵押中才对买受人进行特殊保护呢？笔者常举的一个例子是：假如沃尔玛超市将其现有的及将来所有的商品均为银行设定了抵押权并登记，你作为超市的顾客，在付款后可以依法无负担地取得商品的所有权，自不待言；但是假如沃尔玛超市只是仅就某一批商品为银行设定了一般动产抵押权并登记，那么你作为超市的顾客，难道在付款后就不能无负担地取得商品所有权吗？超市和银行采取的是浮动抵押模式还是一般动产抵押模式，与你何关？显然，将"正常经营活动中的买受人"规则困于浮动抵押制度中是不合理的，必须要扩张适用范围。由此，《民法典》第 404 条将"正常经营活动中的买受人"制度从浮动抵押中解放出来，适用于一切以动产作为标的物的抵押制度。

"正常经营活动中的买受人"规则有一个重要的特点，其他的对抗规则的表述都是"不登记不得对抗"，但是该规则没有加上"不登记"这

[①] 胡康生. 中华人民共和国物权法释义. 北京：法律出版社，2007：415.

一前提条件，也就是说，该规则既可以适用于"不登记"的场合，也可以适用于"登记"的场合，可见该规则有别于前几章的规则。下文将以该规则为切入点，分析我国动产抵押权与担保物买受人之权利的优先顺位。

首先要辨明的问题就是何谓"正常经营活动中的买受人"。其次，"正常经营活动中的买受人"和"善意买受人"这两个概念是什么关系。最后，既然有"正常经营活动的买受人"，就应该有"非正常经营活动中的买受人"，那么对于"非正常经营活动中的买受人"适用什么规则呢？以下分别论述。

（一）"正常经营活动中的买受人"概念

由于该制度源自美国《统一商法典》，所以这里参考美国的定义。依据美国《统一商法典》第9-320条（a）规定，所谓"正常交易中的买受人"指的是从"以出卖该类有体动产为业的人"处购买商品的买受人，但是从典当商处购买商品的买受人除外。① 当担保物的买受人是从"出售该有体动产"为业的人处（典当商除外）购买的标的物，即使标的物已经为第三人创设了担保物权并且已经公示，甚至即便买受人知悉了该担保物权的存在，买受人也可以无负担地取得标的物所有权。② 《欧洲示范民法典草案》第Ⅸ-6：102条（2）（a）和《联合国贸易法委员会担保交易示范法》第34条之4也作了相同规定。上述规定对担保物的买受人进行了区分，当买受人构成了"正常经营活动中的买受人"时，则完全豁免了查询登记簿的义务。

美国《统一商法典》第9章，并不区分动产抵押与浮动抵押，只要是"正常交易中的买受人"均适用美国《统一商法典》第9-320条（a）的规则。也就是说，美国该制度的着眼点并不在于担保的形式是普通动产抵押还是浮动抵押（即是否存在"嗣后财产取得条款"），而将着眼点

---

① ［美］ALI，NCCUSL.《美国〈统一商法典〉及其正式评注》. 高圣平译. 北京：中国人民大学出版社，2006：212.

② ［美］ALI，NCCUSL.《美国〈统一商法典〉及其正式评注》. 高圣平译. 北京：中国人民大学出版社，2006：212；The American Law Institute and National Conference of Commissioners of Uniform State Laws, Uniform Commercial Code: official text and comments, 2010-2011 Edition, Thomson Reuters business, 2010, p. 937.

放在交易的形式上。更进一步而言,由于正常交易一般发生在存货的交易中,也就是说,美国实际上区分的是交易的客体,即买受人买的是存货还是生产设备,前者适用"正常交易中的买受人"规则,后者适用后文将详述的善意买受人规则。

以下举例说明:

电视机的生产厂商 A 为了融资在其所有的生产设备和电视机存货上都为银行 B 设定了担保物权浮动抵押。后来 A 将一批电视机卖给了经销商 C,C 付清了价款;后来 A 为了筹集资金,将生产设备卖给了二手机器商 D,D 付清了价款。

在上例中,电视机生产商的抵押财产有两种:一是生产设备,二是电视机。由于 A 是电视机生产商而非机床生产商,所以出售电视机是正常经营行为,而出售生产设备就并非正常经营行为,所以电视机的购买者 C 是"依商业常规"的买受人,而设备购买者 D 就并非"依商业常规"的买受人。

下面再来考察我国法律:

依据《民法典》第 396 条的规定,可以设定浮动抵押的动产包括"生产设备、原材料、半成品、产品"。同时,根据《民法典》第 395 条第 1 款第 4 项规定,在这些动产上同样可以设定一般动产抵押,而这些财产在性质上属于"存货",常见于"正常交易"中,如果"正常交易中的第三人"不能对抗动产抵押权人,就意味着以后所有的正常商业交易中的第三人在交易之前都有查阅登记簿的义务,显然是不效率的。正因如此,《民法典》第 404 条将"正常经营活动中的买受人"制度从浮动抵押中解放出来,适用于一切以动产作为标的物的抵押制度。企业将自己的生产设备进行抵押肯定不属于"依商业常规"的交易,故在生产设备的交易中不存在"正常经营活动中的买受人"的问题。参考美国的做法,只有在"原材料、半成品、产品"的交易(相当于美国的"存货交易")中,才存在"正常经营活动中的买受人"的问题。[①]

---

① 需要说明的是,有时"机器设备"与"产品"容易混淆。比如 A 企业生产机床,对于 A 而言,其生产的机床就属于"产品"而非"机器设备";但是如果一家企业 B 购买了上述机床从事生产,那么对于企业 B 而言,这个机床就属于"生产设备"。

明确概念内涵后,对"正常经营活动中的买受人"的概念外延的精确界定也非常重要:外延如果界定小了,那么结果就是商业化的担保交易侵入了一般的民事消费领域;外延如果界定大了,那么结果就是担保的交易安全得不到保障。除了法律条文义所直接表达的构成要件外,笔者认为比较法上的经验具有借鉴意义:(1)担保交易不构成正常经营活动,担保交易要统一适用前述"登记在先则效力优先"规则。① (2)大宗交易不构成正常经营活动,即当交易价值超过卖方存货的一半,并且购买方得知或经过合理询问后应当得知出卖方在该项买卖后不再继续从事相同或类似行业时,这一交易就不能构成正常经营活动。② (3)正常经营活动仅存在于存货交易中,出卖人落魄到出卖生产设备显然非通常的商业行为。③ (4)正常经营活动必须在卖方的通常营业地进行。④ (5)出卖人与买受人关系不能过于密切,如公司与其董事的交易就不能构成正常经营活动。⑤

---

① 在 Mayor's Jewellers of Ft. Lauderdale, Inc. v. Levinson (1976) 案中,一对夫妻为了为律师代理费提供担保而将一对纪念戒指出售给了一名律师,但这对戒指同时也是珠宝商店的购买价金担保权的客体,法院依据美国《统一商法典》第1-201条(9)认定律师不构成正常交易中的买受人,因律师在本案中并不是"购买人",其不存在购买的意图和行为。Mayor's Jewellers of Ft. Lauderdale, Inc. v Levinson 39 Ill App 3d 16, 349 NE2d 475, 19 UCC RS 1206 (1976).

② 美国《统一商法典》第1-201条(9)明确将大宗交易排除在"正常交易"的范畴之外。

③ [美] ALI, NCCUSL.《美国〈统一商法典〉及其正式评注》. 高圣平译. 北京:中国人民大学出版社,2006:212; The American Law Institute and National Conference of Commissioners of Uniform State Laws, Uniform Commercial Code: official text and comments, 2010-2011 Edition, Thomson Reuters business, 2010, p. 937.

④ 在 Al Maroone Ford Inc. v. Manheim Auto Inc. (1965) 案中,法官认定买受人不构成正常交易中的买受人的原因之一为汽车买卖交易发生的地点并非原告或被告的通常营业地点,而是在一个与其营业领域不相关的另一个州的空地内。Al Maroone Ford, Inc. v. Manheim Auto Auction, Inc., 205 Pa. Sup. 154, 208 A. 2d 290, 2 UCC RS 595 (1965).

⑤ 在 Morey Machinery Co. v. Great Western Industrial Machinery Co. (1975) 案中,出卖人将36台机床为第三人设定了抵押权随后又将机床出售给公司的连锁董事,法院认为基于买受人与出卖人几乎只有"一臂之长"的距离,该交易不能被认定为正常交易。Morey Machinery Co., Inc. v. Great Western Industrial Machinery Co., 507 F. 2d 987, 16 UCC RS 489 (1975).

(二)"正常经营活动中的买受人"与"善意买受人"的关系

我国《民法典》第403条规定了"善意第三人"(包括"善意买受人"),第2款规定了"正常经营活动中的买受人",那么这两个概念是什么关系呢?厘清这一对概念的关系,有助于理解"正常经营活动中的买受人"规则和善意取得规则之间的重大差异。

参考美国《统一商法典》制度,也存在"正常交易中的买受人"(buyer in ordinary course of business,简称 BOC)与"善意买受人"(bona fide purchaser,简称 BFP)的区别。

这二者有一个共同点,都要求买受人的"善意",但是善意的内容却不同。"善意买受人"中的"善意"指的是知道其他人权利的存在;而"正常交易中的买受人"中的"善意",指的是不知其购买行为侵害了他人的权利。

仍以上述示例进行说明:

假设上例中的 C 在交易中是知道浮动抵押权的存在的,此时如果依据"善意买受人"规则,C 的恶意已经可以判定。但是如果依据"正常交易中的买受人"规则,仅仅因此还不能将 C 判定为恶意。原因在于浮动抵押的性质并不排斥抵押人依据商业常规将抵押财产出售给第三人,因此即使第三人知道了浮动抵押权的存在而购买抵押物,也并不算作侵害了他人的担保权。但是当事人可以在担保协议中约定"不得处分"的条款,如果第三人知道该条款并且仍然买受担保物,则属于侵害他人的担保权。也就是说,"正常交易中的买受人"的概念相较于"善意买受人"的概念而言,在"善意"的判断上更加宽泛。①

由此可见,"正常交易中的买受人"规则是一个对买受人的保护相当强大的规则,无论担保物权是否登记,也无论买受人是否知道担保物权的存在,买受人的权利都优先。

(三)"非正常交易中的买受人"适用的规则

既然有"正常经营活动的买受人",就应该有"非正常经营活动中的买受人",我们能否对《民法典》第404条作反对解释,即只要不是

---

① James J. White, Robert S. Summers, Uniform Commercial Code, Practitioner Treatise Series, 5th ed., Thomson/West, 2006, p. 195.

"正常交易中的买受人"，就不能对抗动产抵押权呢？

我们还是回到上面的例子中，D 并非"正常交易中的买受人"，如果依照《民法典》第 404 条的反对解释，则买受人 D 不能对抗动产抵押权人 B。这一结论在 B 的浮动抵押权已经登记的情况下还说得通，我们可以理解为，既然 D 并非"依商业常规"而交易，那么在交易中多承担一些注意义务也是应该的，至少应该去查一查出售人的登记簿；但是如果 B 的浮动抵押权没有登记，而且 D 不知道该浮动抵押权存在时，则显然说不通，一个没有公示的担保物权怎么能优先于善意买受人的权利呢？

因此，对于"非正常交易中的买受人"显然不能简单地适用《民法典》第 404 条的反对解释。对此问题我们可以参考美国《统一商法典》的处理模式。

依据美国《统一商法典》第 9-317 条（b），买受人在担保物权公示之前就受领了担保物的交付，并且不知道担保物权存在时，买受人可以对抗担保物权人。由于"正常交易中的买受人"规则的存在，而且"正常交易中的买受人"规则对于买受人的保护更加有力，所以该条款实际上仅适用于"非正常交易中的买受人"的情形。"非正常交易中的买受人"要对抗担保物权人必须不知道担保物权的存在。而且依据美国《统一商法典》第 9-317 条（b）的反对解释，如果担保物权人在买受人受领交付之前公示（登记），则担保物权人的权利优先。

受上述美国规则的启发，笔者认为可以对我国《民法典》第 403 条和第 404 条进行综合解释，从而构建一个类似于上述美国规则的优先效力体系：

（1）当买受人属于"正常交易中的买受人"时，适用《民法典》第 404 条，无论动产抵押权是否登记，也无论买受人是否知道动产抵押权的存在，买受人都可以无负担地取得标的物所有权。

可能有观点会认为，《民法典》第 403 条规定"不登记不得对抗善意第三人"，那么依据反对解释似乎是如果动产抵押权进行了登记，就可以对抗善意第三人。但是这样解释显然存在不合理的地方。如果"正常交易中的第三人"不能对抗动产抵押权人，就意味着以后所有的正常商业交易中的第三人在交易之前都有查阅登记簿的义务，显然是不效率的。

（2）当买受人并非"正常交易中的买受人"时，适用《民法典》第403条第1款，只有在动产抵押权人未登记，且买受人没有重大过失地不知道浮动抵押权的存在时（善意），买受人才能无负担地取得标的物。如果动产抵押权人在买受人取得标的物占有之前进行了登记，则依据《民法典》第403条第1款的反对解释，无论买受人是否为善意，动产抵押权人的权利都优先。

由此，形成了如下的优先效力顺序：

1）正常交易中的买受人（UCC9-320a）＞

2）已经公示的担保物权＞

3）善意买受人（UCC9-317b）＞

4）未公示的担保物权＞

5）恶意买受人（UCC9-317b）或者未取得标的物占有的买受人（UCC9-201）

这一"非正常交易中的买受人"规则也和本书第3章和第4章中所讨论的登记对抗主义的一般规则形成了统一，即：尚未取得标的物占有的买受人（特定物债权人）不属于不登记就不能对抗的第三人，而取得标的物占有的买受人只有在善意时（善意的是所有权取得人，恶意的是特定物债权人），才属于不登记就不能对抗的第三人。

5.4 本章小结

本书第3章和第4章论述了"不登记不得对抗第三人"的一般规则，这些一般规则的大部分都适用于本章所讨论的动产担保领域。具体而言：（1）不登记也可以对抗的第三人包括：以不正当手段妨碍登记的人、实质的无权利人、侵权人、继承人、交易的前手以及后手、"狭义的一般债权人"；（2）不登记就不能对抗的第三人主要指的就是"取得了某种物的支配关系"的债权人：包括破产债权人、扣押债权人、参与分配债权人、取得了租赁物占有的租赁权人等。

但是在特定物债权人、所有权取得人、他物权取得人的问题上，动产担保领域有自己特殊的对抗规则：其中特定物债权人、所有权取得人的问题在动产担保领域体现为动产担保权之间的优先顺位规则，动产担保权人和担保物买受人之间的对抗规则，以下详述：

我国物权法中的动产抵押权和浮动抵押权是效力相当的两种担保物权，我国的浮动抵押权并不适用"结晶"等制度，也不适用"普通抵押权优先于浮动抵押权"的规则。当发生动产抵押权或者浮动抵押权的竞存时，不应适用《民法典》第403条的"不登记不得对抗善意第三人"的规则，而应该直接适用《民法典》第414条的规则，即完全不区分"善意恶意"，已登记的抵押权依照登记的先后确定优先顺位；已登记的抵押权优先于未登记的抵押权；均未登记的抵押权具有相同的优先顺位。

当动产担保权与留置权发生竞存时，不适用对抗规则，而直接适用《民法典》第456条，留置权不论设立先后，也不论"善意恶意"，均优先于其他动产担保权。当质权与抵押权竞存时，不适用对抗规则，而应该适用《民法典》第415条，不考虑"善意恶意"，按照公示的先后顺序（登记或者占有的先后顺序）决定优先顺位。在所有权保留和融资租赁的问题上，《民法典》均引入了登记对抗规则，只有"登记"后才取得优先于第三人的效力，并依据《民法典》第416条和《担保制度解释》第57条享有"超级优先效力"。

就动产抵押权、浮动抵押权与担保物买受人的关系而言，要区分买受人是否属于"正常交易中的买受人"：（1）当买受人属于"正常交易中的买受人"时，适用《民法典》第404条，无论抵押权是否登记，也无论买受人是否知道抵押权的存在，买受人都可以无负担地取得标的物所有权。（2）当买受人并非"正常交易中的买受人"时，适用《民法典》第403条，只有在抵押权人未登记，且买受人没有重大过失地不知道动产抵押权的存在时（善意），买受人才能无负担地取得标的物。如果抵押权人在买受人取得标的物占有之前进行了登记，则依据《民法典》第403条的反对解释，无论买受人是否为善意，动产抵押权人的权利都优先，买受人虽然可以依据第406条取得抵押财产，但是抵押财产之上仍然存在抵押权。

需要特别说明的是，上述"非正常交易中的买受人"规则，和本书第3章和第4章所讨论的登记对抗主义的一般规则形成了统一，即：尚未取得标的物占有的买受人（特定物债权人）不属于不登记就不能对抗的第三人，而取得标的物占有的买受人只有在善意时（善意的是所有权取得人，恶意的是特定物债权人），才属于不登记就不能对抗的第三人。因此，无论是本书第3章、第4章中的一般规则，还是本章中的特殊对抗规则，就"不登记不得对抗善意第三人"的范围达成了统一，本章所述的动产担保特殊规则，只是由于优先适用或者类推适用《民法典》第404条、第414条、第456条，从而在动产担保领域显示出了特殊性。

第 6 章 特殊动产对抗规则的特殊问题

6.1 本章拟解决的问题

相较于前文讨论的其他几种物权变动没有争议地采"意思主义＋登记对抗主义"模式，特殊动产的所有权变动还存在一种可能性——"交付主义＋登记对抗主义"模式，而且这种可能性从我国法律体系解释的角度是成立的。那么我国的特殊动产物权变动的解释论构造是否应当采取这种"交付主义＋登记对抗主义"模式呢？

6.2 比较法上的考察

6.2.1 登记对抗立法例中特殊动产物权变动规则

在以登记对抗主义作为物权变动原则模式

的日本法中，动产物权变动的一般规则是"合意生效＋交付对抗"。但是在日本法中，依据特别法，也存在着不以交付而以登记作为对抗要件的特殊动产物权变动。如依据日本商法第687条，对于商法上的船舶，登记（以及记载到船舶国籍证书）是船舶所有权移转的对抗要件；对于已登记的机动车，依据日本道路运输车辆法第5条第1项、机动车抵押法第5条第1项，机动车的所有权的得丧，以机动车为标的的抵押权的得丧、变更均以登记作为对抗要件；依据日本航空法第3条之三、航空器抵押法第5条，航空器所有权的得丧、变更，以航空器为标的的抵押权的得丧、变更均以登记作为对抗要件，等等。①

但是值得注意的是，在机动车、船舶、航空器这些特殊动产上，尽管以登记作为对抗要件，但是物权变动的时间点仍然没有变化，仍然贯彻了日本法所坚持的意思主义，以合意生效作为物权变动的生效要件，即采取了"合意生效＋登记对抗"的模式。也就是说，机动车、船舶、航空器这些特殊动产在日本法上的特殊性仅仅表现为以登记代替了交付作为对抗要件，在考虑各相争权利人直接的权利优劣时，也主要考虑登记的问题。至于交付，对于机动车、船舶、航空器这些特殊动产而言，既非生效要件，也非对抗要件，在判断各相争权利人直接的权利优劣时也没有特殊意义。

6.2.2 《开普敦公约》及其议定书所确立的效力顺位规则

2001年—2012年间"国际统一私法协会"先后和其他相关国际组织一起通过了《移动设备国际利益公约》（《开普敦公约》）、《移动设备国际利益公约关于航空器设备特定问题的议定书》、《移动设备国际利益公约关于铁路车辆设备特定问题的议定书》、《移动设备国际利益公约关于空间资产设备特定问题的议定书》。公约负责对移动设备国际利益的创设、执行、优先顺序、救济等问题作统一规定，而三个议定书则针对各个种类的移动设备的特殊性作出了专门规定。同时，公约必须结合议定书规定才能对某个具体的移动设备领域适用，两者不一致的地方以议

---

① 松尾弘，古積健三郎．物権・担保物権法．東京：弘文堂，2008：114. 佐久間毅．民法の基礎2物権［第3版］．東京：有斐閣，2023：132.

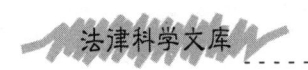

定书的规定为准。①

2008年10月28日,第十一届全国人大常委会第五次会议表决通过了关于批准《移动设备国际利益公约》和《移动设备国际利益公约关于航空器设备特定问题的议定书》。2009年2月3日,我国政府向国际民航组织提交了批准文件,于2009年6月1日对我国生效。

开普敦公约及其议定书,旨在就航空器、列车、空间设备等高价值的动产,确立一套世界统一的实体法规则和权利登记系统。以下简单介绍其国际利益制度和权利登记系统。

(1) 国际利益

国际利益是公约专门为了移动设备这种特殊动产所创造的一个新概念,系指特定种类动产上因合意而生的起着担保债务履行作用的物权,涵盖了依担保合同所生的(担保)物权、依所有权保留买卖合同所享有的物权(所有权)以及依融资租赁合同所享有的物权(所有权)。易言之,国际利益就是动产之上的抵押权、质权等担保权,或所有权保留买卖交易中出卖人的所有权,或融资租赁交易中出租人的所有权。以航空器为例,航空器上的国际利益包括:1) 航空器的担保合同所赋予的担保权人的利益;2) 关于航空器的所有权保留合同中赋予卖方的利益;3) 航空器融资租赁合同所赋予的出租人所享有的利益。

开普敦公约同时规定了国际利益的形式要件。只要符合《开普敦公约》第7条所要求的任何一项条件,即可构成国际利益,不问在国内法上是否有相对应的法律构造,也不问国内法是否对该类权利存在特殊的成立要件。就此而言,国际利益是直接通过开普敦公约而取得的,与国内法无关。也就是说,对协议形式的要求取决于公约本身的规定。当然,这项协议是否真实有效,则仍然需要根据相关的准据法来确定,例如合意是否存在、当事人是否具备行为能力、意思表示是否真实,等等。②

(2) 登记系统

公约建立了一整套的国际利益登记制度保护航空器担保交易的债权

---

① 于丹.《开普敦公约》体制下的国际利益研究.当代法学,2011 (2):146.
② [英] 罗伊·古德.移动设备国际利益公约和有关航空器设备特定问题议定书正式注释,孙仕柱译,北京:中国民航出版社,2004:7.

人。登记采取物的编成主义而非人的编成主义,所以登记的标的物必须具有可识别性。登记处由一名独立的管理人员来负责登记,并接受一个监管机关(监督机关具有国际法律人格)的监督。①

当然,登记不是国际利益存在的唯一依据,当国际利益不是有效设立时,登记就不会发生任何效力。所以,只有在国际利益有效设立后,再进行登记,这项利益才具备优先效力。在这里,登记的功用在于确立竞存权利之间的优先顺位,亦即使一项有效成立的国际利益的优先顺位取决于简单、客观而又明确的"先登记者优先"规则。②

6.3 我国制度的建构

6.3.1 理论上的争鸣

关于交付和登记在特殊动产物权变动中的意义,学说上存在如下争议:

1. "交付生效＋登记对抗"说

该说是我国目前学界通说,一方面体现在,从《物权法》到《民法典》,负责起草工作的全国人大常委会法制工作委员会始终采此说。③ 最高人民法院从《关于审理买卖合同纠纷案件适用法律问题的解释》(法释〔2012〕8号)起即采此观点。④ 另一方面体现在大多数学者

---

① 梅钦.论我国航空设备融资租赁法律制度与《开普敦公约》的接轨.华东政法大学2013年硕士学位论文.

② 高圣平.中国融资租赁法制:权利再造与制度重塑:以《开普敦公约》及相关议定书为参照.中国人民大学学报,2014(1):82-91.

③ 《物权法》时代对特殊动产物权变动模式的解释,参见胡康生.中华人民共和国物权法释义.北京:法律出版社,2007:69。《民法典》时代的解释,参见黄薇.中华人民共和国民法典物权编解读.北京:中国法制出版社,2020:34-35.

④ 负责起草《买卖合同司法解释》(法释〔2012〕8号)的最高人民法院民二庭的见解,参见最高人民法院民事审判第二庭.最高人民法院关于买卖合同司法解释理解与适用.北京:人民法院出版社,2012:173-183。《民法典》通过后,最高人民法院对《民法典》第225条规定的特殊动产物权变动模式的理解,参见最高人民法院民法典贯彻实施工作领导小组.中华人民共和国民法典物权编理解与适用(上).北京:人民法院出版社,2020:136-137.

支持该说①，崔建远教授从《物权法》时代起就力倡此说②，其观点非常有代表性。

崔建远教授认为：交付本非完全的公示方法，再加上有观念交付的存在，更使其无法完全公示物权状况的缺点加深，故法律就某些动产的物权变动的公示，兼采登记的方法或将动产证券化，把交付作为动产物权变动的生效要件，将登记作为对抗（善意）第三人的要件。《民法典》第 225 条的规定，显然采取了这种模式。将《民法典》第 225 条的规定解释为"把交付作为船舶、航空器、机动车物权变动的生效要件，将登记作为对抗（善意）第三人的要件"，而非合同生效时发生物权变动。同时，承认就船舶、航空器、交通运输工具设立抵押权时，抵押权自合同生效时设立，登记为对抗善意第三人的要件。③ 具体而言，他提出了如下论证理由：

第一，文义解释：该条没有正面规定船舶、航空器、机动车等物权变动的要件，既没有说自变动合同生效时发生物权变动，也没有说自登记完毕时发生物权变动，属于不完全法条，需要结合有关条文加以解释，于是就需要同时运用其他的解释方法。④

---

① 吴高盛.《中华人民共和国物权法》解析. 北京：人民法院出版社，2007：51；孙宪忠. 中国物权法总论（第四版）. 北京：法律出版社，2018：446 - 447；崔建远. 中国民法典释评·物权编（上卷）. 北京：中国人民大学出版社，2020：137 - 151；郭明瑞. 房绍坤. 民法. 北京：高等教育出版社，2010：185；魏振瀛. 民法（第九版）. 北京：高等教育出版社·北京大学出版社，2024：254；彭万林. 民法学. 北京：中国政法大学出版社，2011：202；杨代雄. 准不动产的物权变动要件：《物权法》第 24 条及相关条款的解释与完善. 法律科学（西北政法大学学报），2010(1)：124 - 136；程啸. 论动产多重买卖中标的物所有权归属的确定标准：评最高法院买卖合同司法解释第 9、10 条. 清华法学，2012(6)：61 - 70；周江洪. 特殊动产多重买卖之法理：《买卖合同司法解释》第 10 条评析. 苏州大学学报，2013(4)：72 - 81.

② 崔建远. 再论动产物权变动的生效要件. 法学家，2010(5)：49 - 55.

③ 崔建远. 中国民法典释评·物权编（上卷）. 北京：中国人民大学出版社，2020：137.

④ 崔建远. 中国民法典释评·物权编（上卷）. 北京：中国人民大学出版社，2020：138.

第二，体系解释和目的解释：该条处于《民法典》第二编"物权"之下第二章"物权的设立、变更、转让和消灭"中的第二节"动产交付"之下。该章共有三节，其中，第一节"不动产登记"，贯彻基于法律行为而发生的不动产物权变动以登记为生效要件的精神（《民法典》第 209 条第 1 款等），只承认法律另有规定不以登记为生效要件的例外（《民法典》第 209 条第 1 款但书，第 209 条第 2 款，第 333 条第 1 款，第 335 条，第 341 条，第 374 条等）；第二节"动产交付"，贯彻基于法律行为而发生的动产物权变动以交付为生效要件的原则（《民法典》第 224 条正文，第 429 条），同样只承认法律另有规定不以交付为生效要件的例外（《民法典》第 224 条但书）；第三节"其他规定"，贯彻非基于法律行为而发生的物权变动不以公示为生效要件的理念，只有遗赠导致的物权变动属于基于法律行为而发生的物权变动，也不要求公示作为物权变动的生效要件（《民法典》第 229 条～第 231 条）。现在的问题是，法律对船舶、航空器、机动车的物权变动是否例外地规定了不以交付为生效要件。查《海商法》，没有正面规定船舶所有权变动、船舶抵押权设立的生效要件，只是明确地将登记作为对抗要件（第 9 条、第 13 条第 1 款）；《民用航空法》同样未正面规定民用航空器所有权变动、民用航空器抵押权设立的生效要件，只是明确地将登记作为对抗要件（第 14 条第 1 款、第 16 条）；《机动车登记规定》也没有正面规定机动车物权变动的生效要件。既然法律对于船舶、航空器和机动车的物权变动未作另外规定，那么，就应当按照动产物权变动的原则（《民法典》第 224 条正文）解释《民法典》第 225 条的规定，只有在设立抵押权时例外。[①]

第三，《民法典》第 225 条的规定原则上总揽船舶、航空器和机动车的所有权产生、转让，设立质权，设立抵押权，消灭等类型的物权变动，且未设例外。而《民法典》第 429 条明确规定："质权自出质人交付质押财产时设立。"在这种情况下，只有将《民法典》第 225 条的规定解释为其贯彻的是"把交付作为船舶、航空器和机动车等动产物权变

[①] 崔建远. 中国民法典释评·物权编（上卷）. 北京：中国人民大学出版社，2020：138.

动的生效要件,将登记作为对抗(善意)第三人的要件"模式,才能自圆其说。当然,在设立抵押权时例外。假如将其解释为登记为船舶、航空器和机动车等动产物权变动的生效要件,则会造成《民法典》第225条和第429条之间的矛盾。①

第四,与上述第三个理由的道理类似的还有,《民法典》第403条规定,以包括交通运输工具在内的动产设立抵押权的,抵押权自抵押合同生效时设立,未经登记,不得对抗善意第三人。这表明以船舶、航空器和机动车设立抵押权,仍然不以登记为生效要件。②

第五,在理论上,通说坚持我国的物权变动采取债权形式主义,《民法典》第二编"物权"之下第二章"物权的设立、变更、转让和消灭"中的前两节以及其他有关规定予以落实,只有土地承包经营权和地役权的设立采取了债权意思主义(第333条第1款、第335条、第341条、第374条等),至于船舶、航空器和机动车的物权变动则未见有明确的条文采取债权意思主义。就此而言,也应当认为《民法典》对船舶、航空器和机动车的物权变动采取了以交付为生效要件的模式,而非合同生效时发生物权变动,只有在设立抵押权时例外。③

第六,假如将登记作为船舶、航空器、机动车诸物权变动的生效要件,则会产生负面的结果。其道理如下:《民法典》第225条明文规定登记为这些物权变动的对抗要件,而作为对抗要件的登记,难以时时、事事地表征着真实的物权关系。换句话说,登记所昭示的物权关系与真实的物权关系有时不一致。因此,假如把登记作为船舶、航空器、机动车诸物权的变动的生效要件,就可能误将已经变动的船舶、航空器、机动车的物权关系当作尚未变动的物权关系,或者误将尚未变动的物权关系作为已经变动的物权关系看待。属于前者的例证有若干,例如,甲已经将作为买卖物的船舶现实地交付给了买受人乙,但尚未办理过户登记

---

① 崔建远. 中国民法典释评·物权编(上卷). 北京:中国人民大学出版社,2020:138.

② 崔建远. 中国民法典释评·物权编(上卷). 北京:中国人民大学出版社,2020:138.

③ 崔建远. 中国民法典释评·物权编(上卷). 北京:中国人民大学出版社,2020:139.

手续，若依据登记为船舶物权变动的生效要件说，则会仍然认为该船舶归甲所有，即使第三人明知该船舶所有权已经移转给乙的事实，乙也无权对抗该第三人。这显然违背了《民法典》第 225 条的规范意旨。属于后者的例证同样存在：甲已经将作为买卖物的船舶现实地交付给了买受人乙，随后又将该船舶登记在第二个买受人丙的名下。于此场合，丙本来没有取得该船舶的所有权，但按照登记为船舶物权变动的生效要件说，则得出丙已经取得该船舶所有权的结论。这显然是不符合客观实际的，不适当地侵害了乙的合法权益。避免此类弊端的有效办法，就是坚持这样的观点：交付为船舶、航空器、机动车诸物权的变动的生效要件，登记仅为对抗善意第三人的要件。法释〔2012〕8 号第 10 条第 1 项、法释〔2016〕5 号第 6 条及第 20 条已经承认了这种观点。[1]

2. "交付或者登记生效＋登记对抗"说

持此观点的代表性学者是王利明教授。

首先，王利明教授认为特殊动产可以以交付和登记作为其物权变动的公示方法。由此，应当区分特殊动产与普通动产一物数卖的物权变动规则：对于一般动产而言，适用《民法典》第 224 条，以交付作为唯一的物权变动要件，但是对于特殊动产则不能适用《民法典》第 224 条，不能以交付作为唯一的物权变动要件。在普通动产的一物数卖中，因为交付是唯一的物权变动方法，所以已经占有了普通动产的买受人可以确定地取得所有权。但特殊动产采取的公示方法包括交付和登记。

《民法典》第 225 条规定："船舶、航空器和机动车等的物权的设立、变更、转让和消灭，未经登记，不得对抗善意第三人。"尽管该条规定并未明文提及交付的作用，但因该规定位于第二节"动产交付"规定之中，所以交付无疑是特殊动产物权变动的公示方法。此外，该条虽然确立了登记对抗的规则，但实际上仍然采取"登记"的表述，认可登记也是其公示方法。特殊动产也应同时以登记作为公示方法的主要理由

---

[1] 崔建远. 中国民法典释评·物权编（上卷）. 北京：中国人民大学出版社，2020：139.

在于：

第一，特殊动产的特殊性决定了其可以采用登记的方法。特殊动产不同于一般的动产，可以采用登记的方法。主要原因在于：一是具有可识别的区别于他物的特征。特别是批量生产的动产如电视机、冰箱等，往往不具有显著的可识别性。例如，一台二十英寸的海尔牌电视机与另一台同品牌同型号的电视机之间，几乎很难发现其差异。这就给动产之间的识别和登记带来很大困难。而特殊动产则不同，这些动产具有很强的可识别性。例如，一艘六万吨散货船就与其他吨位的船舶具有显著的不同，甚至船舶之上用作甲板的钢板都有特殊的标记，这就决定了船舶可以通过登记显示出其可识别性。二是特殊动产价值巨大。总体来看，特殊动产具有较大的价值，有的甚至超过了不动产，因此，其物权变动对于当事人的利益影响巨大，需要采用更为确定的公示方法以保护当事人的利益。三是特殊动产是作为交通工具使用的，影响到公众安全，一旦发生权属争议，不仅会给权利人带来较大的损害，而且不利于保护社会公众利益。四是特殊动产在利用过程中，往往因借用、租赁等原因而发生多次交付，占有的情况各不相同，更何况其游移不定，仅以交付作为公示方式，第三人很难确定其真正的权利归属。例如，机动车的借用时常发生，无法通过占有的方式来准确地公示其物权。正是因为特殊动产的占有人和处分权人往往并不一致，所以，如果仅以占有为物权公示方法，很容易产生无权处分、非法转让等行为，甚至很容易诱发欺诈。五是特殊动产的移转往往需要金融机构介入其中，例如，船舶就经常采取融资租赁、光船租赁等方法取得和利用，在此情形下，会发生占有和所有分离的情形。为了明晰特殊动产的物权状况，有必要以登记这一较强的公示方法作为其物权变动的公示方法。六是对于某些特殊动产而言，其往往需要进行保险，而保险需要以特殊动产的实际登记人作为依据进行办理，如果特殊动产没有进行登记，会对保险的发展造成诸多障碍。

第二，我国的特别法上也规定了特殊动产的登记制度。例如《海商法》第9条、《民用航空法》第11条、《道路交通安全法》第8条，都规定了船舶、航空器和机动车实行登记制度。即便机动车登记具有行政管理的色彩，也并不排斥其具有物权公示的功能。因为机动车登记也具有确权的功能，机动车登记证书其实就是所有权凭证，伪造、变造机动车登记证书将承担相应的法律责任。另外，依据我国《民法典》第1209条的规定，在机动车借用、租赁等情况下致他人损害，虽然要由机动车使用人承担赔偿责任，但机动车所有人有过错的，也要承担相应的赔偿责任，而确定机动车所有人的依据就是登记。可见，登记绝非仅仅是行政管理手段。更何况，对船舶、航空器而言，因为其价值较大，且流动性较强，经常发生船舶和航空器的抵押、租赁等情况，如果没有登记，将无法确定法律上的所有人，极易发生各种纠纷。正是因为这一原因，《民用航空法》第11条明确规定了航空器的权利登记。显然，对特殊动产要求办理登记，绝非仅是行政管理措施，也是一种物权法上的公示方法。

第三，《民法典》针对特殊动产并非仅以交付作为公示方法。从体系解释来看，依据我国《民法典》的规定，特殊动产并非仅以交付作为公示方法：一方面，《民法典》第224条规定，动产物权的变动自交付时发生效力。以此而言，动产物权以交付为一般公示方法，但是，该条还规定"法律另有规定的除外"。而根据规范内容和条文顺序来看，《民法典》第225条就属于第224条指出的除外情形。在此意义上，不能简单地以第224条的规定来限定第225条的内容。另一方面，与一般动产相比，船舶、航空器、机动车等特殊动产影响到公众安全，为了防止发生权属争议，物权法仍然要求针对特殊动产办理登记。《民法典》第225条就明确提到了登记。其实，该条规定最初来源于特别法的规定。例如，《海商法》第9条规定："船舶所有权的取得、转让和消灭，应当向船舶登记机构登记；未经登记的，不得对抗第三人。"该条先确立了船舶所有权的登记制度，然后确立了登记对抗的效力。《民法典》第225条的本意与《海商法》第9条的本旨是相同的。《民法典》第225条规定特殊动产适用登记对抗主义，这就意味着特殊动产适用特别规定，因此其公示方法不能完全适用一般动产的公示方法。由于特殊动产仍然属于动产的类型，《民法典》将特殊动产与动产一起作了规定，但这并不意味着两者的公示方法完全一致。如果将特殊动产的公示方法仅仅理解为交付，并不符合立法者的立法本意。登记对抗并不意味着完全不需要登记，只不过不以登记作为物权变动的生效要件，登记仍然是特殊动产的重要公示方法。①

其次，王利明教授认为，登记是特殊动产物权变动的对抗要件，具体而言：

《民法典》第 225 条对于特殊动产采登记对抗模式，表明特殊动产不能通过交付而发生完全的所有权移转，还必须办理登记。如果仅仅以交付为特殊动产物权变动的要件，将混淆一般动产物权变动与特殊动产物权变动的区别。② 相反，登记对抗模式本身就包含了登记优先于交付的含义。为准确地理解《民法典》第 225 条的规定，即便已经交付，也不得对抗已经登记的善意的权利人。所以，此处所说的"善意第三人"包括了善意的登记权利人。所谓登记对抗，是指就特殊动产物权的变动而言，当事人已经达成协议的，即使没有办理登记手续，也可以因交付而发生物权变动的效果。在登记对抗的情况下，并非不要求登记或者不考虑登记的效力。事实上，登记对抗模式的立法本意仍然是鼓励登记。因为交易相对人为了取得具有对抗第三人效力的所有权，必须进行登记。法律虽然不强制当事人办理登记，但当事人如果选择办理登记，就可以取得效力完整的物权；而如果其未办理登记，虽然也可以因交付而发生物权变动，但其取得的物权的效力会受到影响，其要承担不能对抗善意第三人的风险。如果已经办理了登记，登记也可以成为确权的重要依据。只不过登记不能成为确权的唯一依据。如果登记权利人在办理登记之前，就已经知道该财产已经转让，且已经交付并为受让人占有，则登记权利人是恶意的，其不能依据登记取得物权。但如果登记权利人是善意的，则即使特殊动产已经交付，占有人也不能对抗登记权利人，从这个意义上说，登记也具有确权的效果。一旦登记也可以发生物权变动的效果，只不过，只有善意的登记权利人才能确定地取得所有权。③

----

① 王利明. 物权法研究（第五版）：上卷. 北京：中国人民大学出版社，2024：346-349.

② 程啸. 论动产多重买卖中标的物所有权归属的确定标准：评最高法院买卖合同司法解释第 9、10 条. 清华法学，2012（6）：61-70.

③ 王利明. 物权法研究（第五版）：上卷. 北京：中国人民大学出版社，2024：349-354.

最后，王利明教授认为，在特殊动产"一物数卖"的情形下，登记和交付产生矛盾和冲突时，登记应当优先于交付。理由主要在于：

第一，采登记应当优先于交付的规则，有利于解决"一物数卖"情况下的产权归属问题。

从法律上看，登记的公信力要明显高于占有的公信力，因为登记是由国家机构作为独立的第三者，通过现代的数据管理手段而将登记的事项予以记载并对外公示，登记的方式具有较高的权威性，且因为登记机构要进行必要的审查，因而登记的内容具有真实性和可靠性。登记通过文字信息等清楚地载明物权信息，而且在信息化的当代，第三人可以较低成本进行调查，此外，登记机构的责任机制也为当事人提供了有效的法律保障。如前所述，正是因为特殊动产不仅关系到权利人的个体利益，还涉及社会公众的利益，为了营造和规范有序的特殊动产交易市场，以及为在发生特殊动产侵权事故时便于确定责任主体，国家有义务通过登记的方法来明确特殊动产的物权状态。

交付较之登记具有天然的缺陷，其无法准确地判断实际所有权。一是交付具有一定的内在性，交付本身仅发生于转让人和受让人之间，第三人可能难以知晓，尽管交付的结果发生了占有移转，占有具有一定的公示性，但较之登记，交付的公示程度仍然较弱。二是交付所表征的权利不具有完整性和清晰性。从实践来看，当事人交付标的物的原因复杂，占有人究竟基于何种权利而占有该物，其权利的内容和具体范围如何，都无法通过占有得到清晰而完整的公示。三是交付因方式的多样性而不具有典型的公开性（如简易交付和占有改定就无法实现公示的效果），也无法进行准确的查询。交付仅仅是一种社会现实，受到时间和空间的很大限制，第三人虽然可以进行核查，但所需成本太高。

从公示制度的发展来看，最早还是以交付作为物权变动的公示要件，以后逐渐发展到登记。这一发展过程表明，就特殊动产而言，登记的适用范围具有扩张趋势，这也说明登记具有较之于交付不可比拟的优势。

第二，采登记应当优先于交付的规则，更符合效率原则。

如前所述，由于强制要求特殊动产的登记可能给当事人带来不便，所以法律没有采登记要件主义，但就确认物权归属而言，登记较之于交付更有效率。一方面，特殊动产作为交通工具，其游移不定，甚至可能在世界范围内运行，会发生占有主体多次的变更。如果没有登记作为其确权依据，而仅以交付为标准，往往会发生争议，影响确权的效率。另一方面，特殊动产物权变动仅以交付为标准，交易成本也很高。因为交易相对人无法从占有中判断真正的权利人，其必须进行认真的调查或查询，也要为此付出高昂的费用。登记的公信力规则也适用于特殊动产。例如，在德国，对于已经登记的内河船舶而言，登记具有推定力和公信力，因此登记簿上记载的权利人即推定为真实权利人。通过法律行为取得船舶所有权、船舶抵押权或者船舶用益权的人，为了其利益，船舶登记簿的内容被视为正确，但已进行异议登记或者受让人明知登记非为正确的除外。此种做法有利于降低交易成本，提高交易效率。

第三，采登记应当优先于交付的规则，有利于减少一物数卖，甚至欺诈行为。从立法的价值取向而言，应当尽可能地减少一物数卖的发生。然而，如果采纳交付优先于登记的规则，其结果必然形成一种导向，即鼓励当事人不办理登记。如此一来，将会使占有人更容易从事一物数卖，其结果不是减少而是刺激了一物数卖。而如果采取登记优先于交付的规则，则会鼓励当事人办理登记。在办理登记之后，潜在买受人通过查询登记就能够知晓权利的移转，从而不再与出卖人进行交易，可以大大减少一物数卖的发生。

第四，采登记应当优先于交付的规则，有利于保护善意买受人，维护交易安全。在特殊动产一物数卖的情形下，善意买受人的保护是法律关注的核心问题之一。而善意买受人的保护首先取决于财产权利的明晰。较之于交付而言，登记更有利于保护善意第三人。毕竟，登记的权利记载明确，且具有较强的公信力；而占有的方式有多种，以其作为效力应十分强大的公示方法，将使不同的当事人主张依据不同的占有类型而享有权利，不仅不利于法律关系的明晰，而且会使第三人无法了解真实的权利状况，危及交易安全。

总之，无论是交付还是登记，都可以作为特殊动产物权变动的生效要件。但在特殊动产的一物数卖中，从《民法典》第225条规定的"登记对抗"的含义来看，原则上应当采取善意的登记权利人优先于已经占有标的物的买受人的规则。所谓善意，就是指对船舶、航空器和机动车等特殊动产的交付不知情。具体而言：一是在没有出现交付与登记的冲突的情形，登记和交付都可以成为特殊动产物权变动的生效要件。二是在已经办理登记的情况下，在先的登记权利人通常都是善意的，应当优先于在后的交付。这也是《民法典》第225条所规定的"不得对抗善意第三人"的应有之义。正如《民法典》起草者所指出的"法律对船舶、航空器和汽车等动产规定有登记制度，其物权的变动如果未在登记部门进行登记，就不产生社会公信力，不能对抗善意第三人"。三是在已经办理登记的情形下，在后的登记权利人确有证据证明其属于善意，则其也可以对抗已经取得占有的买受人。四是在特殊动产物权的买卖中，登记在后的当事人有可能是非善意的，因为其在交易时应当负有一定的查询或调查的义务，了解该特殊动产的权利状态。所以，确实单凭登记无法证明其是善意的，也不能因此而当然取得所有权。①

3. "合意生效＋登记对抗"说

尽管"合意生效＋登记对抗"的模式是大陆法系采取登记对抗主义立法例的标准模式，但是我国持此类观点的学者一直就不多见。目前仍持此观点的代表性学者是戴永盛教授。②

戴永盛教授认为：从第224条至第228条在《民法典》物权编所处章节及章节标题，和第224条至第228条规定的内容上看，这五个条文

---

① 王利明. 物权法研究（第五版）：上卷. 北京：中国人民大学出版社，2024：354-359.

② 就《物权法》第24条的解释和适用问题，戴永盛教授曾撰写过2篇论文。参见戴永盛. 论特殊动产的物权变动与对抗（上）：兼析《最高人民法院关于审理买卖合同纠纷案件适用法律问题的解释》第十条. 东方法学，2014（5）：42-55；戴永盛. 论特殊动产的物权变动与对抗（下）：兼析《最高人民法院关于审理买卖合同纠纷案件适用法律问题的解释》第十条. 东方法学，2014（6）：28-48. 在民法典编纂过程中，戴永盛教授再次撰文表态坚持此说。戴永盛. 论物权公示与物权变动：兼及民法典草案物权编若干规定之改善. 地方立法研究，2020（1）：120-123. 因其论述所依据的法条基本仍为《民法典》所继承（修改之处不影响其论证脉络），为方便阅读，法条均依《民法典》更新。

显然都是以基于法律行为而发生的物权变动为规范对象，且主要内容是关于物权变动的生效要件。而在这五个条文中，第 224 条本文是关于物权变动生效要件的一般规定，其他四个条文是特别规定（即属于第 224 条但书的规定）。第 224 条规定："动产物权的设立和转让，自交付时发生效力，但是法律另有规定的除外。"依其规定，基于法律行为而发生的动产物权，因交付而发生效力，法律另有规定者，从其规定。关于第 224 条的规定，有以下方面需要强调：（1）从文字上看，所规范的是动产物权的变动时间，但实质上是物权变动的生效要件，即动产物权的变动，因交付而发生效力。（2）所称"交付"，仅指现实交付，不包括"观念交付"在内，否则就无须再有第 225 条至第 228 条的规定。（3）法条所明确的文义，虽仅为"以现实交付为物权变动的生效要件"，但同时也包含着如下作为一般规则的规范内容，即动产物权的变动，以现实交付为公示方法（动产物权以直接占有为公示方法）。（4）但不排除法律对于特定情形作出不同的规定（但书规定）。[①]

属于《民法典》第 224 条但书规定的情形，就《民法典》而言，有第 225 条至第 228 条，第 403 条。这些条文的规定，不同于第 224 条者，可分为以下两个层面：

第一层面：在特定情形下，使物权发生变动的公示方法（现实交付），得由所谓的"观念交付"代替之。具体情形是：《民法典》第 226 条规定，在动产物权变动前，动产已由权利人占有时，其物权变动，自以变动物权为内容的民事法律行为生效时发生效力（简易交付）；第 227 条规定，在动产物权变动前，动产由第三人依法占有时，对物权变动负有义务的人，得通过让与其对于第三人的原物返还请求权，代替交付，于此情形，其物权变动，自该请求权让与时发生效力（让与返还请求权）；第 228 条规定，动产物权让与时，双方约定由让与人继续占有该动产时，其让与自该约定生效时发生效力（占有改定）。以上是从法条文义，并结合一般的民法原理来说的，但从物权变动的生效要件来讲，第 224 条是一般规定，动产物权的变动以现实交付为生效要件，第 226

[①] 戴永盛. 论特殊动产的物权变动与对抗（下）：兼析《最高人民法院关于审理买卖合同纠纷案件适用法律问题的解释》第十条. 东方法学，2014（6）：28-48.

条至第 228 条则是特别规定，特定情形下的动产物权变动，得以观念交付代替现实交付（基于便利原则而简化程序）。于此，须特别强调有三点：首先，在观念交付的情况下，作为物权变动的生效要件，仍为"交付"，只不过是由"观念交付"代替而已。其次，如前所述，观念交付（简易交付除外）的效力（或作用），仅具有使物权发生变动的效力，而无权利正确性推定效力和善意保护效力。最后，作为一个基本的结论，《民法典》第 224 条和第 226 条至第 228 条的规定，均属于以交付为生效要件，以直接占有为对抗要件的规范类型；此种规范模式下的物权（物权变动），系以直接占有（现实交付）为公示方法。①

第二层面：物权变动不以交付，而以登记为公示方法，但未履行登记程序，不得对抗善意第三人。《民法典》第 403 条属于这种情形。从字面上看，这两条都规定，以动产（包括特殊动产）设定抵押权者，抵押权自抵押合同生效时设立，但未经登记，不得对抗善意第三人；与《民法典》第 224 条规定"动产物权的变动于交付时发生效力"明显不同；其不同，表面上是在物权变动的时间上，后者规定"自交付时"发生效力，前者规定"自合同生效时"发生效力。但更实质的不同是：(1) 在后者，为使物权发生变动，须履行公示方法，即交付（交付生效），而在前者，无须履行公示方法（交付或登记），只要双方当事人达成合意（合同有效成立），就发生物权变动，即抵押权的设定（合意生效）。(2) 后者以交付（直接占有）为公示方法，前者以登记为公示方法。

《民法典》第 225 条作为第 224 条的特别规定，表现在第二层面。即第 224 条以交付为公示方法，第 225 条以登记为公示方法；第 224 条以履行公示方法为物权变动的生效要件，第 225 条不以履行公示方法为物权变动的生效要件。

从《民法典》第 224 条的规定看，特殊动产的物权变动（按指所有权让与，下同），以登记为公示方法。此点应无异议。有疑问的是，特殊动产的物权变动，是否以履行公示方法（交付或登记）为生效要件。

---

① 戴永盛. 论特殊动产的物权变动与对抗（下）：兼析《最高人民法院关于审理买卖合同纠纷案件适用法律问题的解释》第十条. 东方法学，2014 (6)：28-48.

具体说明如下：

（1）特殊动产的物权变动，不以登记为生效要件。否则，第225条的规定应如同第224条表达为"自登记时发生效力"，而非"未经登记，不得对抗善意第三人"。

（2）特殊动产的物权变动，也不以交付为生效要件。如以交付为生效要件，则特殊动产的物权变动表现为：以交付为生效要件，同时以登记为对抗要件。这意味着特殊动产的物权变动，同时以交付和登记为公示方法。如此显然有违物权变动公示方法同一性（统一性）的基本法理。

（3）在《民法典》中，以"未经登记，不得对抗善意第三人"表达形式写成的条文，除第225条外，还有三个为第335条、第374条、第403条。对于后面的三个条文，有以下共同点：物权的变动——土地承包经营权的互易和转让、地役权的设定、动产（包括特殊动产）抵押权的设定——无须履行特定形式（登记或交付），只要当事人达成合意（合同有效成立），就发生效力；易言之，其规范内容均表现为：以登记为公示方法，但未以登记为生效要件。质言之，关于上述各项物权的变动，均系采用"合意主义"。那么，对于同样表达为"未经登记，不得对抗善意第三人"的《民法典》第225条，应无理由作不同的解释。①

总之，既然承认物权变动系采公示对抗主义（登记对抗主义），就必须承认该物权仅以合意为变动要件，而不以标的物之交付为必要。特殊动产所有权之让与，以登记为唯一公示方法，交付既非公示方法，亦非变动要件，其在特殊动产所有权之让与上，如同不动产之交付对于不动产物权之变动，并无实质性的法律上意义。②

---

① 戴永盛教授作品发表时解析的对象是《物权法》，所以不包含《民法典》新增的三处"登记对抗"，即第341条、第641条、第745条。戴永盛.论特殊动产的物权变动与对抗（下）：兼析《最高人民法院关于审理买卖合同纠纷案件适用法律问题的解释》第十条.东方法学，2014（6）：28-48.

② 戴永盛.论物权公示与物权变动：兼及民法典草案物权编若干规定之改善.地方立法研究，2020（1）：120-123.

6.3.2 实务部门的态度

最高人民法院物权法研究小组在 2007 年出版的《〈中华人民共和国物权法〉条文理解与适用》一书中采取了与比较法上登记对抗立法例一致的观点，即"合意生效＋登记对抗"：认为船舶、航空器和机动车等物权的设立、变更、转让和消灭，自当事人之间订立的物权变动合同生效时即发生效力，而不以登记和交付作为物权变动的生效要件。也就是说，即使物权变动未经登记和交付，在当事人之间也完全发生法律效力。[①] 具体而言：

船舶、航空器和机动车等物权的设立、变更、转让和消灭，在进行登记之前，虽然在当事人之间已经发生效力，但当事人不得对善意第三人主张物权变动的效力。例如：甲将一辆大客车出售给乙，但是没有办理过户登记，后来甲又将该辆车抵押给丙，并办理了抵押登记。乙虽然取得了该辆客车的所有权，但因未办理登记，所以不能以其对抗丙的抵押权。因此，从上述意义上说，船舶、航空器和机动车的物权变动，如果没有进行登记，受让人取得的物权实际上就是不完全的。[②]

船舶、航空器和机动车等物权的设立、变更、转让和消灭，在进行登记之前，虽然不能对抗善意第三人，但对善意第三人并不意味着绝对无效。法律之所以规定未经登记的物权变动不得对抗善意第三人，其根本目的在于保护善意第三人的利益。而第三人完全可以根据意思自治原则对物权变动的效力予以否认或者承认。如果第三人自愿放弃自己的利益，在不违反公序良俗的前提下，应当允许第三人承认这种未经登记的物权变动的效力。可见，物权变动非经登记不能对抗的法律效果，必须有第三人主张时，才能发生。易言之，必须第三人主张物权变动效力不

[①] 最高人民法院物权法研究小组.《中华人民共和国物权法》条文理解与适用. 北京：人民法院出版社，2007：114-115.

[②] 最高人民法院物权法研究小组.《中华人民共和国物权法》条文理解与适用. 北京：人民法院出版社，2007：114-115.

存在时才发生对抗力问题，而非因未登记的事实而自然发生。①

如果船舶、航空器和机动车的物权的设立、变更、转让和消灭，已经进行登记的，可以对抗任何第三人包括善意第三人。②

但是受学界通说影响，2012年最高人民法院就改变了态度，《关于审理买卖合同纠纷案件适用法律问题的解释》（法释〔2012〕8号）确立了特殊动产的所有权变动规则细则：

> 第十条 出卖人就同一船舶、航空器、机动车等特殊动产订立多重买卖合同，在买卖合同均有效的情况下，买受人均要求实际履行合同的，应当按照以下情形分别处理：
>
> （一）先行受领交付的买受人请求出卖人履行办理所有权转移登记手续等合同义务的，人民法院应予支持；
>
> （二）均未受领交付，先行办理所有权转移登记手续的买受人请求出卖人履行交付标的物等合同义务的，人民法院应予支持；
>
> （三）均未受领交付，也未办理所有权转移登记手续，依法成立在先合同的买受人请求出卖人履行交付标的物和办理所有权转移登记手续等合同义务的，人民法院应予支持；
>
> （四）出卖人将标的物交付给买受人之一，又为其他买受人办理所有权转移登记，已受领交付的买受人请求将标的物所有权登记在自己名下的，人民法院应予支持。

从该规定看，最高人民法院放弃了"合意生效＋登记对抗"规则，认为除非法律另有规定，交付是特殊动产物权变动的生效要件，登记是其物权变动的对抗要件，也就是确立了"交付生效＋登记对抗"的规则；并且认为，在交付与登记发生冲突时，交付优先于登记。最高人民法院《关于审理买卖合同纠纷案件适用法律问题的解释》（法释〔2020〕

---

① 最高人民法院物权法研究小组．《中华人民共和国物权法》条文理解与适用．北京：人民法院出版社，2007：114-115．

② 最高人民法院物权法研究小组．《中华人民共和国物权法》条文理解与适用．北京：人民法院出版社，2007：114-115．

17号)仍然沿袭了这一规定。最高人民法院采取这种观点的理由在于①:

1. 这种观点契合立法机构关于该条文的学理解释

根据立法机关对《民法典》第224条"法律另有规定的除外"的学理解释,船舶、航空器、机动车等特殊动产的物权变动并不属于"法律另有规定"之情形。船舶、航空器、机动车的本质为动产,因此,应适用动产的物权变动模式。立法机关对《民法典》第225条采登记对抗主义的立法理由解释为:"船舶、航空器和汽车因价值超过动产,在法律上被视为一种准不动产,其物权变动应当以登记为公示方法。但在登记的效力上不采用登记生效主义,这是考虑到船舶、航空器和机动车等本身具有动产的属性,其物权变动并不是在登记时发生效力,依照本法规定,其所有权转移一般在交付时发生效力,其抵押权在抵押合同生效时设立。但是,法律对船舶、航空器和汽车等动产规定有登记制度,其物权的变动如果未在登记部门进行登记,就不产生社会公信力,不能对抗善意第三人。"②

2. 这种观点符合对《民法典》第225条的多种法律解释结论

在现代民法方法论中,狭义的解释方法主要包括文义解释、体系解释、历史解释与目的解释。就《民法典》第225条的文义解释而言,该条的语词组合提供给我们的意义是:对于船舶、航空器和机动车等特殊动产的物权变动,只有经登记才能对抗第三人,登记是对抗第三人的必要条件。至于这些特殊动产物权变动的生效须具备何种条件,并不在该条的文义范围之内。质言之,该条没有正面规定特殊动产物权变动的要件,既未说自合同生效时发生物权变动,也没有说自登记完毕发生物权变动,属于不完全法条,需要结合有关条文加以解释。就该条的体系解

---

① 由于法释〔2020〕17号和法释〔2012〕8号保持一致,以下5点理由基本源自最高人民法院民事审判第二庭所撰写的买卖合同司法解释理解与适用,并结合最高人民法院民法典贯彻实施工作领导小组撰写的民法典物权编理解与适用进行了补充。最高人民法院关于买卖合同司法解释理解与适用.北京:人民法院出版社,2012:173-183;最高人民法院民法典贯彻实施工作领导小组.中华人民共和国民法典物权编理解与适用(上).北京:人民法院出版社,2020:136-137.

② 立法者的解释从《物权法》时代到《民法典》是一贯的。胡康生.中华人民共和国物权法释义.北京:法律出版社,2007:69;黄薇.中华人民共和国民法典物权编解读.北京:中国法制出版社,2020:34-35.

释和目的解释而言，其处于物权法编第二章"物权的设立、变更、转让和消灭"的第二节"动产交付"之下。该章共有三节，第一节"不动产登记"，贯彻基于法律行为而发生的不动产物权变动以登记为生效要件的精神，只承认法律另有规定不以登记为生效要件的例外；第二节"动产交付"，贯彻基于法律行为而发生的动产物权变动以交付为生效要件的原则，同样只承认法律另有规定不以交付为生效要件的例外；第三节"其他规定"，贯彻非基于法律行为的物权变动不以公示为生效要件的理念，只有遗赠导致的物权变动属于基于法律行为的物权变动，也不要求公示作为物权变动的生效要件。现在的问题是，法律对船舶、航空器和机动车的物权变动是否例外地规定了不以交付为生效要件。《海商法》没有正面规定船舶所有权变动、船舶抵押权设立的生效要件，只是明确地将登记作为对抗要件；《民用航空法》同样未正面规定民用航空器所有权变动、民用航空器抵押权设立的生效要件，只是明确地将登记作为对抗要件；《机动车登记办法》也没有正面规定机动车物权变动的生效要件。既然法律对于船舶、航空器和机动车的物权变动未作另外规定，则应当按照《民法典》第224条规定的动产物权变动的原则来解释《民法典》第225条的规定，只有在设立抵押权时例外。[①]

3. 该观点可使物权法体系自圆其说，避免体系矛盾

《民法典》第225条的规定原则上总揽船舶、航空器和机动车的所有权产生、转让、设立质权、设立抵押权、消灭等类型的物权变动，且未设例外。而《民法典》第429条明确规定："质权自出质人交付质押财产时设立。"在这种情况下，只有将《民法典》第225条的规定解释为其贯彻的是"把交付作为船舶、航空器和机动车等动产物权变动的生效要件，将登记作为对抗（善意）第三人的要件"模式，才能自圆其说。当然，在设立抵押权时例外。假如将其解释为登记为船舶、航空器和机动车等动产物权变动的生效要件，则会造成《民法典》第225条和第429条之间的矛盾。[②] 此外，

[①] 崔建远. 中国民法典释评·物权编（上卷）. 北京：中国人民大学出版社，2020：137.

[②] 崔建远. 中国民法典释评·物权编（上卷）. 北京：中国人民大学出版社，2020：138.

《民法典》第403条规定，以动产抵押的，抵押权自抵押合同生效时设立，未经登记，不得对抗善意第三人。该规定表明以船舶、航空器和机动车设立抵押权，仍然不以登记为生效要件。

4. 该观点符合我国民法关于物权变动模式之通说

我国民法理论通说认为我国的物权变动采取债权形式主义，《民法典》第二编"物权"之下第二章"物权的设立、变更、转让和消灭"等规定予以落实，只有土地承包经营权和地役权的设立采取了债权意思主义，至于船舶、航空器和机动车的物权变动则未见有明确的条文采取债权意思主义。就此而言，应当认为《民法典》对船舶、航空器和机动车的物权变动采取了交付为生效要件的模式，而非合同生效时发生物权变动，只有设立抵押权是例外。

5. 若将登记作为特殊动产物权变动生效要件将导致负面效果

《民法典》第225条明文规定登记为特殊动产物权变动的对抗要件，而作为对抗要件的登记，难以时时、事事地表征着真实的物权关系。质言之，登记所昭示的物权关系与真实的物权关系有时并不一致。因此，若将登记作为船舶、航空器、机动车等物权变动的生效要件，则既有可能误将已经变动的船舶、航空器、机动车的物权关系当作尚未变动的物权关系，又可能误将尚未变动的物权关系作为已经变动的物权关系看待。

综上，司法解释起草小组赞同这样的观点：交付为船舶、航空器、机动车诸物权变动的生效要件，登记仅为对抗善意第三人的要件。这种观点的选择确立了关于特殊动产多重买卖合同的实际履行顺序（以及所有权的最终归属）。①

6.3.3 私见

由上述比较法的考察部分可知，实际上"合意生效＋登记对抗"的观点最接近于比较法上登记对抗主义立法例所采取的模式。但是正如前文所述，除了最高人民法院早期曾持该观点外，现在主张这种观点的已

---

① 最高人民法院关于买卖合同司法解释理解与适用. 北京：人民法院出版社，2012：173-183.

经很少了。

"交付生效＋登记对抗"的模式虽无比较法上立法例的支持，为我国法学理论的创造，但是却最符合我国《民法典》的文义体系，同时也是我国目前理论通说和司法实践的一致选择。对此，笔者认为如果没有特别理由（如有法律漏洞需要填补），不能仅因不符合比较法的经验或者个人好恶而轻易否定我国立法、司法和通说的共同选择。

"交付生效＋登记对抗"的模式相当于在"交付"和"登记"这两种权利外观的选择上，更加偏重"交付"的效力，在物权变动的问题上赋予了交付以"一票否决权"。这种偏爱"交付"的解释方案在解释特殊动产所有权变动时是不存在问题的，因为所有权是对标的物的全面支配的体现，对于一个打算获取特殊动产所有权的交易者而言，不仅要查阅登记簿，也要关注标的物的占有情况，并不算是过分的要求。因此，在特殊动产所有权变动问题上，采取"交付生效＋登记对抗"的模式对于交易安全的保护没有不利影响。

但是同时也值得注意的是，"交付生效＋登记对抗"的解释模式不能从特殊动产的所有权变动当然扩及其他物权变动，尤其是抵押权的设定。首先，我国的法律体系中，抵押权从来就没有以"交付"作为生效要件的理论可能，相反，不移转占有是抵押权的一项重要特征。其次，抵押权作为一种担保物权并不对标的物的全面价值进行支配（仅支配交换价值），对于一个打算获取特殊动产抵押权的交易者而言，只要查阅登记簿就尽到了足够的注意义务。最后，正如前文所述，我国加入了《开普敦公约》及其议定书，依据该公约，登记是确定国际利益（担保权优先顺位）的唯一依据，因此，从与参与公约相协调的角度，也应认为特殊动产抵押权的物权变动模式是"合意生效＋登记对抗"。

另外需要说明的是，属于本章讨论范围的特殊动产抵押权与前章讨论的一般动产抵押权在登记制度上存在重大区别。对于一般动产而言，不可能就每一个动产都设定一个登记簿，所以一般动产抵押权的登记采取的是"人的编成主义"；但是对于特殊动产而言，无论是机动车、船舶还是航空器，都有专门的登记簿，所以特殊动产抵押权的登记采取的是"物的编成主义"。这两种编成方式的不同，决定了二者在抵押权登记的公信力强弱上有所区别。由于一般动产抵押权的登记簿采取的是

"人的编成主义",所以不可能要求所有的动产交易人都要查阅对方的登记簿（不可能你去超市买个鸡蛋还要查阅超市的登记簿）；但是在特殊动产的交易中，查阅该动产的登记簿是必备流程。可见，特殊动产抵押权的登记公信力是强于一般动产抵押权的登记公信力的。因此，前文所述的"正常交易中的买受人"规则等动产抵押制度中的规则，是不能适用于特殊动产抵押中的。

6.4　本章小结

在以登记对抗主义作为物权变动原则模式的日本法中，动产物权变动的一般规则是"合意生效＋交付对抗"。交付对于机动车、船舶、航空器这些特殊动产而言，既非生效要件，也非对抗要件，在判断各相争权利人直接的权利优劣时也没有特殊意义。

我国关于交付和登记在特殊动产物权变动中的意义，学说上存在如下争议：（1）"交付生效＋登记对抗"说；（2）"交付或者登记生效＋登记对抗"说；（3）"合意生效＋登记对抗"说。我国目前的通说和司法实践采取的是第一种观点"交付生效＋登记对抗"说。笔者认为如果没有特别理由（如有法律漏洞需要填补），不能仅因不符合比较法的经验或者个人好恶而轻易否定我国立法、司法和通说的共同选择。

但是同时也要注意的是，"交付生效＋登记对抗"的解释模式不能从特殊动产的所有权变动当然扩及其他物权变动，尤其是抵押权的设定。对于特殊动产抵押权，应该采取"合意生效＋登记对抗"说。并且特殊动产的登记有别于一般动产担保中的登记，因为采取"物的编成主义"具有更高的公信力，故不适用"正常经营活动中的买受人"规则。

第7章 结 论

7.1 本研究的主要观点

正如文初所述，本书拟构建一个理论与实践相印证的体系以解释我国物权法上的登记对抗主义。然而笔者在研究中发现构建这一体系将不得不面对如下三个层面的"乱局"：其一，我国的物权变动呈现了两个"主义"并存的局面，而公示对抗主义中的大多数理论在物权法基本原则、基本概念层面就和公示要件主义相冲突。其二，大陆法系公示对抗主义的理论解释本身也是乱象纷呈的，很难有哪一个符合逻辑的理论构造能够全面地解释由判例形成的对抗规则，本质上大陆法系的对抗规则已经放弃了统一的逻辑解释而屈从于个案的价值判断。其三，我国不仅继受了大陆法系的公示对抗主义，在动产担保领域还继受了普通法系的所谓"公示对抗主义"（实质上是一套复杂的优先顺位规则),从而导致乱上加乱。面对上述三个层面的"乱局",本书采取了如下应对措施:其一,从众多的理论构造中选择了权利外观说作为我国登记对抗主义的理论模型,从而在理论构成上实现了与公示要件主义的协调,解决了上述第一个"乱局"。值得说明的是,本来权利外观说在日本只是少数说,原因在于其延展性并不足以担当解释整个物权变动的重任。但是在我国,登记对抗主义只需要解释几种特殊的物权变动,而该说的特征正好与这几种物权变动基本相符合,而且本书通过经济分析验证了在我国采取权利外观说是符合效率价值的,故选择了该说。其二,面对纷繁复杂的对抗规则,本书建构了一个经济学模型进行价值判断,通过比较法学与法经济学相结合的方式,筛选符合我国的比较法经验,并注重在结论上与前述权利外观说的协调,从而形成了一个理论与实践相印证的解释论体系,解决上述第二个"乱局"。其三,面对多元继受的问题,本书构建了一个"一般规则"与"动产担保特殊规则"并存的对抗规则体系,解决上述第三个"乱局":就"不登记不得对抗善意第三人"的范围问题适用"一般规则",主要借鉴日本物权法;在动产担保领域原则上也适用前述"一般规则",但是通过其他法条的优先适用实现动产担保规则的特殊化,从而在处理结果上实现和美国的动产担保交易制度相类似的目标。具体而言,本书提出的主张如下。

一、对抗的理论构造

就理论模型的选择而言,我国应该采取公信力说中的权利外观说。依据该理论模型,当事人间仅因意思表示就发生了完全的物权变动,但是在进行移转登记之前,第三人由于信赖物权尚未变动的权利外观而从事了交易行为,为了保护第三人的这种信赖,法律承认第三人在登记后可以取得该物权。采取权利外观理论模型后,登记对抗主义就不仅在形式上,在实质上也加速了财产的流转。这主要体现在物权仅依意思表示而发生变动,虽然这种物权不能对抗善意第三人,但是这种物权在效力上仍区别于债权,没有正当权利的人以及交易中的恶意第三人都被排除在保护范围之外。尽管不保护恶意第三人对交易安全产生了一定的影响,但是由于我国的登记对抗主义的适用范围有限,在这几种有限的适用范围内,不保护恶意第三人反而是一种有效率的选择。

善意取得制度与"不登记不得对抗善意第三人"制度的关系,取决于登记对抗理论模型的选择。日本的通说由于没有选择"权利外观理论",所以在日本的通说中,善意取得制度与"不登记不得对抗善意第三人"制度完全没有关系。但是我国的登记对抗主义应该选择权利外观说,因此在我国的法体系中,这两个制度在理论基础层面形成了统一。但是即便如此,与善意取得规则相比,对抗规则仍然能容纳更多的价值判断,这主要体现在:对抗制度中"善意""恶意"的判断标准更加呈现弹性化的特点,对抗制度中保护的第三人范围仍然广于善意取得制度的。

二、对抗的一般规则

就"不登记不得对抗善意第三人"中"善意第三人"的范围问题,应该分为如下几个层次考虑:(1)不用考虑第三人的"善意"或者"恶意",不登记也可以对抗的第三人包括:以不正当手段妨碍登记的人、实质的无权利人、侵权人、继承人、交易的前手以及后手、"狭义的一般债权人"、特定物债权人、尚未取得租赁物占有的租赁权人等。(2)需要区分第三人的"善意"或者"恶意",不登记不得对抗的善意第三人包括:1)物权取得人:包括所有权取得人和各种他物权取得人;2)"取得了某种物的支配关系"的债权人:如取得了租赁物占有的租赁权人等。(3)破产债权人不应区分破产债权人在当初订立合同时的"善意"或者"恶意",均为不登记就不得对抗的第三人。同理,扣押债权人、参与分配债权人也归于此类。(4)就转得人的问题而言:从恶意第三人处获得标的物的转得人不适用对抗规则,而适用善意取得规则;从善意第三人处获得标的物的转得人适用对抗规则,但是不应该区分善意恶意,均为"不登记不得对抗的第三人"。

关于"善意"的判断标准,涉及让不同的交易主体承担不同程度的调查义务的成本分配问题,应该进行弹性化的解释:在土地承包经营权、宅基地使用权、地役权的物权变动中,"善意"应解释为"非因过失而不知";在动产抵押、浮动抵押制度中,非正常交易中的买受人的"善意"的判断标准应定为"非因重大过失而不知";特殊动产的物权变动中,"善意"应解释为"不知情或者虽然知情但无违反诚实信用原则的情形"。

三、动产担保中的特殊对抗规则

上述"不登记不得对抗善意第三人"的一般规则大部分都适用于动产担保领域，但是由于动产担保领域优先适用或者类推适用《民法典》第 404 条、第 414 条、第 456 条，从而形成了特殊的对抗规则，详述如下。

我国物权法中的动产抵押权和浮动抵押权是效力相当的两种担保物权，我国的浮动抵押权并不适用"结晶"等制度，也不适用"普通抵押权优先于浮动抵押权"的规则。当发生动产抵押权或者浮动抵押权的竞存时，不应适用《民法典》第 403 条的"不登记不得对抗善意第三人"的规则，而应该直接适用《民法典》第 414 条的规则，即完全不区分"善意恶意"，已登记的抵押权依照登记的先后确定优先顺位；已登记的抵押权优先于未登记的抵押权；均未登记的抵押权具有相同的优先顺位。

当动产担保权与留置权发生竞存时，不适用对抗规则，而直接适用《民法典》第 456 条，留置权不论设立先后，也不论"善意恶意"，均优先于其他动产担保权。当质权与抵押权竞存时，不适用对抗规则，而应该适用《民法典》第 415 条，不考虑"善意恶意"，按照公示的先后顺序（登记或者占有的先后顺序）决定优先顺位。在所有权保留和融资租赁的问题上，《民法典》均引入了登记对抗规则，只有"登记"后才取得优先于第三人的效力，并依据《民法典》第 416 条和《担保制度解释》第 57 条享有"超级优先效力"。

就动产抵押权、浮动抵押权与担保物买受人的关系而言，要区分买受人是否属于"正常交易中的买受人"：（1）当买受人属于"正常交易中的买受人"时，适用《民法典》第 404 条，无论抵押权是否登记，也无论买受人是否知道抵押权的存在，买受人都可以无负担地取得标的物所有权。（2）当买受人并非"正常交易中的买受人"时，适用《民法典》第 403 条，只有在抵押权人未登记，且买受人没有重大过失地不知道动产抵押权的存在时（善意），买受人才能无负担地取得标的物。如果抵押权人在买受人取得标的物占有之前进行了登记，则依据《民法典》第403条的反对解释，无论买受人是否为善意，动产抵押权人的权利都优先，买受人虽然可以依据第406条取得抵押财产，但是抵押财产之上仍然存在抵押权。

四、特殊动产对抗规则的特殊问题

我国关于特殊动产的所有权变动，原则上应采"交付生效＋登记对抗"说。但是同时也要注意的是，"交付生效＋登记对抗"的解释模式不能从特殊动产的所有权变动当然扩及其他物权变动，尤其是抵押权的设定。对于特殊动产抵押权，应该采取"合意生效＋登记对抗"说。并且特殊动产的登记有别于一般动产担保中的登记，因为采取"物的编成主义"具有更高的公信力，故不适用"正常经营活动中的买受人"规则。

7.2 本研究的主要贡献

首先，本书最重要的贡献就在于构建了上述体系，一方面为我国登记对抗主义的存在本身提供了理论基础，另一方面为我国实践中对抗规则的细化提供了一个参考方案。值得说明的是，本书提出的这一体系原本是针对《物权法》的解释论体系（包含大量漏洞填补式的解释）。后来笔者有幸作为"民法典编纂工作专班成员"全程参与民法典的立法工作，并在《民法典》通过后又深度参与最高人民法院民法典相关司法解释的起草工作。在这一过程中，笔者的上述体系逐步被立法和司法解释所全盘采纳。

其次，本书系统地梳理了比较法上公示对抗主义的理论与实践，主要包括日本学说中的对抗理论模型之争，日本判例形成的对抗规则以及美国动产担保制度中的"对抗规则"的核心部分。在这一梳理过程中，本书纠正了我国学术界对比较法上几个重要制度的误读，例如：我国之前的研究忽视了"一般债权人"的概念有"广义""狭义"之别，导致过于广义地理解了日本法中的"一般债权人"以及美国《统一商法典》第9-201条中的"债权人"，而又过于狭义地理解了美国《统一商法典》第9-317条

第 7 章 结 论

(a) (2) 中的 lien creditor[①]，从而得出了错误的"比较法经验"——"未登记的物权也可以对抗广义的一般债权人"。但实际上，比较法（日本和美国）的经验是，仅仅在"狭义的一般债权人"的范围内，未登记的物权可以对抗之（实际上是一个意义不大的命题），而破产债权人、扣押债权人、参与分配债权人属于典型的不登记就不能对抗的第三人。

最后，本书提出了一个经济学模型，从本质上阐释是否应该保护或者应该在多大程度上保护交易中的"恶意第三人"。本书认为区分交易中第三人的"善意""恶意"本质上并非一个伦理问题，而是一个效率问题。不保护"恶意第三人"意味着赋予了交易中的第三人一项实质调查义务，即：调查登记簿的记载是否属实，而一个最优化的选择应该满足如下公式：

$$X = C_0 / (Q \cdot a) + C_1 / a$$

（X 代表调查的深度；C_0 代表登记的成本；C_1 代表登记查询费用；Q 代表潜在交易人数；a 代表调查的难度系数。）

并由此公式得出如下结论：在商品社会中赋予交易中的第三人一项实质调查义务是不效率的选择，但是（1）在登记制度越不完善的社会（登记的成本或者登记查询费用越高），就越应该让交易中的第三人负担较强的实质调查义务；（2）在交易越不频繁或者交易越受限制的领域（潜在交易人数越少），就越应该让交易中的第三人负担较强的实质调查义务；（3）越是在熟人社会中（实质调查的难度越小），就越应该让交易中的第三人负担较强的实质调查义务。这一经济学模型不仅可以解释我国的对抗问题，还可以广泛运用于其他关于"静的安全"与"动的安全"相冲突的情形。

[①] 关于 lien 的概念，孙新强教授做了细致入微的比较和分析，从而破除了我国一直以来"lien＝留置权"的错误观念［参见孙新强.大陆法对英美法上 lien 制度的误解及 lien 的本意探源.比较法研究，2009（1）：82-94；孙新强.我国法律移植中的败笔——优先权.中国法学，2011（1）：153-163］。这一研究成果对于本书的观点是一个重要佐证。本书在此基础之上，进一步揭示了 lien 概念和美国破产法中的"强臂条款"以及《统一商法典》第 9-317 条（a）（2）的复杂对应关系，从而破除了我国学术界一直以来存在的"美国法中未公示的担保权可以对抗一般债权人"的错误观念。

参考文献

中文文献

崔建远. 土地上的权利群研究. 北京：法律出版社，2004.

崔建远. 物权法. 北京：中国人民大学出版社，2009.

崔建远. 地役权的解释论. 法学杂志，2009（2）：42-45.

崔建远. 再论动产物权变动的生效要件. 法学家，2010（5）：49-55.

崔建远，申卫星. 我国物权立法难点问题研究. 北京：清华大学出版社，2005.

车辉，李敏. 担保法律制度新问题研究. 北京：法律出版社，2005.

柴振国，史新章. 所有权保留若干问题研究. 中国法学，2003（4）：71-78.

董学立. 论物权变动中的善意、恶意. 中国法学，2004（2）：65-72.

董学立. 美国动产担保制度研究. 山东大学博士学位论文，2006.

董学立. 如何理解物权法第199条. 法学论坛，2009（2）：101-105.

董学立. 浮动抵押的财产变动与效力限制. 法学研究，2010（1）：63-73.

董学立，王立争. 物权变动公示生效主义：当事人不能承受之重. 山东大学学报，2007（3）：112-117.

高圣平. 动产担保交易制度研究. 中国政法大学博士学位论文，2002.

高圣平. 登记对抗主义之下的动产抵押登记制度：兼及《企业动产抵押物登记管理办法》的修改. 法学家，2007（6）：118-123.

郭明瑞. 物权登记应采对抗效力的几点理由. 法学杂志，2005（4）：13-16.

韩世远. 合同法学. 北京：高等教育出版社，2010.

胡康生. 中华人民共和国物权法释义. 北京：法律出版社，2007.

江平. 中华人民共和国物权法精解. 北京：中国政法大学出版社，2007.

李国光. 最高人民法院《关于适用〈中华人民共和国担保法〉若干

问题的解释》理解与适用.长春:吉林人民出版社,2000.

李永军,肖思婷.我国《物权法》登记对抗与登记生效模式并存思考.北方法学,2010(3):38-42.

李政辉.论浮动抵押//梁慧星.民商法论丛(十四).北京:法律出版社,1999:730.

刘保玉.试论物权公示原则在物权性质界定与类别划分中的意义——兼评公示要件主义与对抗主义的立法模式选择.政法论丛,2007(3):5-12.

毛亚敏.担保法论.北京:法律出版社,1997.

戚兆岳.买卖不破租赁与《合同法》的完善:我国《合同法》第229条立法评析.法学杂志,2005(3):109-111.

渠涛.不动产物权变动制度研究与中国的选择.法学研究,1999(5):37-54.

屈茂辉.动产物权登记制度研究.河北法学,2006(5):9-16.

全国人民代表大会常务委员会法制工作委员会民法室(文中简称"人大法工委民法室").物权法立法背景与观点全集.北京:法律出版社,2007.

全国人民代表大会常务委员会法制工作委员会民法室(文中简称"人大法工委民法室").中华人民共和国物权法条文说明、立法理由及相关规定.北京:北京大学出版社,2007.

孙鹏.物权公示论,西南政法大学博士学位论文,2003.

孙宪忠.争议与思考:物权立法笔记.北京:中国人民大学出版社,2006.

孙新强.大陆法对英美法上LIEN制度的误解及LIEN的本意探源.比较法研究,2009(1):82-94.

孙新强.我国法律移植中的败笔——优先权.中国法学,2011(1):153-163.

王闯.动产抵押论纲.法制与社会发展,1995(1):31-39.

王闯.规则冲突与制度创新(上):以物权法与担保法及其解释的比较为中心而展开.人民法院报,2007-06-20.

王闯.规则冲突与制度创新(中):以物权法与担保法及其解释的

比较为中心而展开. 人民法院报, 2007 - 06 - 27.

王闯. 规则冲突与制度创新（下）：以物权法与担保法及其解释的比较为中心而展开. 人民法院报, 2007 - 07 - 04.

王洪亮. 动产抵押登记效力规则的独立性解析. 法学, 2009 (11): 88 - 97.

王利明. 物权法教程. 北京：中国政法大学出版社, 2003.

王利明. 论他物权的设定. 法学研究, 2005 (6): 78 - 88.

王利明. 关于物权法草案中确立的不动产物权变动模式. 法学, 2005 (8): 3 - 9.

王利明. 物权法研究：下卷. 北京：中国人民大学出版社, 2007.

王轶. 所有权保留制度研究//梁慧星. 民商法论丛（六）. 北京：法律出版社, 1997: 634 - 639.

王轶. 物权变动论. 北京：中国人民大学出版社, 2001.

王茵. 不动产物权变动和交易安全：日德法三国物权变动模式的比较研究. 北京：商务印书馆, 2004.

王泽鉴. 动产担保交易法上登记之对抗力、公信力和善意取得//王泽鉴. 民法学说与判例研究：第一册. 北京：中国政法大学出版社, 2005: 222 - 256.

王泽鉴. 动产担保交易法三十年//王泽鉴. 民法学说与判例研究：第八册. 北京：中国政法大学出版社, 2005: 256 - 284.

武钦殿. 论交付和登记在我国房屋所有权移转中的地位. 法律适用, 2004 (2): 17.

武钦殿. 物权意思主义：我国现行法上物权变动模式研究. 北京：人民法院出版社, 2007.

申卫星. 所有权保留买卖买受人期待权之本质. 法学研究, 2003 (2): 46 - 61.

肖厚国. 物权变动研究. 中国社会科学院博士学位论文, 2000.

谢在全. 民法物权论（下）. 台北：自版, 2010.

叶金强. 公信力的法律构造. 北京：北京大学出版社, 2004.

张治峰, 易继明. 动产抵押若干问题研究. 中外法学, 1997 (5): 49 - 55.

尹田. 法国物权法. 北京：法律出版社，2009.

余能斌，侯向磊. 保留所有权买卖比较研究. 法学研究，2000 (5)：87 - 89.

于海涌. 法国不动产登记对抗主义中的利益平衡：兼论我国物权立法中不动产物权变动模式之选择. 法学，2006（2）：67 - 74.

朱岩，高圣平，陈鑫. 中国物权法评注. 北京：北京大学出版社，2007.

［日］近江幸治. 民法讲义 2 · 物权法. 王茵，译. 北京：北京大学出版社，2006.

［日］铃木禄弥. 物权的变动与对抗. 渠涛，译. 北京：社会科学文献出版社，1999.

［日］田山辉明. 物权法（增订本）. 陆庆胜，译. 北京：法律出版社，2001.

［日］我妻荣，有泉亨. 新订物权法. 罗丽，译. 北京：中国法制出版社，2008.

［德］鲍尔，施蒂尔纳. 德国物权法：上册. 张双根，译. 北京：法律出版社，2004.

［美］ALI，NCCUSL. 美国《统一商法典》及其正式评注. 高圣平，译. 北京：中国人民大学出版社，2006.

英文文献

James Angell MacLachlan. Handbook of the Law of Bankruptcy. West Pub. Co. ，1956.

Bradford Stone. Uniform Commercial Code in a Nutshell. 7th ed. ，West Pub. Co. ，2008.

James J. White，Robert S. Summers. Uniform Commercial Code. Practitioner Treatise Series. 5th ed. ，Thomson/West，2006.

Lary Lawrence. Lawrence's Anderson on the Uniform Commercial code. ，3rd ed. West Pub. Co. ，2010.

American Law Institute. Uniform Commercial Code：With Annotations from State and Federal Courts. Mineola, N. Y. ，E. Thompson Co. & St. Paul,

Minn.，West Pub. Co.，2002.

American Law Institute，Uniform Commercial Code：Official Text and Comments. Thomson Reuters Business，2010 – 2011.

日文文献

梅謙次郎．民法要義巻之二．東京：有斐閣，1896．

横田秀雄．物権法．東京：清水書店，1909．

富井政章．民法原論：第二巻上册．東京：有斐閣．1914．

岡村玄治．民法百七十七条二所謂第三者ノ意義ヲ論シ債権ノ不可侵性排他性二及ブ．法学志林，1915.17（6）（7）．

石坂音四郎．意思表示以外ノ原因二基ク不動産物権変動ト登記（二）．法学協会雑誌，1917；35（3）：61．

川名兼四郎．物権法要論．東京：金刺芳流堂，1919．

末弘厳太郎．物権法上巻．東京：有斐閣，1921．

末弘厳太郎．物権法上巻．東京：有斐閣，1956．

中島玉吉．民法釈義巻之二物権編上．東京：金刺芳流堂，1927．

山中康雄．権利変動論．名大法政論集，1930.1（3）：287 以下．

舟橋諄一．登記の欠缺を主張し得べき「第三者」について//加藤正治先生還暦祝賀論文集．東京：有斐閣，1932．

舟橋諄一．不動産登記法．東京：日本評論社，1937．

舟橋諄一．物権法（法律学全集）．東京：有斐閣，1960．

舟橋諄一，徳本鎮．新版注釈民法 6．東京：有斐閣，1997．

吾妻光俊．意思表示による物権変動の効力．東京商大法学研究，1933（2）：133 以下．

牧野英一．信義則と第三者//民法の基本問題第四編．東京：有斐閣，1936；196 以下．

近藤英吉．物権法論．東京：明治大学出版部，1937．

杉之原舜一．不動産登記法．東京：一粒社，1938．

福島正夫．旧登記法の制定とその意義（一）．法学協会雑誌，1939.57（8）：70 – 80．

福島正夫．旧登記法の制定とその意義（二）．法学協会雑誌，1939.57（10）：86 – 104．

福島正夫．旧登記法の制定とその意義（三）．法学協会雑誌，1939.57（11）：82-94．

福島正夫．不動産登記制度の研究．法律時報，1952.27（3）：7-52．

石田文次郎．物権法．東京：有斐閣，1947．

中川善之助．相続と登記//相続法の諸問題．東京：有斐閣，1949：166．

中川善之助．不動産法大系Ⅳ登記．東京：青林書院新社，1974．

末川博．物権法．東京：日本評論新社，1956．

柚木馨．判例物権法総論．東京：有斐閣，1955．

柚木馨．物権法．東京：青林書院，1960．

柚木馨，高木多喜男．判例物権総論．東京：有斐閣，1972．

柚木馨，高木多喜男．担保物権法．東京：有斐閣，1982．

柚木馨，高木多喜男．新版注釈民法9．東京：有斐閣，1998．

我妻栄．物権法（現代法律全集）．東京：日本評論社，1952．

我妻栄．物権法（民法講義2）．東京：岩波書店，1952．

我妻栄，有泉亨．民法総則・物権．東京：日本評論社，1950．

我妻栄，有泉亨．新訂物権法．東京：岩波書店，1983．

我妻栄，远藤浩，児玉敏．物権法．東京：コンメンタール刊行会，1964．

林良平．物権法．東京：有斐閣，1951．

於保不二雄．公示なき物権の本質//法学論叢，1953.58（3）：15．

於保不二雄．物権法（上）．東京：有斐閣，1966．

宮崎駿行．不動産物権二重譲渡の理論．慶応大学法学研究，1954.27（1）：22-44．

鳩山秀夫．不動産物権の得喪変更に関する公信主義及び公示主義を論ず//鳩山秀夫．債権法における信義誠実の原則．東京：有斐閣，1955．

半田正夫．不動産の二重譲渡への一つのアプローチ//北大法学論集，1956.16（4）．

半田正夫．民法177条における第三者の範囲//民法総合判例研究（7）．東京：一粒社，1977．

川島武宜．民法Ⅰ．東京：有斐閣，1960．
川島武宜．所有権法の理論．東京：有斐閣，1967．
川島武宜，川井健．新版注釈民法7．東京：有斐閣，2007．
好美清光．不動産の二重処分における信義則違反等の効果．手形研究，1962．(57)：9．
好美清光．「権利」概念の現代における有用性について//奥田昌道．民法学1．東京：有斐閣，1976：25．
川井健．不動産の二重売買における公序良俗と信義則．判例タイムズ，1962.13（4）：397-407．
川井健．不動産物権変動の公示と公信．東京：日本評論社，1990．
川井健．民法概論2・物権法．東京：有斐閣，2005．
金山正信．物権法総論．東京：有斐閣，1964．
山中康雄．民法177条について．愛知大学法経論集，1966（51・52）：19以下．
野田良之．日本における外国法の摂取//伊藤正己．岩波講座現代法14．東京：岩波書店，1966：191．
篠塚昭次．物権の二重譲渡．法学セミナー，1965（8）．
篠塚昭次．民法学1．東京：成文堂，1970．
安達三季生．一七七条の第三者//判例演習物権法，1963：51．
安達三季生．所得時効と登記——登記法定証拠説の立場から//森泉章．現代民法学の基本問題（上）．東京：第一法規出版社，1983：239．
米倉明．債権譲渡禁止特約の効力に関する一疑問（1）．北大法学，1971.22（3）：26-65．
米倉明．債権譲渡禁止特約の効力に関する一疑問（2）．北大法学，1972.23（1）：1-87．
米倉明．債権譲渡禁止特約の効力に関する一疑問（3）．北大法学，1973.23（3）：127-129．
大河田実．米国における動産担保法の形成（一）．法学協会雑誌，1978.95（2）：369-411．

大河田実．米国における動産担保法の形成（二・完）．法学協会雑誌，1978．95（4）：746-780．

石本雅男．二重譲渡における対抗の問題——忘れられた根本の理論//末川博先生追悼論集・法と権利，1978（1）：156．

石田喜久夫．物権変動論．東京：有斐閣，1979．

石田喜久夫．口述物権法．東京：成文堂，1982．

星野英一．民法概論 2．東京：良书普及会，1980．

星野英一．民法講座 2 物権（1）．東京：有斐閣，1984．

星野英一．民法講座 3 物権（2）．東京：有斐閣，1984．

星野英一．物権変動における「対抗」問題と「公信」問題//星野英一．民法論集・第 6 巻．東京：有斐閣，1986：153．

広中俊雄．物権法．東京：青林書院新社，1982．

広中俊雄．物権法．東京：青林書院新社，1987．

広中俊雄．民法修正案（前三編）の理由書．東京：有斐閣，1987．

広中俊雄，星野英一．民法典の百年 1．東京：有斐閣，1998．

広中俊雄，星野英一．民法典の百年 2．東京：有斐閣，1998．

松岡久和．判例における背信的悪意者論の実相//林良平先生還暦記念論文集・現代私法学の課題と展望（中）．東京：有斐閣，1982：65．

松岡久和．不動産所有権二重譲渡紛争について//龍谷法学，1984．17（1）：1．

松岡久和．民法 177 条の第三者・再論——第三者の主体的資格と理論構成をめぐる最近の議論//前田達明．民事法理論の諸問題（下），1995．

稲本洋之助．民法Ⅱ（物権）．東京：青林書院新社．1983．

半田吉信．背信的悪意者排除論の再検討．ジュリスト，1984（813）：81-85．

鎌田薫．対抗問題と第三者//民法講座 2 物権（1）．東京：有斐閣，1984．

鎌田薫．「二重譲渡」の法律構成//内田貴、大村敦志．民法の争点．東京：有斐閣，2007．

湯浅道男. 民法学のあゆみ. 法律時報, 1985.57 (5).

加賀山茂. 対抗不能の一般理論について——対抗要件の一般理論のために. 判例タイムズ, 1986 (618): 6-22.

浜上則雄. 不動産の二重譲渡と対抗要件. 阪大法学. 1988 (145・146): 15-40.

滝沢聿代. 物権変動の理論. 東京: 有斐閣, 1987.

滝沢聿代. フランス法//舟橋諄一, 徳本鎮. 新版注釈民法 6. 東京: 有斐閣, 1997: 32-43.

滝沢聿代. 物権変動の理論Ⅱ. 東京: 有斐閣, 2009.

多田利隆. 民法 177 条の「対抗」問題における形式的整合性と実質的整合性——消極的公示主義の試み (1). 民商法雑誌, 1990.102 (1): 22-39.

多田利隆. 民法 177 条の「対抗」問題における形式的整合性と実質的整合性——消極的公示主義の試み (2). 民商法雑誌, 1990.102 (2): 150-179.

多田利隆. 民法 177 条の「対抗」問題における形式的整合性と実質的整合性——消極的公示主義の試み (3・完). 民商法雑誌, 1990.102 (4): 409-441.

高橋良彰. ボアソナードの二重譲渡論について——「倫理 (moral)」・「自然法 (droit)」・「実定法 (loi)」をめぐる覚書. 都立大学法学会雑誌, 1989.30 (1): 635-681.

七戸克彦. 対抗要件に関するボアソナード理論. 法学研究, 1991.64 (12): 195-274.

鈴木禄弥. 物権法講義. 東京: 創文社, 1994.

松尾弘. 所有権譲渡の「意思主義」と「第三者」の善意・悪意 (一). 一橋論叢, 1993.110 (1): 159-175.

松尾弘. 所有権譲渡の「意思主義」と「第三者」の善意・悪意 (二・完). 一橋論叢, 1994.111 (1): 91-112.

渋谷年史. アメリカ統一商法典. 東京: 木鐸社, 1994.

松尾弘, 古積健三郎. 物権・担保物権法. 東京: 弘文堂, 2008.

原島重義, 児玉寛. 対抗の意義//舟橋諄一, 徳本鎮. 新版注釈民法 6. 東京：有斐閣，1997：423-458.

吉原節夫. 登記がなければ対抗しえない第三者//舟橋諄一，徳本鎮. 新版注釈民法 6. 東京：有斐閣，1997：560-604.

近江幸治. 民法講義 2 物権法. 東京：成文堂，1998.

北川善太郎. 物権・民法講義 2. 東京：有斐閣，2004.

道垣内弘人. 担保物権法. 東京：有斐閣，2004.

森田修. アメリカ法における動産担保権の公示と占有（1）——UCCファイリングの脱神話化のために. NBL，2004（781）：6-18.

森田修. アメリカ法における動産担保権の公示と占有（2）——UCCファイリングの脱神話化のために. NBL，2004（782）：39-51.

森田修. アメリカ法における動産担保権の公示と占有（3）——UCCファイリングの脱神話化のために. NBL，2004（783）：56-69.

森田修. アメリカ法における動産担保権の公示と占有（4）——UCCファイリングの脱神話化のために. NBL，2004（784）：37-48.

森田修. アメリカ法における動産担保権の公示と占有（5・完）——UCCファイリングの脱神話化のために. NBL，2004（785）：29-41.

加藤雅信. 新民法大系 2 物権法. 東京：有斐閣，2005.

高木多喜男. 担保物権法. 東京：有斐閣，2005.

内田貴. 民法 3 債権総論・担保物権. 東京：東京大学出版会，2005.

内田貴. 民法 1 総則・物権総論. 東京：東京大学出版会，2008.

大村敦志. 基本民法 3 債権総論・担保物権. 東京：有斐閣，2005.

大村敦志. 基本民法 1 総則・物権総論. 東京：有斐閣，2007.

高橋真. 担保物権法 東京：成文堂，2007.

藤澤治奈. アメリカ動産担保法の生成と展開（1）——購入代金担保権の優先の法理を中心として. 法学協会雑誌，2008.125（1）：1-64.

藤澤治奈. アメリカ動産担保法の生成と展開（2）——購入代金担保権の優先の法理を中心として. 法学協会雑誌，2008.125（2）：392-453.

藤澤治奈. アメリカ動産担保法の生成と展開（3）——購入代金担保権の優先の法理を中心として. 法学協会雑誌，2008.125（3）：541-613.

藤澤治奈. アメリカ動産担保法の生成と展開（4）——購入代金担保権の優先の法理を中心として. 法学協会雑誌，2008.125（4）：726-784.

藤澤治奈.アメリカ動産担保法の生成と展開（5）——購入代金担保権の優先の法理を中心として．法学協会雑誌，2008.125（6）：1173–1249.

藤澤治奈.アメリカ動産担保法の生成と展開（6）——購入代金担保権の優先の法理を中心として．法学協会雑誌，2008.125（7）：1532–1596.

藤澤治奈.アメリカ動産担保法の生成と展開（7）——購入代金担保権の優先の法理を中心として．法学協会雑誌，2009.126（1）：99–140.

藤澤治奈.アメリカ動産担保法の生成と展開——購入代金担保権の優先の法理を中心として．私法，2010（72）：177–184.

瀬川信久.民法177条の第三者の範囲（2）——背信的悪意者からの転得者．民法判例百選，2009（1）：116–117.

图书在版编目（CIP）数据

登记对抗制度研究 / 龙俊著. -- 北京：中国人民大学出版社，2025.1. --（法律科学文库 / 曾宪义主编）. -- ISBN 978-7-300-33561-2

Ⅰ. D923.24

中国国家版本馆 CIP 数据核字第 2025BG9589 号

"十三五"国家重点出版物出版规划项目
法律科学文库
总主编　曾宪义

登记对抗制度研究
龙　俊　著
Dengji Duikang Zhidu Yanjiu

出版发行	中国人民大学出版社		
社　　址	北京中关村大街 31 号	邮政编码	100080
电　　话	010-62511242（总编室）		010-62511770（质管部）
	010-82501766（邮购部）		010-62514148（门市部）
	010-62515195（发行公司）		010-62515275（盗版举报）
网　　址	http://www.crup.com.cn		
经　　销	新华书店		
印　　刷	北京宏伟双华印刷有限公司		
开　　本	720 mm×1000 mm　1/16	版　次	2025 年 1 月第 1 版
印　　张	19.5 插页 2	印　次	2025 年 1 月第 1 次印刷
字　　数	299 000	定　价	79.00 元

版权所有　侵权必究　　印装差错　负责调换